Für Ulla und Eckart
in Eurer Rolle als Eltern
in freundschaftlicher Verbundenheit!
Florian,
begestet von Hans und Familie
am 18. Januar 2013

DEUTSCHE
STANDARDS

Mit herzlichem Dank für die engagierte und konstruktive Unterstützung an den Beirat dieses Buches, sowohl die Kinder als auch die Erwachsenen:

Svenja Astikainen, 10 Jahre
Leonie Marie Ballauf, 7 Jahre
Tiberius Blöche, 9 Jahre
Lasse Gerth, 9 Jahre
Casper Moritz Keunecke, 9 Jahre
Luisa Noll, 10 Jahre
Emma-Louisa Werz, 8 Jahre
Florian Wörle, 6 Jahre

Dr. Daniel Gutting – Geschäftsführer, Versandhaus Walz GmbH
Wolfgang Hölker - Inhaber und Verleger, Coppenrath Verlag GmbH & Co. KG
Andrea Schauer - Geschäftsführerin Playmobil, geobra Brandstätter GmbH & Co. KG
Dr. Volker Schmidt – CEO, Deutscher Verband der Spielwaren-Industrie e. V.
Manfred Spitzer - MD, PhD, Professor und Chairman, Universität Ulm
Joachim Steiff - Urgroßneffe von Margarete Steiff, Margarete Steiff GmbH
Paul Vermeulen - Geschäftsleitung, Walter Schlichting GmbH & Co. KG

DAS BESTE FÜR IHR KIND

Verleger und Herausgeber:
Dr. Florian Langenscheidt

Projektleitung:
Michaela Malobicky, Alexander Foyle

Chefredaktion:
Olaf Salié

Redaktionsleitung:
Cläre Stauffer, Nicola Henkel

Endlektorat:
Julian von Heyl (www.korrekturen.de)

Gestaltung:
Daniel Bergs

Mit Texten von:
Gabriele Borgmann, Cora Finner, Jens Frantzen, Julian von Heyl,
Wiebke Pilz, Greta Rose-Külker, Ariane Skupch

INHALT

VORWORT DES HERAUSGEBERS 6
PRODUKTDESIGN FÜR KINDER 8
MIT KINDERN. FÜR KINDER! 10
PRODUKT- UND MARKENPRÄSENTATIONEN .... 16 – 256
MARKENREGISTER .... 260 – 261
UNTERNEHMENSREGISTER .... 262 – 267
SCHLAGWORTREGISTER .... 268 – 271
IMPRESSUM 272

VORWORT DES HERAUSGEBERS

Die Natur kann uns kein schöneres Geschenk machen als Kinder. Sie bereichern uns unendlich, denn sie …

… lassen uns unsere Kindheit wieder erleben und vermitteln uns dabei ein neues und starkes Gefühl von uns selbst und unseren Eltern;

… lassen uns erkennen, dass primär die Gegenwart zählt;

… zeigen uns offen, wie sehr wir gebraucht werden;

… lassen uns Welt und Sprache neu erleben;

… vermitteln uns das Gefühl von Kontinuität, wenn wir Stücke von uns in ihnen wiedererkennen;

… schenken uns die Erfahrung, dass in unseren Herzen neben der Liebe für den Partner und die Familie noch Platz für ungeahnte neue Liebesgeschichten ist;

… lassen uns rückwirkend wissen, wie schön ungestörte Nächte und Morgen waren;

… konfrontieren uns mit der Unplanbarkeit des Lebens und relativieren so unsere vermeintliche Souveränität;

… hinterfragen unsere Annahmen vom guten Leben, indem sie Sonnenuntergänge zu rot und lange Essen langweilig finden;

… zeigen uns die Relativität von Erfolg, indem sie sich über fünf gefundene Kastanien mehr freuen als wir uns über eine fünfprozentige Gehaltserhöhung;

… lassen uns nie stillstehen;

… ermöglichen uns ein ganz neues Staunen über den Reichtum und die Schönheit dieser Welt;

… schenken uns die Frage nach dem „Warum" wieder;

… lassen uns Gewohntes in neuem Licht sehen, wenn sie feststellen: „Der Mond kann ja nicht ins Zimmer kommen, weil er keine Beine hat";

… und machen uns bewusster für den Zustand einer Welt, die wir nur leihweise haben und den nächsten Generationen in einem menschenwürdigen Zustand übergeben sollten.

Ein Kind zu kriegen ist zweifelsohne einer der wesentlichsten Einschnitte unseres Lebens. Vorbei die laute Popmusik um Mitternacht. Vorbei das ausgedehnte Frühstück mit Schinken, Ei und Zeitung auf dem Balkon. Vorbei das Mal-eben-ins-Kino-Gehen am Abend und der Kurztrip nach Venedig am verlängerten Wochenende. Und was dafür? Durchwachte Nächte mit schreiendem Kind, Bauklötzchen auf dem Wohnzimmerboden, Unsicherheit, Bangen, feuchte Hände. Sicher auch, aber nicht nur. Der Schwerpunkt des neuen Glücks verlagert sich vom Genuss der eigenen Existenz zum Weitergeben, vom Ego-Prinzip zum Prinzip Verantwortung. Wir sind weniger für uns selbst als für andere da – und dadurch auf höherer Stufe ausgefüllt und gefordert. Im alten Ohrensessel dem kleinen Bündel die Flasche gebend fühlen wir uns plötzlich als Teil eines Ganzen, als Glied einer Kette, die uns hält und die wir halten. Wir geben weiter, was uns einmal gegeben wurde. Wir schützen vor allem, das bedrohen könnte; wir weihen ein in die Geheimnisse des Lebens; wir vermitteln Heimat und Geborgenheit. Und wir bauen den Kleinen ein Trampolin der Liebe, von dem sie einmal selbstbewusst in die Welt springen können. Gibt es Schöneres? Das Kind ist ein Stück von uns selbst – und gleichzeitig ein ganz einmalig neuer Mensch mit unendlichem Reichtum an Chance und Erwartung. Alles ist unverstümmelt und voller Hoffnung – und wir Eltern dürfen dabei sein bei diesen ersten Schritten in ein Leben, in dem noch nichts schiefging und kein Traum begraben wurde.

Bei den erzieherischen Grundwerten hat sich in den letzten Jahren und Jahrzehnten gar nicht so viel verändert: Das wirklich Beste, was wir unseren Kindern geben können, sind und bleiben Liebe, emotionale Nähe, Aufmerksamkeit, Trost, Vorbild, Grenzen und Konsequenz. Keine noch so ambitionierte Frühförderung, kein noch so tolles oder pädagogisch wertvolles Spielzeug kann ersetzen, was nur Vater, Mutter oder eine andere enge Bezugsperson geben können – Nestwärme und das Gefühl, angenommen und geliebt zu werden. Doch darüber hinaus weiß jeder, der vom Leben mit Kindern beschenkt wurde, um die komplexe und manchmal auch triviale Alltagsverantwortung. Unendlich viele Entscheidungen müssen gefällt, unendlich viel muss dabei bedacht werden. Was sind die besten Babyfläschchen und Schnuller und Hochstühle und Autokindersitze und Kinderwagen etc.? Was ist am sichersten, praktischsten, gesündesten und verlässlichsten – und trotzdem noch bezahlbar? Wo wird bei der Produktion ernsthaft und glaubwürdig auf Umwelt und Nachhaltigkeit geachtet?

Das vorliegende Buch will bei all diesen Entscheidungen von der Geburt des Kindes bis zum zehnten Geburtstag helfen. Es versteht sich als Führer durch den Dschungel der für Kinder entwickelten Produkte und Marken, es soll allen Eltern, die für ihr Kind nicht weniger als das Beste wollen, Orientierung und einen fundierten Marktüberblick verschaffen.

Dabei werden viele Fragen beantwortet: Aus welcher Intention heraus wurden Produkte entwickelt? Welche Ideen und Ideale stecken dahinter? Wie definiert sich die soziale Verantwortung des dahinterstehenden Unternehmens? Wofür hat es Preise und Auszeichnungen erhalten? Klar gegliederte Factsheets bieten weitere Informationen zu den Firmen wie Kontaktdaten und Internetadresse. Eine Kategorisierung nach Altersstufen im Register sorgt dafür, dass Sie gezielt die Produkte auffinden können, die für Ihr Kind im jeweiligen Alter passend und sinnvoll sind.

Mithilfe eines sehr erfahrenen und kompetenten Beirats, für dessen Engagement der Verlag von Herzen dankt, wurde versucht, die Auswahl der Produkte und Marken auf eine breite Basis zu stellen. Kinder und Erwachsene wurden dabei gleichermaßen in den Auswahlprozess einbezogen. Trotzdem ist allen Beteiligten klar, dass Kinderwünsche und -bedürfnisse heute zu komplex und heterogen sind, als dass Vollständigkeit angestrebt werden könnte. Für weitergehende Vorschläge sind wir für weitere Auflagen und Publikationen dankbar. Marken sind Qualitätsversprechen, die aufgrund langer hervorragender Arbeit großer Teams gemacht werden können und große Verlässlichkeit ausstrahlen. Wenn im vorliegenden Buch viele große Marken im Vordergrund stehen, soll in diesem Sinne nicht einem oberflächlichen Markenkult das Wort geredet werden, der sich bei manchen Jugendlichen insbesondere auf die Coolness bestimmter Marken bezieht. Vielmehr geht es um Qualität, Solidität und Tradition.

Überhaupt muss betont werden, dass die Auswahl von Produkten und Marken immer subjektiv ist. Für den einen mag das eine Produkt perfekt sein, für den anderen ein anderes. Daher kann ein Einkaufsratgeber wie der in Ihren Händen liegende nicht die eigenverantwortliche Wahl ersetzen. Auch kann er selbstverständlich keine Haftung dafür übernehmen, was für wen das Richtige ist. An aktuellen Diskussionen wie die über BPA (Bisphenol A) in Kunststoffen wie z. B. Babyflaschen sieht man auch im globalen Vergleich, wie unterschiedlich Prioritäten gesetzt werden. Nichts kann die aktuelle Recherche im Internet, das Gespräch mit Experten, das wache Verfolgen der Fachdiskussionen und die eigene Urteilsbildung ersetzen. Und es ist sehr gut und sinnvoll, dass Eltern immer auf der vorsichtigen Seite sind.

Es werden Produkte und Marken vorgestellt, die in ihrem Feld Standards setzen. Daher ist es sicher kein Zufall, wenn Sie beim Blättern auf Marken stoßen werden, die Sie selbst schon im Kindesalter kennen- und schätzen gelernt haben. Das Buch können Sie auf vielfältige Weise nutzen – als (Einkaufs-)Ratgeber und Guide, als Kompendium und Nachschlagewerk, als Inspirationsquelle für Anschaffungen und Geschenke, als markenhistorischen Wissensschatz. Oder Sie blättern es zusammen mit Ihren Kindern als Bilderbuch durch, auf der gemeinsamen Suche nach dem, was alle Elternherzen bewegt: dem wirklich Besten für Ihr Kind.

Und damit auch Kinder, deren Eltern sich viele der vorgestellten Produkte gar nicht leisten können, etwas davon haben, spendet der Verlag Deutsche Standards Editionen zwei Euro pro verkauftes Exemplar an die Kinderhilfsorganisation CHILDREN FOR A BETTER WORLD. Damit kann im Rahmen des Programmes „Hunger in Deutschland" eine warme und gesunde Mahlzeit für ein Kind bezahlt werden, das sonst nur davon träumen könnte.

DR. FLORIAN LANGENSCHEIDT
Herausgeber

PRODUKTDESIGN FÜR KINDER
ZWISCHEN SÜSSSTOFF UND FUNKTIONALITÄT

Wer kennt nicht die Not, aus einem schier unüberschaubaren Produktangebot das Richtige auszuwählen? In aller Regel sind bei der Kaufentscheidung außer sinnlichen Faktoren wie Ästhetik, Farben und Haptik auch soziodemografische Fakten – sprich: Preis – bestimmend. Dem gegenüber stehen die eher nüchternen Eigenschaften wie Ergonomie, Sicherheit und Gebrauchstauglichkeit.

In kaum einem anderen Bereich spielen Anmutung und Emotionalität eine so große Rolle wie bei der Babyausstattung. Doch gerade hier sollte man sich die schöne Definition von Carlos Obers „Design ist Kunst, die sich nützlich macht" vor Augen halten. Hier kann nämlich Funktionalität viel Kummer und Tränen ersparen – beim Nachwuchs wie bei den gestressten Eltern. Bei der Entscheidungsfindung sollte es deshalb nicht nur um komplett durchgestylte oder aus der Amazon-Bestsellerliste ausgesuchte Produkte gehen, sondern schlicht um praktischen Nutzwert. Der „Oh wie süß"-Aspekt hat dabei den Stellenwert eines – durchaus reizvollen und liebenswerten – Zusatznutzens.

Doch welcher Hersteller – und vor allem welcher Käufer! – hat sich bei der Produktentscheidung nicht schon zu sehr vom ultimativen Kick des schönen Scheins leiten lassen und wesentliche Funktionen einer optimalen Benutzung hintangestellt? Wir kaufen Träume, und wenn es ums Baby geht, sind diese nicht selten besonders realitätsfern.

Der folgende Test mag werdenden Eltern dazu dienen, die Bandbreite der relevanten Produktfaktoren im wahren Leben auszuleuchten: Nehmen wir Zwillinge, Jungen im zarten Alter von 9 Monaten, in unserem Fall auch noch eineiige. Wir setzen die beiden in unterschiedliche Designerhochstühle – mit einem schön gefüllten Teller Pasta Bolognese eines führenden Anbieters der Baby-Bio-Nahrung. Natürlich mit einem großen Lätzchen und bewaffnet mit einem mund- wie altersgerechten Löffel kann es losgehen. Schon nach etwa fünf Minuten der Parallel-Fütterung sind die Spuren des Breis im ersten Stühlchen bereits tief in den Mechanismus der Höhenverstellung eingedrungen – viel Spaß beim Reinigen! Solche Beobachtungen lassen sich über den gesamten Tagesablauf und das entsprechende Zubehör ausdehnen.

Mit der falschen Ausstattung werden selbst gut eingespielte Eltern oft unnötig belastet. Dabei gibt es Alternativen. Vom traditionell einfachen Holzstuhl bis hin zum cleveren Hightech-Chair, der vielleicht an den entscheidenden Stellen einfach auf glatte und leicht zu reinigende Oberflächen gesetzt hat. Und bei dem die Verstellmöglichkeiten einfach nicht in den unmittelbaren „Fütterbereich" gelegt wurden. Auch spülmaschinenfeste Tabletts sind ein Muss – oder sollten es zumindest sein.

Fazit: Gehen Sie – bei allen Artikeln – stets von der maximalen Beanspruchung aus und hinterfragen Sie die Gebrauchstauglichkeit. Wie süß und kindgerecht ist ein Objekt, bei dem man sich schon als Erwachsener die Finger einzwickt?

Es gibt aber nicht nur die Diskrepanz von Emotion und Funktion, sondern auch erstaunliche mentale Hemmnisse, die sich erst im Vergleich mit internationalen Gewohnheiten offenbaren. Dazu der Blick auf ein ebenso einfaches wie erstaunliches Hilfsmittel: Produkte wie ein mobiles Reisetöpfchen werden in über 20 Ländern an jeder Straßenecke verkauft. Sogar an Tankstellen lassen sich Nachfülltüten für diese klappbare Kleinsttoilette nachkaufen. Wird der Artikel im angelsächsischen Raum fast bei jedem vierten Baby nachgefragt, sind die ersten Reaktionen im deutschsprachigen Raum nicht sonderlich vielversprechend. Man stelle sich das Bild eines Vaters mit seiner vierjährigen Tochter auf der Autobahn vor, das Kind gerade noch vor dem Absturz hinter der Leitplanke gerettet und dann ein paar hundert Meter weiter einen Briten, der seinem Kind, verdeckt durch die Autotür, ein wenig Privatsphäre gibt und sich selbst vor gymnastischen Kunststücken bewahrt. Jetzt noch eine Portion Regen dazu und eine ohnehin schon angespannte Stausituation, dann wirkt der kernige Satz „so etwas brauchen wir nicht" eher blamabel.

Aus mittlerweile sechs Jahren Erfahrung mit Babyartikeln – und vier eigenen Kindern – spreche ich auch aus Anwendersicht und bin immer wieder überrascht, wie jeden Tag neue Fehlkonstruktionen den Markt erreichen und teilweise sogar erfolgreich sind.

Die Erfolgsfaktoren für Neuprodukterscheinungen sind eben dieselben wie auch in anderen Branchen. Punktet zum Beispiel ein Kinderwagen durch trendiges Design und modische Ästhetik und hat damit den Einzug in die internationale Celebrity-Welt geschafft, dann sind schon einmal die Grundvoraussetzungen für eine schnelle Erfolgsstory und den rasanten Aufstieg gegeben. Emotionales Marketing gepaart mit sinnlichen Funktionen machen die Produkte stark. Harte Faktoren, etwa eine essenzielle Luftbereifung, haben in der Wahrnehmung vor dem Kauf einen deutlich schwierigeren Stand im Vergleich zu diesem „Promikinderwagen-Bild".

Die Kaufentscheidung und Wahl zum präferierten Produktdesign hängt stark vom Kaufprozess und Nachfragertypus ab. Wobei sich die künftigen Eltern und deren Informationsphase während der Schwangerschaft in zwei Typen unterscheiden. Die erste Gruppe sind die Überraschungsliebhaber: „In vier Wochen kommt unser Baby – ich glaube, wir brauchen noch einen Kinderwagen." Beim ersten Besuch im Kinderfachgeschäft wird man dann im Falle von Bestellware mit Lieferzeiten von mehreren Wochen, schlimmstenfalls sogar Monaten konfrontiert. Nach kurzer Beratung und Recherche gibt es eine kurze Vergleichsphase. Die Auswahl unterliegt nicht mehr dem Anspruch „nur das Beste für das Kind", sondern eher der Verfügbarkeit.

Der zweite Typus: Wir sind schwanger und haben bereits alles in einer sehr frühen Phase bis ins Letzte recherchiert und auch angeschafft. Sowohl durch Beratung im Fachgeschäft, den eingeholten Rat bei Freunden und zuletzt durch umfangreiche Online-Recherchen in Foren und Testmagazinen wurde die Entscheidung getroffen – und mehrfach verworfen, wenn ein neues Objekt ins Spiel kam. Der Anspruch „nur das Beste für das Kind" ist hier Gesetz. In beiden Fällen ist sehr häufig ein Großelternteil mit von der Partie und es kommt zu einem intensiven Entscheidungsprozess aller Beteiligten.

Auch im Bereich der Lieferzeiten wurde von Herstellern und Importeuren mittlerweile erkannt, dass Babyartikel als schnelldrehende Konsumartikel keine Lieferzeiten wie Investitionsgüter haben dürfen. Demnach gibt es weniger Nachkaufdissonanzen, da die Verbraucher mit weniger Kaufdruck und somit freier entscheiden können.

Erfreulicherweise finden sich immer mehr Produkte am Markt, die eine optimale Gebrauchstauglichkeit mit schönem Design vereinen. Die Verjüngung in Traditionsunternehmen und der internationale Wettbewerb haben in den letzten Jahren zu einer verstärkten Marktdynamik beigetragen. Viele neue und junge Marken haben das Baby- und Kindersegment entdeckt und geben der Branche zusätzlich neuen Aufwind. Bei dieser Gruppe der innovativen Start-ups handelt es sich zumeist um junge Eltern, die als Neueinsteiger in der Branche ihren Erfahrungsschatz aus anderen Branchen und Industrien jetzt im Babyausstattungsbereich einbringen.

Sind die Kinder etwas älter, dann verschieben sich die Themen von den „Must-haves" im Babybereich immer mehr zu den selbst formulierten Kinderwünschen. Eines aber ist sicher: Wie Sie sich auch entschieden haben, Sie werden keine dieser Designphasen und Aspekte Ihres eigenen Konsumentenverhaltens missen mögen. In ein paar Jahren sind die Kinder groß und man blickt wehmütig zurück auf die Essensrelikte im Hochstuhl oder auf dem Boden – wenn das Stühlchen kein Tablett hatte.

TOM HEIM
Inhaber Pamper24, Diplom-Kaufmann.
Neben seiner Unternehmertätigkeit berät Tom Heim den Handel in zukunftsträchtigen Distributionsstrategien.

MIT KINDERN. FÜR KINDER!

Children for a better World e.V. wurde 1994 von Dr. Florian Langenscheidt und 30 weiteren engagierten Persönlichkeiten unter dem Leitgedanken „Mit Kindern. Für Kinder!" gegründet.

Die renommierte Kinderhilfsorganisation setzt sich gemeinsam mit Kindern und Jugendlichen für eine bessere Welt ein. Bei CHILDREN haben Kinder eine eigene Stimme. Sie lernen, auch in schwierigen Situationen Verantwortung für ihr Leben, ihre Zukunft und ihr Umfeld zu übernehmen. So unterstützt CHILDREN in Armut aufwachsende Kinder in Deutschland und fördert soziale Projekte von Kindern und Jugendlichen, die sich tatkräftig für andere einsetzen!

„Mit jedem bedürftigen Kind, das in einer Notlage eine neue Lebensperspektive findet oder in seiner Hilfe für sich und andere unterstützt wird, tragen wir alle zu einer besseren Zukunft bei!"

ARBEITSBEREICH: HUNGER IN DEUTSCHLAND
CHILDREN-MITTAGSTISCHE

CHILDREN finanziert täglich warme Mahlzeiten für in Armut aufwachsende Kinder in ganz Deutschland und gibt ihnen so eine Chance auf eine bessere Zukunft.

In Deutschland wachsen etwa drei Millionen Kinder in Armut auf, Tendenz steigend. Die materielle Armut ihrer Eltern bedeutet für die Kinder eine deutliche Beeinträchtigung ihres Wohlbefindens und, schlimmer noch, auch eine Einschränkung ihrer Perspektiven für die Zukunft. CHILDREN engagiert sich bereits seit 2004 gegen die gravierenden, oft lebenslangen Folgen von Kinderarmut und Hunger in Deutschland.

Armut kann für die betroffenen Kinder bedeuten, dass sie falsch oder auch nicht ausreichend ernährt werden, dass sie weder an einem Musikunterricht noch an einem Vereinsleben teilnehmen können, bei Klassenfahrten zu Hause bleiben müssen und oft keinen oder nur einen niedrigen Schulabschluss schaffen, da sie weder von ihren Eltern noch durch die öffentlichen Schulen entsprechend ihrem Bedarf gefördert werden. So werden allzu oft aus armen Kindern auch arme Erwachsene.

Ein gesundes und regelmäßiges Mittagessen ist für viele dieser Kinder ein erster, aber grundlegender Schritt, um den Teufelskreis der Armut zu durchbrechen. In 50 CHILDREN-Mittagstischen in sozialen Brennpunkten in

ganz Deutschland erhalten bedürftige Kinder täglich eine warme Mahlzeit, liebevolle Zuwendung und Unterstützung. Dank der regelmäßigen und ausgewogeneren Ernährung sind die Kinder seltener krank und können sich in der Schule besser konzentrieren. Ihre sozialen Kompetenzen werden durch das gemeinsame Essen und oft auch die gemeinsame Vor- und Zubereitung des Essens gestärkt.

CHILDREN-ENTDECKERFONDS

CHILDREN hilft in Armut aufwachsenden Kindern, ihre unsichtbaren Grenzen zu überwinden und neue Perspektiven für ihr Leben zu entwickeln.

Mädchen und Jungen, die in Armut aufwachsen, haben oft nicht die gleichen Möglichkeiten, die Welt zu entdecken und ihre Fähigkeiten zu entwickeln, wie andere Kinder. Deshalb ermöglicht der CHILDREN-Entdeckerfonds seit

2009 sozialen Einrichtungen, Mittel für Aktivitäten zu beantragen, die Kinder und Jugendliche in Bewegung bringen und ihnen neue Erfahrungen ermöglichen sollen.

In vergangenen Projekten haben in Armut aufwachsende Kinder im Hochseilgarten erfahren, wie mutig sie sind, lernten nähen und schwimmen oder waren zum ersten Mal in ihrem Leben in einem Restaurant, erlebten einen Besuch im Zoo oder im Theater oder ein Treffen mit Politikern im Landtag. Sie haben ihre eigenen Ausflüge und Stadtrallyes geplant, das Meer gesehen, waren reiten und haben Tiere auf dem Bauernhof erlebt.

Die neuen Erlebnisse stärken das Selbstwertgefühl der Kinder und wecken ihre Neugierde auf andere Lebenswelten. Oft ist es für die Mädchen und Jungen die erste Chance, den normalen Alltag eines Kindes in Deutschland zu erleben. Denn nur wer lernt, selbstständig für sich zu sorgen, und den Mut fasst, sich Ziele jenseits eines Lebens in Armut zu setzen, wird diese auch aus eigener Kraft erreichen können.

ARBEITSBEREICH: SOZIALES ENGAGEMENT
JUGEND HILFT!

CHILDREN fördert den tatkräftigen Einsatz von Kindern und Jugendlichen in Deutschland für Menschen in Not weltweit. Das selbstständige und ehrenamtliche Engagement von Kindern und Jugendlichen steht unter dem Leitgedanken „Helfen ist kinderleicht!" im Mittelpunkt der Arbeit. 1999 startete CHILDREN das Projekt JUGEND HILFT! mit einer einfachen Idee: Soziales Engagement verdient dieselbe Anerkennung wie die Leistungen von jungen Menschen in Naturwissenschaften, Sport oder in der Musik. Prominente Laudatoren zeichnen deshalb jedes Jahr die engagiertesten und kreativsten sozialen Projekte von Kindern und Jugendlichen für Menschen in Not im Rahmen des bundesweiten Wettbewerbs JUGEND HILFT! aus. Mit finanzieller Förderung und zielgerichtetem Coaching helfen wir diesem tatkräftigen Einsatz der Kinder und Jugendlichen zusätzlich auf die Sprünge.

KINDERBEIRAT

Bei CHILDREN sind Kinder und Jugendliche nicht nur Empfänger von Hilfe. Im Kinderbeirat bestimmen sie sogar regelmäßig selbst über kleinere Förderanträge.

Die Kinder und Jugendlichen in den CHILDREN-Kinderbeiräten in München, Hanau, Berlin und Dortmund diskutieren und entscheiden über Förderanträge kleinerer Hilfsprojekte. Sie lernen dabei, die unterschiedlichsten Projektanträge zu beurteilen, und gewinnen einen Einblick in die Arbeit sozialer Einrichtungen im In- und Ausland. Ihre aktive Mitgliedschaft im CHILDREN-Kinderbeirat soll den Blick für soziale Probleme schärfen und ihnen dabei helfen, für sich selbst den Wert sozialen Engagements zu entdecken. In jeder Sitzung mit fünf bis sieben Anträgen kann der Kinderbeirat insgesamt bis zu 5.000 Euro bewilligen, davon maximal 1.500 Euro pro Antrag.

Nicht zuletzt wegen dieses Programms, das bereits mit der Gründung der Kinderhilfsorganisation 1994 ins Leben gerufen wurde, heißen wir Children for a better World e.V.

ARBEITSBEREICH: AUSLANDSPROJEKTE

CHILDREN unterstützt weltweit Projekte für Kinder in Not, die den Zielen und der Arbeitsweise von CHILDREN entsprechen. Besonderen Wert legen wir auf eine gute und kontinuierliche Arbeit, die durch einen engen Kontakt zu CHILDREN gesichert wird. Hier einige Beispiele:

VIETNAM

Im Rahmen der Arbeit von CHILDREN in Vietnam werden Schulen und Kindergärten gebaut und finden Waisen und Straßenkinder anhaltende Unterstützung. Ein besonderer Schwerpunkt des Programms liegt zudem auf der Förderung von Kindern mit Behinderungen.

GUINEA

Im Mittelpunkt der Arbeit von CHILDREN in Guinea steht die umfassende und nachhaltige Unterstützung von Aids-Waisen. Wir betreuen die Kinder und ihre Pflegefamilien in den Bereichen Gesundheit und Bildung sowie mit Grundnahrungsmitteln und psychosozialer Beratung.

INDIEN

CHILDREN hilft Kindern aus sozialen Randgruppen dabei, eine umfassende Schulbildung und praktische Ausbildung zu erhalten. Im Kern des Projekts steht die Bhil Academy, eine Schule mit Internat für 260 Kinder im Alter von 4 bis 17 Jahren.

WIE SIE DAZU BEITRAGEN

Die Projekte von Children for a better World e.V. werden durch Spenden finanziert – Ihre Unterstützung macht unsere Arbeit mit Kindern und für Kinder überhaupt erst möglich.

Durch den Kauf des Buchs „Das Beste für Ihr Kind" haben Sie mit der Unterstützung von Verlag und Herausgeber eine Mahlzeit für bedürftige Kinder in Deutschland gefördert – dafür möchten wir Ihnen herzlich danken!

Ebenso gilt unser Dank den vielen Firmen und Herstellern von kinderfreundlichen Produkten, die über „Das Beste für Ihr Kind" von uns erfahren und uns spontan so großzügig unterstützt haben.

Weitere Informationen zu CHILDREN erhalten Sie im Internet unter www.children.de oder bei:

CHILDREN FOR A BETTER WORLD E.V.

Oberföhringer Str. 4
81679 München
Tel. 089 45 20 94 30
Fax 089 45 20 94 343
info@children.de

Wir würden uns freuen, wenn Sie unsere Arbeit mit Kindern und für Kinder mit einer Spende fördern möchten! Unser Spendenkonto:

Kontoinhaber: Children for a better World e.V.
Bank: Deutsche Bank München
Konto-Nr.: 80 80 160
BLZ: 700 700 10

BIC (SWIFT): DEUT DE MMXXX
IBAN: DE55 700 700 100 8080 160 00
Account Name: Children for a better World e.V.

PRODUKT- UND MARKENPRÄSENTATIONEN

ABUS

Das Familienunternehmen ABUS blickt auf eine lange Tradition zurück: Im Jahr 1924 entschloss sich der Schlossmacher August Bremicker im westfälischen Volmarstein mit vieren seiner Söhne zur Selbstständigkeit und begann mit der Produktion von Vorhangschlössern in der eigenen Schlossschmiede. Die Vision der Gründerfamilie: Man wollte Produkte schaffen, die das Leben der Menschen schützen und ihr Eigentum sichern sollten. Ein Bekenntnis zur Qualität von Anfang an – Auftakt einer kontinuierlichen Erfolgsgeschichte. Aus „August Bremicker und Söhne" wurde ABUS. Aus der Marke ABUS wurde ein Synonym für Sicherheit. Aus dem Hangschlosshersteller wurde eine international operierende Unternehmensgruppe für präventive Sicherheitstechnologie. Hier leistet die ABUS-Gruppe einen verantwortungsvollen Beitrag. Mit hochwertigen Markenprodukten und kundenorientierten Serviceleistungen. Mit intelligenter Technologie und immer neuen Innovationen. Alles basierend auf dem christlich orientierten Unternehmensgrundsatz der Gründerfamilie „An Gottes Segen ist alles gelegen". Mit dieser Einstellung wollte man Menschen das gute Gefühl der Sicherheit geben. Eine Philosophie, die von der ABUS-Gruppe überall auf der Welt konsequent ausgelebt und ausgebaut wird.

Seit vielen Jahren nimmt der Schutz von Kindern einen hohen Stellenwert bei der Entwicklung von Sicherheitslösungen ein. Zu Hause bieten abschließbare Fenstergriffe oder Rauchmelder ein hohes Maß an Sicherheit vor den Gefahren des Alltags. Im Geschäftsbereich Mobile Sicherheit bietet ABUS für die Jüngsten eine Vielzahl von Produkten speziell für die „Sicherheit unterwegs". Dabei orientiert sich das Familienunternehmen an den tatsächlichen Bedürfnissen und Gegebenheiten von Kindern. Statt einfach nur die Produktgröße zu verringern, werden die eingeschränkten motorischen Fähigkeiten der Kleinsten berücksichtigt: Beim Entwicklungsprozess stehen für die Ingenieure die kindgerechte Ergonomie und die einfache Handhabung an erster Stelle. Unter dieser Prämisse entstand mit dem „My first ABUS" das erste Fahrradschloss speziell für Kinder. Vor allem beim Fahrradhelm leistet ABUS mit seinen Ideen und kreativen Detaillösungen einen Dienst für die Sicherheit von klein auf. Eine abgeflachte Rückseite ermöglicht die aufrechte Sitzhaltung im Kindersitz, dank eines ausgeklügelten Verstellsystems wächst der Helm mit. Großflächige Reflektoren sowie das integrierte Rücklicht tragen zur erhöhten Sicherheit bei. Aber vor allem muss der Helm den Kindern gefallen, sonst wird er nicht getragen. ABUS bietet seinen kleinen Kunden eine große Vielfalt an Designs und Dekoren.

Neben den Produkten bringt eine Vielzahl an Initiativen und Kooperationen den nachhaltigen Ansatz der Verantwortung zum Ausdruck. Seit Jahren unterstützt ABUS die Deutsche Verkehrswacht speziell im Rahmen der Radfahrausbildung in den Grundschulen. Die Hannelore Kohl Stiftung engagiert sich bei vielen Veranstaltungen und bringt eigene Initiativen auf den Weg. Und gemeinsam mit internationalen Normenausschüssen, den Experten der Versicherungswirtschaft und anderen Institutionen diskutiert ABUS aktuelle Sicherheitsprobleme und erarbeitet wirksame Lösungen: TÜV-geprüft, VdS-zertifiziert und den strengen DIN-EN-Normen entsprechend.

Neben der Mobilen Sicherheit bedienen heute weitere Unternehmensbereiche der ABUS-Gruppe die Themenfelder Haussicherheit und Objektsicherheit. Hier stehen ABUS-Produkte für vorbildliche Markenqualität – produziert mit erstklassigen Materialien und von bestens ausgebildeten Fachkräften. Dieser Maßstab gilt für alle ABUS-Sicherheitsprodukte an allen Produktionsstandorten und führt zu einem eigenen, international anerkannten Gütesiegel: ABUS Security Tech Germany – weltweit in Produktion und Vertrieb zu Hause. Diese Anerkennung ist für die ABUS-Gruppe Motivation und Verpflichtung, auch in Zukunft wirksame Lösungen zu finden, um Menschen – und besonders auch Kindern – „Das gute Gefühl der Sicherheit" zu geben. Mit dieser Einstellung liefern die ca. 2.500 ABUS-Mitarbeiter die Grundlage für das Vertrauen, das der Marke ABUS weltweit entgegengebracht wird: Vom Hangschlosshersteller zur Weltmarke für Sicherheit! Für Jung und Alt - für Groß und Klein.

ADRESSE | AUSZEICHNUNGEN

ABUS AUGUST BREMICKER SÖHNE KG
Altenhofer Weg 25
58300 Wetter
www.abus.de

„Gut" für ABUS Kinderhelm, ÖKO-TEST 2010

ALVI

Die Geburt des ersten Kindes verändert alles. Mit einem Schlag bekommen die Eltern eine völlig neue Aufgabe mit enormer Verantwortung geschenkt. Der neue Erdenbürger will gepflegt, gefüttert, gebadet und natürlich weich gebettet werden. Dafür wird oft schon Monate vor der Geburt alles hergerichtet. Kinderzimmer werden liebevoll dekoriert, Ausrüstung aller Art organisiert und Wiegen oder Bettchen angeschafft. Denn gerade der ruhige und gesunde Schlaf ihres Babys ist ein großes Thema für die neuen Mamas und Papas.

Das Stichwort „Plötzlicher Kindstod" hat schon Generationen von jungen Familien beschäftigt, gerade seine bis heute nicht vollständig aufgeklärte Ursache gibt ihnen Anlass zur Sorge. Doch sind im Laufe der vergangenen Jahrzehnte immer wieder neue Studien erschienen, die verschiedene Risikofaktoren aufdeckten – und immer haben sie mit einer gesunden Schlafumgebung zu tun. Grund genug für den gelernten Seiler Alfred Viehhofer, sich im Jahr 1961 mit dem Babyschlaf zu beschäftigen. Ausgestattet mit umfangreichen Materialkenntnissen über Fasern, Fäden und andere Werkstoffe begann er mit der Herstellung von hochwertigen Babyschlafsäcken und Babymatratzen. Damit legte er gemeinsam mit seiner Frau Elfriede den Grundstein für ein Unternehmen, das im Jahr 2011 sein 50. Jubiläum feiert: Alvi aus Höxter.

Verschiedene Erkenntnisse sind für die Entwicklung einer ganzheitlichen Herangehensweise an das Thema Babyschlaf wichtig. So empfehlen Ärzte, Krankenschwestern, Hebammen und auch die Gesellschaft gegen den Plötzlichen Kindstod (GEPS) die Einhaltung verschiedener Punkte. Etwa sollten Säuglinge nicht auf dem Rücken schlafen, eine Überwärmung im Bettchen sollte vermieden werden und auch gilt es, eine CO_2-Rückatmung – wenn das Kind mit dem Gesicht nach unten liegt – auszuschließen. All dies berücksichtigt das umfassende Schlafsystem, das Alvi mit den perfekt aufeinander abgestimmten Bestandteilen Matratze, Matratzenbezug und Schlafsack entwickelt hat.

Essenziell wichtig ist der Schlafsack Baby-Mäxchen, der ohne hintere Naht gefertigt ist. Damit wird das Baby durch nichts gestört und kann gut auf dem Rücken liegen. Zudem hat er eine Birnenform, um genügend Strampelfreiheit zu ermöglichen. Typisch für das Baby-Mäxchen ist seine Dreiteiligkeit: Es besteht aus einem Außensack und zwei Innensäcken in unterschiedlichen Größen. So können die Eltern auf die jeweilige Raumtemperatur reagieren und sicherstellen, dass das Baby nicht überhitzt. Dank der beiden Innensäcke in unterschiedlichen Größen und einer flexibel änderbaren Knopfleiste am Außensack kann das Baby-Mäxchen außerdem mitwachsen. Die dazu passenden Matratzen haben einen klimaregulierenden Bezug, der einen Wärmestau verhindert, und verfügen über einen luftdurchlässigen Kern. Sollte das Baby also doch einmal mit dem Mund auf der Matratze liegen, wird das ausgeatmete CO_2 durch die Matratze abgeführt und es entsteht keine gefährliche CO_2-Rückatmung. Zusammen ergeben Schlafsack, Matratzenbezug und Matratzenkern so eine optimale wie gesunde Schlafumgebung.

Das Unternehmen Alvi wird heute von der Schwiegertochter des Firmengründers, Stephanie Viehhofer, geleitet und zählt zu den führenden Babyartikelherstellern Europas. Inzwischen arbeiten knapp 200 Mitarbeiter an den zwei Produktionsstätten in Höxter und dem polnischen Jelenia Gora. Die Produktpalette reicht inzwischen vom Bestseller Baby-Mäxchen über innovative Matratzenkerne mit Hightech-Innenleben bis zu vielfältigen liebevollen Accessoires. In der Produktion legt man bei Viehhofer höchsten Wert auf Qualität und Verträglichkeit aller Materialien. Auch neueste Textilfaser-Technologien wie Tencel und Outlast kommen in den Alvi-Produkten zum Einsatz. Schließlich ist es das Hauptanliegen von Alvi, mit sorgfältig ausgewählten und erstklassig verarbeiteten Produkten für einen guten Schlaf zu sorgen. Denn es gibt kaum etwas Schöneres für Eltern, als mucksmäuschenstill an der Wiege zu stehen und andächtig den ruhigen Atemzügen des kleinen Lieblings zu lauschen.

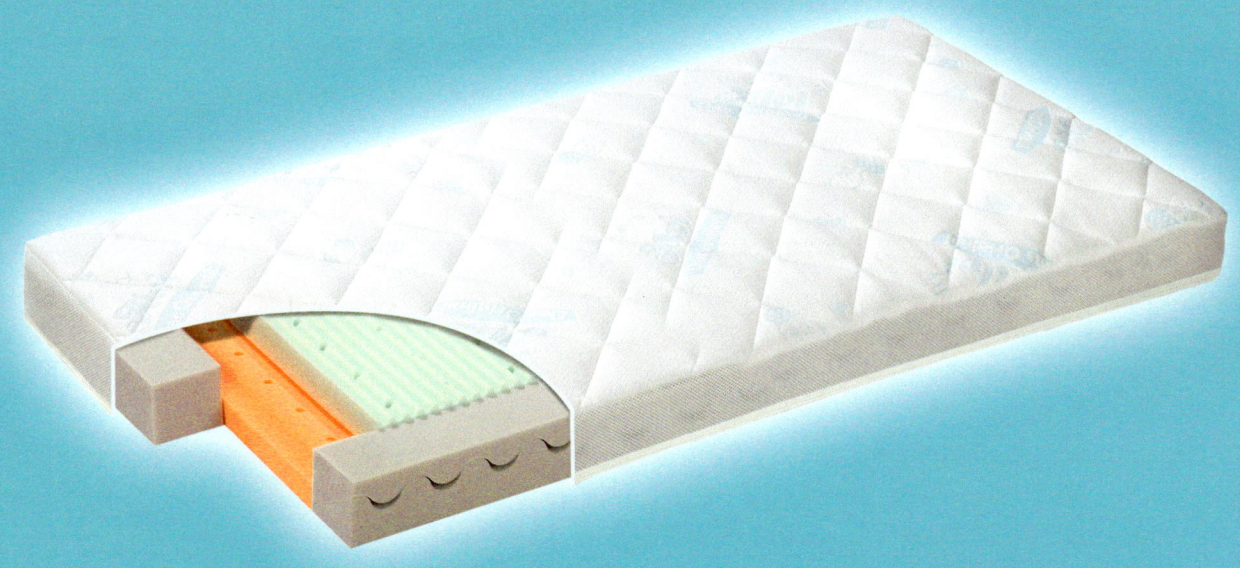

ADRESSE | ZERTIFIZIERUNGEN

ALVI ALFRED VIEHHOFER GMBH & CO.
Pfennigbreite 44
37671 Höxter
www.alvi.de

Zertifizierung „Textiles Vertrauen Oeko-Tex® Standard 100" für Schlafsäcke, Matratzen, Wickelauflagen, Spannlaken und Decken, Oeko-Tex® Gemeinschaft, 2011

Zertifizierung Eco Umweltinstitut für Baby-Mäxchen und Alvi Max-Matratze, 2011

Zertifizierung TÜV GS für Kinderbett Lars, Wickelauflage Molly beschichtet, Stillkissen, 2011

ANNETTE FRANK

annette frank Kind sein bedeutet, träumen zu dürfen. Den ganzen Tag. Es bedeutet, Prinzessin zu sein oder Piratin, Ritter oder Drache, Blumenmädchen oder Matrose. Im freien Rollenspiel finden Kinder viel heraus über sich und die Welt. Das heimische Kinderzimmer spielt dabei eine große Rolle, muss es doch alle Verwandlungen mitmachen, mal als Schloss und mal als Piratenschiff herhalten. Kindgerechte Möbel und schöne, durchdachte Accessoires schaffen hier die ideale Atmosphäre für Abenteuer- und Fantasiereisen.

Als die Münchnerin Annette Frank ihren großen Traum entdeckte, war sie schon erwachsen. Von ihrer Mutter, einer Schneidermeisterin, hatte sie das Schneidern gelernt und schon früh Freunde und Familie mit selbst kreierten Geschenken und Spielsachen aus Stoffen erfreut. Doch erst bei einem Nebenjob in einem Kindermöbelgeschäft fand sie heraus, was sie wirklich wollte. Nicht um Modetrends und Passformen sollte es in ihrem ersten eigenen Unternehmen gehen, sondern um schöne, kindgerechte, aber keineswegs kitschige Kinderzimmereinrichtung. In einem kleinen Werkstattladen nähte die Designerin erst für das Kindermöbelgeschäft und bald auch für Endkunden die gesamte textile Ausstattung für Kinderzimmer. Ein schnell gewachsener Kundenstamm von Privatpersonen wurde durch einige der führenden Fachhändler in den deutschen Großstädten ergänzt, die die Unternehmensgründerin mit Musterkoffer und Stoffmappe akquiriert hatte.

Die erste eigene annette frank-Kollektion feierte im Jahr 2000 auf der „Kind + Jugend", der größten Fachmesse für Baby- und Kinderausstattung, in Köln Premiere. Von da an ging es Schlag auf Schlag: Händlernetz, Kollektion, Lager und Verwaltungsaufwand wuchsen. Nach drei Jahren wurde die passende Möbelkollektion präsentiert und jedes Jahr kamen neue Textilkollektionen, Möbel und Accessoires dazu.

2008 zog die Firma in neue Räume mit einem großen Showroom am Rande der Innenstadt Münchens um. Heute sind es fünf Mitarbeiterinnen, ein eigener Lieferservice sowie eine Außendienstmitarbeiterin, die das effektive, serviceorientierte Team bilden. Dank höchster Qualität und des unverwechselbaren Designs hat sich annette frank einen guten Namen in der Branche gemacht und gilt unangefochten als Premiummarke. Inzwischen umfasst die annette frank-Kollektion die gesamte Kinderzimmereinrichtung – von den Möbeln über den Teppich, die Vorhänge, Tapeten und Lampen bis zur Bettwäsche, diversen Kissen und Decken. Natürlich passen alle Teile farblich und stilistisch perfekt zusammen. Mit viel Fantasie und Liebe zum Detail entstehen so wahre Spielwelten mit allen typischen Accessoires wie Steuerrad und Rettungsring, Kaufladentheke und Markise, Burgtor und Schlossfähnchen. Die Möbel werden in kleinen Serien vorproduziert und dann nach Kundenwunsch lackiert und fertiggestellt. Stoffe und Accessoires werden exklusiv für annette frank produziert, alle Textilien bestehen fast ausschließlich aus zertifizierten Baumwollstoffen. Auch die Grundmaterialien für die Möbel sind hochwertig und werden sorgfältig geprüft und überwacht. So kommen nur beste Buchen- und Ahornhölzer sowie absolut unbedenkliche Lacke zum Einsatz. Produziert werden die Waren ausschließlich in Deutschland, in enger Abstimmung mit den handwerklich arbeitenden Herstellerbetrieben.

Die grundsätzliche Designphilosophie hinter den Produkten von annette frank: eine ausgewogene Balance zwischen Wärme und Klarheit. Dabei kommen klassische Stoffe und aufwendige Applikationen zum Einsatz, die jedes Motiv auf die wesentlichen Elemente reduzieren. Helle, freundliche Farben werden mit viel Weiß kombiniert, alle Möbel, Textilien und Accessoires sind gestalterisch genau aufeinander abgestimmt. Dass das Ergebnis durch Qualität und Design die Eltern oder Großeltern als Käufer überzeugt, ist für Annette Frank aber nur eine Seite der Medaille. Die andere ist, dass Kinder auf ihre Ideen sofort reagieren. Etwa indem sie im Showroom gleich in eine der Spielwelten unter den Spielbetten krabbeln, die Vorhänge zuziehen und nicht mehr aus dieser so gut zum Spielen und Träumen einladenden Umgebung herauswollen. Wenn das passiert, ist auch Annette Franks Traum ein Stück weit wahr geworden.

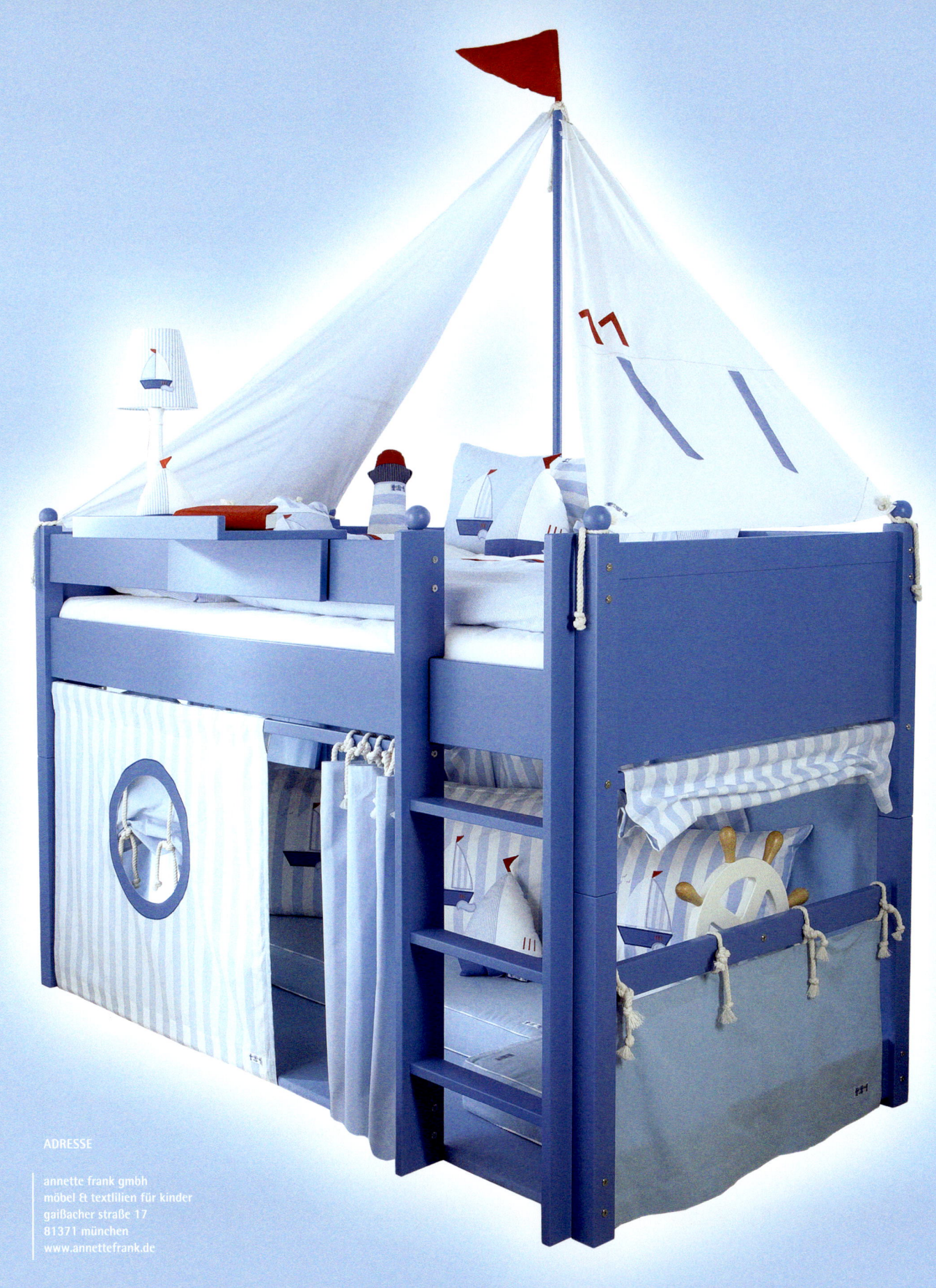

ADRESSE

annette frank gmbh
möbel & textilien für kinder
gaißacher straße 17
81371 münchen
www.annettefrank.de

APTAMIL

Um es vorauszuschicken: Muttermilch ist das Beste für jedes Baby. Stillen ist deshalb nach wie vor auch die optimale Ernährung für Säuglinge, denn Muttermilch versorgt das Neugeborene mit allen notwendigen Nährstoffen und mit Abwehrstoffen, die Infektionen vorbeugen können. Milupa hat deshalb vor rund 40 Jahren die in Deutschland größte Muttermilchforschung aufgebaut, um mit den Produkten so nah wie möglich an dieses große Vorbild heranzukommen.

Den ersten großen Erfolg erzielte die Forschung im Jahr 1968: Mit Aptamil wird erstmals eine Säuglingsmilch eingeführt, die sich in ihrer Zusammensetzung an der Muttermilch orientiert. Die Marke Aptamil ist eng mit der Muttermilchforschung verknüpft und steht für ihre wissenschaftlichen Entwicklungen.

Heute arbeiten über 250 Wissenschaftler für die Forschung, um immer neue Erkenntnisse über Muttermilch zu gewinnen und die Aptamil-Produktreihe ständig zu verbessern. Ein weiterer revolutionärer Schritt wurde im Jahr 1992 getan, als zum ersten Mal langkettige, mehrfach ungesättigte Fettsäuren (LCPs) in Säuglingsnahrungen eingesetzt wurden. Diese spielen eine wichtige Rolle bei der Entwicklung des Gehirns, des Nervensystems und des Sehvermögens. Zehn Jahre später wurde erneut ein Meilenstein in der Weiterentwicklung der Babynahrung gesetzt: 2002 wurden spezielle Prebiotics entwickelt, welche die Darmflora des Babys verbessern und sie von innen heraus unterstützen. Diese Kohlenhydrate sind den Oligosacchariden der Muttermilch nachempfunden und können dazu beitragen, Infektionen und Allergien vorzubeugen. Die positiven Effekte der patentierten Prebiotics wurden in zahlreichen klinischen Studien nachgewiesen.

Aptamil bietet ein umfangreiches und einmaliges Sortiment an Milchnahrungen für alle Altersgruppen. Von der klassischen Anfangsmilch über Folgemilch bis zu Milch-Getreide-Breien gibt es für jede Entwicklungsstufe das passende Produkt. So begleitet Aptamil das Baby vom ersten Tag an bis zur Einführung der Beikost. Aptamil war zudem ein Vorreiter in der Entwicklung von Kindermilch. Auch Kleinkinder haben einen speziellen Nährstoffbedarf. Die Aptamil Kindermilch ist deshalb auf den altersgerechten Bedarf des Kleinkindes abgestimmt. So enthält diese Milch neben einem niedrigen Eiweißgehalt auch einen höheren Gehalt an wichtigem Eisen, Jod und Vitamin D.

Ein besonderer Schwerpunkt liegt bei Aptamil auf dem Gebiet der Spezialnahrungen. Die hypoallergenen HA-Produkte werden bei allergiegefährdeten Babys eingesetzt. Die Eiweiße der Milch sind hier aufgespalten und deshalb weniger allergen. Zudem gibt es Nahrungen für Babys mit Verstopfungen, Blähungen oder vermehrtem Spucken im Aptamilsortiment. Diese Spezialnahrungen werden unter ärztlicher Aufsicht gegeben und sind meist nur in Apotheken erhältlich. Führend ist Aptamil auch im Bereich der Frühgeborenenernährung. Dass diesen Patienten die Zeit zur ausgereiften Entwicklung in Mamas Bauch fehlt, sieht man direkt. Dem entsprechen auch die außergewöhnlichen Ernährungsbedürfnisse; sie stellen für die Forschung eine besondere Aufgabe dar. So muss der unausgereifte Verdauungstrakt genauso berücksichtigt werden wie das überproportionale Wachstum der ganz Kleinen. Auch bei Frühchen ist Muttermilch die beste Nahrung. Überall dort, wo diese aber nicht ausreicht, bieten die Produkte von Aptamil Lösungen an. Als der Experte im Bereich Milchnahrungen legt Aptamil besonderen Wert auf eine strenge Qualitätssicherung. Bis zu 300 Kontrollen durchläuft ein Produkt von der Rohstofferzeugung bis ins Regal. Im eigenen Zentrallabor gewährleisten rund 60 Mitarbeiter ständig die einwandfreie Beschaffenheit eines jeden Nahrungsmittels von Aptamil. Mütter können beruhigt zu diesen Produkten greifen und sich zusätzlich mit allen Ernährungsfragen an den Aptamil-Eltern-Service wenden, der rund um die Uhr durch Ernährungswissenschaftlerinnen, Kinderkrankenschwestern und Hebammen kompetent und kostenlos Auskunft gibt. Mütter, die nicht oder nicht mehr stillen, können sich mit der Wahl von Aptamil also sicher sein, die bestmögliche Ernährung auf dem allerneuesten Stand der Forschung für ihr Kind zu erhalten: Mit Aptamil stark ins Leben.

ADRESSE

MILUPA GMBH
Bahnstraße 14-30
61381 Friedrichsdorf
www.aptamil.de

ASICS

Kindheit heißt Bewegung – klettern, springen und vor allem: ganz viel rennen. Oftmals sind viele Kinder rund um die Uhr in Bewegung. Sie jagen an langen Sommerabenden in wilden Rudeln durch die Nachbarschaft, sie hetzen unermüdlich über den Sportplatz oder powern sich in Turnhallen aus. Am Tag die unbändige Energie der Jugend nach draußen bringen und dann erschöpft und gesund schlafen – so muss das sein.

Dieses Ideal hatte wohl auch der Japaner Kihachiro Onitsuka vor Augen, als er im Jahr 1949 seine kleine Schuhmanufaktur gründete. Sein Land hatte den zweiten Weltkrieg überstanden, nun galt es, neue Perspektiven zu gewinnen. So öffnete er sein Unternehmen Onitsuka Tiger in der Stadt Kobe und begann, Schuhe herzustellen. Mit seinen eigenproduzierten Sportschuhen wollte er für Kinder und Jugendliche neue Anreize schaffen und neue Chancen bieten. Sport und Bewegung standen für ihn dabei im Mittelpunkt – die entsprechenden Produkte sollten zum Sporttreiben motivieren. Rund 30 Jahre später, in 1977, wurde aus Onitsuka Tiger durch die Fusion von drei Firmen die Marke ASICS. Das namensgebende Akronym des lateinischen Sinnspruchs „Anima Sana in Corpore Sano" – also „Ein gesunder Geist in einem gesunden Körper" – spiegelt genau die Gründerphilosophie von Kihachiro Onitsuka wider.

Heute ist das Unternehmen ASICS nicht nur das viertgrößte Sportartikelunternehmen der Welt, sondern auch Marktführer im Segment Running-Schuhe in Europa sowie deutschlandweit führend in den Segmenten Running, Walking, Indoor und im gesamten Damensportschuhmarkt. Diese Marktstellung kommt nicht von ungefähr: ASICS-Laufschuhe sind Premiumprodukte, die den höchsten technologischen Standard garantieren. Bei den ASICS-Kinderlaufschuhen wird diese Qualität von den Erwachsenen-Laufschuhen auf die Modelle für kleine Läufer übertragen. Ein gutes Beispiel ist der hochwertige Kinderlaufschuh ASICS GEL-1160 GS, bei dem das Kürzel GS für „Ground School" steht. Er besitzt das in den meisten ASICS-Schuhen verwandte GEL-Dämpfungssystem im Rückfuß, um Stöße abzufangen und den größtmöglichen Komfort zu bieten. Auch das spezielle TRUSSTIC-System, das das Fußgewölbe unterstützt oder die Duomax-Technologie zur Stabilisierung des Fußes in der Stützphase sind Innovationen aus der ASICS-Sportschuhforschung. Das firmeneigene Entwicklungslabor in Kobe verzeichnete seit seiner Gründung 1985 schon vielfältige, teils revolutionäre Erfindungen vom Dämpfungssystem bis zur Pronationsstütze, die heute vom Thema Sportschuh nicht zu trennen sind. Darunter sind auch neue Werkstoffe für die schnelle Fußbekleidung, wie unter anderem das sogenannte AHAR, das als ein hochabriebfestes Gummimaterial eine schnelle Abnutzung verhindert. Zusätzlich sorgen hochwirksame 3M-Reflektoren für Schutz und Sicherheit in der Dunkelheit, und die auswechselbare EVA-Einlegesohle bietet zusätzlichen Komfort und Hygiene. Den nur 260 Gramm wiegenden GEL-1160 GS gibt es in zwei Farbkombinationen: Silver-Black-Red oder New Navy-Lime-Silver. Außerdem ist er sogar als Pre-School-Modell erhältlich – dann wiegt er nur 150 Gramm und ist zusätzlich mit einem Klett-Schnürsystem für einfaches An- und Ausziehen ausgestattet.

Die ASICS-Kinderlaufschuhe richten sich an Jungen und Mädchen im Grundschulalter. Gerade im Zeitalter steigender Übergewichtigkeit schon im Kindesalter sind Sport und Bewegung, insbesondere Laufen, für die gesunde Entwicklung von Kindern unabdingbar. Die Förderung und Unterstützung von kindlicher Bewegung hat oberste Priorität für ASICS, die immerhin die wichtigste Ausrüstung herstellen, um Spaß an der Bewegung sowie Gesundheit der Füße und des Bewegungsapparates zu gewährleisten. Das Unternehmen mit Deutschlandzentrale im niederrheinischen Neuss bietet hierfür ein breites Sortiment an geeigneten hochtechnischen und qualitativ hochwertigen Laufschuhen für dieses sensible Entwicklungsalter. Damit Bewegung und Aktivität stets Spaß machen – und für das ganze Leben eine völlige Selbstverständlichkeit bleiben.

ADRESSE

ASICS DEUTSCHLAND
Hansemannstraße 67
41468 Neuss
www.asics.de

AVENT

PHILIPS AVENT

Stillen ist das Beste für Mutter und Kind – kaum einer wird sich gegen die Vorteile der Muttermilch stellen. Insbesondere die innige Verbindung zwischen Mutter und Baby beim Stillen ist von unschätzbarem Wert für die emotionale Entwicklung des Kindes. Doch gibt es auch Gründe, dass Mütter auf Hilfsmittel zurückgreifen müssen. Wie wohltuend ist es dann, wenn man einem Hersteller voll und ganz vertrauen kann: AVENT. Denn das Unternehmen AVENT entstand 1984 einzig und allein, weil Firmengründer Edward Atkin es als seine Mission begriff, Produkte zu entwickeln, die sich an den natürlichen Vorgängen des Stillens orientieren.

Atkin war aufgefallen, dass herkömmliche Babyflaschen einfach nicht ausgereift genug waren. Die Sauger waren hart, lang und schmal und die Flaschen umständlich in der Handhabung, wenig standfest und schwierig zu befüllen. Er machte sich daran, eine Babyflasche zu entwerfen, die weitgehend dem natürlichen Stillen entsprechen sollte. Es entstand die legendäre AVENT Flasche: Durch den großen Durchmesser und den weiten Flaschenhals war sie einfacher zu füllen und zu reinigen. Der neue Sauger war der erste, der vollständig aus geruchs- und geschmacksneutralem Silikon hergestellt war; die weiche und breite Form war der Natur am nächsten, und ein einzigartiges Ventil minimierte signifikant das ungewollte Luftschlucken und half so, Koliken bei Neugeborenen zu reduzieren.

Seit dieser Zeit hat Philips AVENT – wie die Marke seit der Akquisition durch Philips im Jahr 2006 heißt – das Konzept vieler Utensilien zur Ernährung von Babys weiter durchdacht. Die Produkte basieren auf wissenschaftlichen Erkenntnissen und sind der Natur nachempfunden – insbesondere sind sie aber angepasst an die Bedürfnisse junger Eltern, die mit ihren Sorgen und Nöten in der aufregenden ersten Zeit nicht alleingelassen sein wollen. Denn Dialog wird bei Philips AVENT großgeschrieben: Das Eingehen auf Anmerkungen und Vorschläge von Kunden stellt einen unverzichtbaren Bestandteil der Produktentwicklung dar. Neben vielen Hilfsmitteln für die stillende Mutter – wie etwa der mehrfach ausgezeichneten ISIS Handmilchpumpe – entstand bei Philips AVENT auch das erste DECT Babyphone, mit dem eine störungsfreie Überwachung des schlafenden Kindes gewährleistet war, was den Eltern ein kleines Stück Freiheit ermöglichte. Nichts bereitet Eltern mehr Wohlbefinden, als zu wissen, dass ihr Kind sicher in seinem Bettchen schläft. Gerade in den ersten Monaten nach der Geburt möchten sie am liebsten pausenlos nachsehen, ob alles in Ordnung ist. Philips AVENT macht dies möglich: Als führender Hersteller im Bereich Babyphone entwickelt das Unternehmen seit 1996 innovative Lösungen für einen gesunden Babyschlaf und gibt Eltern genau dieses Gefühl der Nähe und Sicherheit.

Das Geheimnis des Erfolgs von Philips AVENT: Die Marke hat sich gemäß der Vision des Firmengründers, nur das Beste für Mutter und Kind zu schaffen, kongenial weiterentwickelt und es verstanden, in einen fruchtbaren Austausch mit dem Anwenderkreis zu treten. Im Fokus steht ein klar definierter Auftrag: Philips möchte die Lebensqualität von Menschen durch technische Innovationen verbessern. Hierzu wertet das Unternehmen zahlreiche Analysen zu sozialen, technologischen, ökologischen und ökonomischen Trends aus, etwa vom World Business Council für nachhaltige Entwicklung, vom World Economic Forum, von der Weltgesundheitsorganisation sowie aus diversen eigenen Forschungseinrichtungen. Das Ergebnis sind nachhaltige Lösungen in Bezug auf Energieeffizienz und Gesundheit für die Menschen in allen Märkten und Regionen dieser Welt.

Die Markenprodukte von Philips AVENT werden nicht nur von Ärzten, sondern – einer aktuellen Zufriedenheitsstudie zufolge – am häufigsten von Müttern empfohlen. Diese wissen insbesondere die Flexibilität von Philips AVENT zu schätzen: Mit zunehmendem Kindesalter lassen sich die auswechselbaren Funktionsteile an die jeweiligen Bedürfnisse anpassen. So steht Philips AVENT jungen Müttern und Vätern in der schönsten Zeit ihres Lebens stets zur Seite.

ADRESSE | AUSZEICHNUNGEN (Auswahl)

PHILIPS GMBH
Lübeckertordamm 5
20099 Hamburg
Kostenlose Hotline: (0800) 000 7520
www.philips.de

„sehr gut" für Philips Avent Weithalsflasche SCF683/17, Ökotest (Ausgabe 1/2011)
„sehr gut" für Philips Avent Eco DECT Babyphone SCD525, Testmagazin (Heft 04/2010)
„sehr gut" für Philips Avent Flaschen- & Babykostwärmer SCF260, Testmagazin (Heft 09/2009)
„sehr gut" für Philips Avent Beruhigungssauger SCF121/12, Ökotest (Ausgabe 1/2009)
„Testsieger" für Babyphone SCD520, Computer Bild (Ausgabe 10/2008)

BABY BORN – ZAPF CREATION

Kinder wollen nicht immer nur klein sein. Der Wunsch nach Verantwortung und nach Respekt der Eltern vor den Fähigkeiten des Nachwuchses ist ein ganz wichtiger Schritt in ihrer Entwicklung. „Mami, schau mal, was ich schon kann!" schallt tagtäglich hunderttausendfach aus unseren Kinderzimmern. Sich selber anziehen können, keine Windel mehr brauchen, selbst mit dem Löffel essen – das sind alles Gründe, auf alle Beteiligten stolz zu sein. Sehr viele kleine Mädchen und Jungs lernen das Großsein ganz automatisch, wenn sie kleine Geschwister bekommen. Oder eine BABY born® von Zapf Creation. Schon seit genau 20 Jahren ist die Spielpuppe schlechthin auf dem Markt. Ihre Erfindung war einer der Meilensteine in der Spielzeuggeschichte, versah sie doch das bis dahin eher statische Spielzeug Puppe mit einer Vielzahl von Funktionen. Als Erste konnte sie trinken und in die Windeln machen, weinen und lachen. Kinder waren von Anfang an fasziniert von der BABY born®, die noch heute regelmäßig zu den meistgekauften traditionellen Spielzeugen gezählt wird. Die Geschichte seiner Erschaffer beginnt jedoch schon weitaus früher. Schon 1932 gründen Max und Rosa Zapf im oberfränkischen Rödental eine Spielwarenfabrik und nehmen die Puppenherstellung auf. Seit den 60er-Jahren produziert die Max Zapf Puppen- und Spielwarenfabrik GmbH erste Puppen aus solidem Kunststoff. Geführt wird das Unternehmen jetzt von der zweiten Generation, Brigitte und Willi Zapf, die auch eine Internationalisierung einleitet. 1991 ist dann die Geburtsstunde der BABY born®, der ersten Puppe mit „menschlichen" Funktionen. Zapf Creation entwickelt sich zum führenden Hersteller von Spiel- und Funktionspuppen in Europa. Seit 1992 gehört das Unternehmen zur TA Spiel- und Freizeit Holding GmbH, die wiederum zur Unternehmensgruppe Triumph-Adler zählt, und ist seit 1999 als Zapf Creation AG an der Deutschen Börse. Durch die Kooperation mit dem US-amerikanischen Spielwarenhersteller MGA Entertainment, Inc. im Jahr 2006 setzt Zapf Creation auf eine langfristige Zusammenarbeit vor allem in den Bereichen Vertrieb und Beschaffung.

Das Unternehmen hat auch heute noch seinen Hauptsitz in Rödental nahe Coburg und ist weltweit mit eigenen Niederlassungen vertreten. Seine über 200 Mitarbeiterinnen und Mitarbeiter erwirtschafteten im Geschäftsjahr 2010 einen Umsatz von rund 79 Millionen Euro. Das Erfolgsrezept von Zapf Creation sind Markenspielkonzepte, bestehend aus Puppen und einer umfangreichen Zubehörwelt, die mit einem hohen Anspruch an Qualität, Design, Sicherheit und Spielwert entwickelt werden. Neben BABY born® gehören auch Baby Annabell® und CHOU CHOU zu den bekanntesten Marken, die vor allem für Mädchen zwischen drei und acht Jahren gedacht sind. Immer wieder erhalten die Puppen neue, überraschende Funktionen. So kann CHOU CHOU krank werden und mit speziellem Hustensaft wieder gesundgepflegt werden, während Baby Annabell® als echter Säugling umsorgt und gefüttert werden will. Jedes Jahr wird das Produktportfolio zu 70 Prozent mit Neuheiten bestückt. Zapf Creation greift Trends in der Kindermode und Themen des täglichen Lebens bei der Gestaltung von Puppen, Zubehör und Bekleidung auf und ergänzt sie mit innovativer, kreativ eingesetzter Technologie in den weichen Puppenkörpern. Auch dank dieser Innovationsstrategie gilt Zapf Creation nach wie vor als die führende Puppenmarke. Das Unternehmen weiß um die Bedeutung des Größerwerdens für Kinder. Darum unterstützt Zapf Creation in Kooperation mit Kliniken und Hebammenpraxen auch sogenannte Geschwisterchenkurse, die Kinder spielerisch auf ihre neue Rolle als großes Geschwisterkind vorbereiten. Die Kleinen lernen von erfahrenen Hebammen, was das Baby in Mamas Bauch macht, wie es zur Welt kommt und was es alles braucht, wenn es da ist. Im Laufe des Kurses üben die Kinder im realistischen Rollenspiel mit BABY born® den praktischen Umgang mit einem Neugeborenen, etwa Wickeln, Tragen oder Füttern. Sie erfahren, warum das Baby so viel Pflege und Aufmerksamkeit von den Eltern benötigt und wie sie dabei mithelfen können. Kurz: Nicht Neid und Aggressionen auf das Baby, sondern Vorfreude und Stolz auf die neue Rolle als ältere Schwester oder älterer Bruder werden geweckt. Sie erhalten Verantwortung – und wachsen daran. Mindestens ein paar Zentimeter.

ADRESSE

ZAPF CREATION AG
Mönchrödener Straße 13
96472 Rödental
www.zapf-creation.de

BABYBJÖRN

BabyBjörn® Früher war es auch hierzulande weit verbreitet und normal, in vielen Naturvölkern ist es heute noch so: Babys gehören ganz dicht ran an die Mama. In Afrika oder Südamerika tragen die Frauen ihre Kinder bei der Feldarbeit vor den Bauch, an den Rücken oder auf die Hüfte geschnallt. Dass dies nicht aus purer Notwendigkeit geschieht, sondern durchaus einen weitergehenden Sinn hat, war uns im Laufe der westlichen Zivilisation verloren gegangen. Erst in den 70er-Jahren publizierten amerikanische Kinderärzte des Rainbow Babies and Childrens Hospital Cleveland eine Studie zum Thema Bonding. Die weithin beachtete Arbeit stellte enorme positive Effekte für die emotionale Entwicklung von Kleinkindern fest, wenn diese eng am Körper getragen werden. Der Einsatz für BabyBjörn, den Tragesitz für Babys schlechthin. Entwickelt hat ihn der Schwede Björn Jakobson, der schon 1961 ein Unternehmen gegründet hatte, das Babywippen herstellte. Unter dem Namen Babysitter verkaufte Jakobson diese bis dahin in Europa völlig unbekannten Wippen schnell mit internationalem Erfolg. Als dann die erwähnte Bonding-Studie erschien, war das für Björn und seine Frau Lillemor, die sich als studierte Textildesignerin um die Kreation der Produkte kümmerte, der entscheidende Impuls. Sie entwickelten den BabyBjörn, der heute fast zum Synonym für Babytragesitze geworden ist. Wenn sich auch Designs, Stoffe und Funktionen im Laufe der letzten rund 40 Jahre geändert haben, das Grundprinzip ist gleich geblieben: Der BabyBjörn bietet Müttern und Vätern die Möglichkeit, ihr Kind zwischen Säuglingsalter und maximal zwei Jahren nah bei sich zu tragen. So hat es engen Körperkontakt und spürt die ganze Zeit, dass seine Mama oder sein Papa da ist. Schon die natürlichen Bewegungen des Erwachsenen, sein Herzschlag und die Atmung wirken beruhigend. Gleichzeitig können die kleinen Passagiere aber auch viel sehen und erleben. Aus geborgener Position können sie neue Eindrücke ihrer Umwelt aufnehmen. Oder natürlich einfach schlafen.

Seit ihrer Erfindung werden die Tragesitze stetig und in permanenter Zusammenarbeit mit medizinischen Experten, Hebammen und Eltern weiterentwickelt. Moderne BabyBjörns überzeugen durch ihre einfache Handhabung: Sie sind extrem leicht anzulegen und dank eines abtrennbaren Vorder- und Rückenteils kann auch ein eingeschlafenes Kind einfach herausgenommen werden, ohne dass es aufwacht. Auch Stillen im Tragesitz ist mit dem BabyBjörn möglich. Natürlich gilt für alle Materialien die Maßgabe höchster Qualität. So haben alle Textilien das Zertifikat Oeko-Tex® Standard 100, die Tragesitze sind vom TÜV geprüft und alle Produkte der Organic-Linie aus Bio-Baumwolle sind nach GOTS zertifiziert. Damit folgt das Unternehmen der klaren Vision seines Gründers Björn Jakobson: Durch die Entwicklung von sicheren und funktionellen Produkten von höchster Qualität für Kinder bis zu 3 Jahren das Alltagsleben von Familien mit Kleinkindern zu erleichtern.

Mittlerweile ist genau ein halbes Jahrhundert seit der Firmengründung vergangen. Das BabyBjörn-Sortiment ist heute auf mehr als 20 Produkte von Babygeschirr bis Badezimmerschemel und Reisebett angewachsen. Rund 90 Mitarbeiter sind an zwei Standorten in Schweden für BabyBjörn tätig. Vertrieben werden die Produkte von verschiedenen Länderdistributoren und mithilfe von Multiplikatoren wie etwa Hebammen, die mit Vorführexemplaren versorgt werden und die junge Eltern bestmöglich beraten können. Dabei ist BabyBjörn nach wie vor ein schwedischer Familienbetrieb. Allerdings einer, dessen Produkte auf der ganzen Welt erhältlich sind, und in denen mehr als 30 Millionen Kinder von ihren Vätern und Müttern getragen wurden. Im Laufe der Jahrzehnte hat auch BabyBjörn viele Modetrends kommen und gehen sehen – und gerade jetzt zum Firmenjubiläum zwei besonders schöne davon in Sondereditionen wieder aufleben lassen. Doch eines ist seitdem stets gleich geblieben: das Bedürfnis von Babys nach Geborgenheit und Nähe – ganz nah bei Mama oder Papa.

ADRESSE | AUSZEICHNUNGEN

BABYBJÖRN AB
Box 913
SE-170 09 Solna
www.babybjörn.de

„reddot design award" für Babykörbchen Harmony, 2010
„reddot design award" für Babysitter Balance, 2009
„reddot design award" für Tragesitz Synergy, 2008
„IF Design Award" für Baby Carrier Synergy, 2008
„reddot design award" für Reisebett light, 2007

BABYWALZ

babywalz welcome to the family

Ein Baby verändert alles. Der neue kleine Lebensmittelpunkt fordert die ganze Aufmerksamkeit und Fürsorge, die Papas und Mamas aufbringen können. Er will nicht nur gefüttert und gewickelt, sondern auch unterhalten und lieb gehabt werden. Und weil er beständig wächst, braucht er permanent neue Kleidung. Die Suche nach und das Kaufen von größeren Stramplern, Söckchen, Mützchen und vielem mehr kann leicht zur Mammutaufgabe werden. Vor allem, wenn man nicht in der Stadt wohnt, vielleicht sogar umständlich zum nächsten Kaufhaus fahren muss.

Das war das Ausgangsproblem, das Alfons Walz im Jahr 1952 erkannt hatte. Im baden-württembergischen Bad Waldsee gründete er darum einen Versandhandel, der Müttern mit dem Versand von Stramplern die mühselige Suche nach Baby-Artikeln erleichterte – die Geburtsstunde des babywalz-Katalogs. Von diesem Moment an ging alles ganz schnell: Das Aussuchen im erweiterten Katalogsortiment machte den Kundinnen großen Spaß, die Lieferung per Post war sehr bequem und die Qualität der gelieferten Ware überzeugte. Das Unternehmen babywalz wuchs und öffnete 1969 seine erste Filiale in Bad Waldsee. Seitdem verzeichnete der Babyspezialist einen beständigen Aufschwung. Das Filialnetz ist über die Jahre auf über 80 Fachgeschäfte in Deutschland, Österreich und Dänemark gewachsen. Auch in Belgien, Frankreich, den Niederlanden, der Schweiz und Luxemburg ist das expandierende Unternehmen aktiv. Das Produktportfolio umfasst inzwischen mehr als 25.000 Artikel, die seit 2000 auch über den Webshop auf www.babywalz.com erhältlich sind. Damit verfolgt babywalz eine zeitgemäße Multi-Channel-Strategie, innerhalb derer es seine Produkte via Katalog, Fachgeschäft und Internet anbietet. Über 1.700 Mitarbeiter sorgen in der babywalz-Welt für die Wünsche aller Kunden – von der Schwangeren bis zu jungen Familien mit Kindern unter zwei Jahren.

Die größte Herausforderung für das Unternehmen im Versand von Artikeln für Babys und Kleinkinder: im Rahmen einer nachhaltigen Sortimentsgestaltung soziale und ökologische Standards auszubauen und zugleich ein attraktives Preis-Leistungs-Niveau zu halten. Ein Beispiel: So erweitert die Walz-Gruppe ihr Angebot an Baumwolltextilien aus kontrolliert biologischem Anbau stetig. Des Weiteren optimiert sie die Abläufe beim Management ihrer Gebäude, bei der Logistik und dem Versand und erreicht so eine hohe Ressourceneffizienz, etwa beim Verbrauch von Energie, Papier und Wasser. Hinsichtlich der Kontrolle von Lieferanten auf die Einhaltung von Sozialstandards steht die Walz-Gruppe in einem kontinuierlichen Dialog mit Zulieferern und Lieferanten und führt genaue Überprüfungen durch.

Eine hohe Kundenbindung erreicht babywalz durch gute Qualität und ein breit gefächertes Angebot, von der Umstandsmode über Baby-Ausstattungen bis zu Spiel- und Freizeitartikeln, die das Leben junger Familien mit kleinen Kindern noch schöner machen. Doch das Unternehmen denkt auch an Familien, die nicht immer auf der Sonnenseite des Lebens stehen. Als Initiator des Projekts „Glücksmomente mit Kindern" werden seit 2006 regelmäßig karitative Aktionen durchgeführt, die nachhaltig das Bewusstsein für die Notwendigkeit eines kinder- und familienfreundlichen Umfeldes schaffen sollen (www.gluecksmomente-mit-kindern.de).

Für die Kunden wird auch noch inhaltlicher Mehrwert geboten, bei Katalog- und Internet-Präsenz sowie im Kundenmagazin, das in einer beachtlichen Auflage von 350.000 Exemplaren zweimal jährlich erscheint. Überall werden junge Eltern in redaktionellen Ratgeber-Rubriken über wichtige Themen rund um Babys Gesundheit, Sicherheit und Wohlbefinden informiert. Das Ergebnis dieses umfassenden Leistungspakets sind außergewöhnlich gute Werte bei Umfragen: 98 Prozent der Kunden geben an, mit dem Unternehmen zufrieden oder sehr zufrieden zu sein, 99 Prozent würden es weiterempfehlen. Tolle Noten für eine gute Idee, die frischgebackenen Müttern und Vätern heute genau wie vor fast 60 Jahren den Rücken frei hält, für das, was wirklich wichtig ist: ihr kleiner Familienzuwachs.

ADRESSE

VERSANDHAUS WALZ GMBH (BABYWALZ)
Steinstraße 28
88339 Bad Waldsee
www.babywalz.de

BARBIE

Als Barbara Millicent Roberts, heute weltberühmt unter ihrem Kosenamen Barbie®, 1959 auf der New Yorker Spielwarenmesse erstmals ins Rampenlicht trat, trug sie einen modernen, aber einfachen schwarz-weiß gestreiften Badeanzug. Heute besitzt sie eine Garderobe, von der Mädchen träumen: Nahezu eine Milliarde Modeartikel zählen zu Barbies Ausstattung.

Die vielen, unter anderen von legendären Designern wie Lagerfeld, Valentino, Vera Wang oder Christian Louboutin entworfenen Outfits begründeten ihren Ruf als Fashion-Ikone. Die Welt der Mädchen der 50er-Jahre war maßgeblich durch die Rolle als Hausfrau und Mutter beeinflusst, was sich vor allem im klassischen Babypuppen-Spiel widerspiegelte. Die Unternehmerin Ruth Handler, die die Ankleidepuppe nach ihrer eigenen Tochter benannte, eröffnete ihnen mit Barbie eine Welt voll unbegrenzter (Spiel-)Möglichkeiten – von der Fashionista zur Prinzessin, von der Astronautin zur Tierärztin – Barbie kann alles sein! Barbies geistige Mutter – selbst eine starke Persönlichkeit – wollte Mädchen die Möglichkeit bieten, sich frei im fantasievollen Spiel mit dem Erwachsenwerden auseinanderzusetzen: „Barbie stand immer für die Idee, dass jede Frau die Wahl hat." Somit stellt Barbie nicht nur eine faszinierende Persönlichkeit dar, die glamouröse Modetrends und Zeitgeist verkörpert, sondern repräsentiert vor allem eine fortschrittliche, selbstbewusste und sehr vielfältige Frau, die als Vorbild und Inspiration Mädchen auf der ganzen Welt darin bestärkt, an ihre Träume und Talente zu glauben und daran festzuhalten.

Die 1945 von Ruth und Elliot Handler in einer angemieteten Garage gegründete Firma Mattel befasste sich zunächst mit der Herstellung von Puppenmöbeln aus alten Bilderrahmen. Aber erst der sensationelle Erfolg der Marke Barbie trieb maßgeblich die beispiellose Entwicklung zum heute größten Spielzeugkonzern der Welt voran. Das mit durchschnittlich sieben Puppen pro Kinderzimmer erfolgreichste Mädchenspielzeug der Welt eroberte schnell die Spielzeugregale und von dort aus die Herzen der kleinen und auch großen Fans. Die Marke Barbie® erfand sich immer neu - und immer vor dem Hintergrund gesellschaftlicher und kultureller Zeitthemen. So wurde Barbie bereits vor der Mondlandung Astronautin, und auch die dunkelhäutige Präsidentschaftskandidatin präsentierte Mattel bereits viele Jahre vor der Wahl des ersten afroamerikanischen US-Präsidenten. Auch die schon frühe Berücksichtigung und Einbeziehung ethnischer Gruppen in Barbies Freundeskreis seit 1968 mit Christie® (afroamerikanisch), Theresa® (lateinamerikanisch) und Kira® (asiatisch) spielte bei der weltweiten Akzeptanz der Marke eine wichtige Rolle.

Barbies Welt ist genauso bunt wie die ihrer Zielgruppe, und so lag es nahe, mit Ken®, Barbies Freund, oder den Schwestern Skipper®, Stacey® und Chelsea® Freunde und Familie zu ergänzen. Dass Barbie® sich mit dem realen Leben auseinandersetzt, war ein Anspruch, dem man bei Mattel auch bei kritischen Themen gerecht werden wollte. So kam 1997 ein ganz besonderes Produkt auf den Markt: Becky, die im Rollstuhl sitzende Freundin von Barbie®. Auch wenn die Handlers sich 1975 aus der Firma zurückzogen – ihr Geist des sozialen Engagements und des „Empowerment" von Kindern lebt im Gedankengut von Mattel weiter.

Im Rahmen zahlreicher sozialer und karitativer Projekte kümmert sich der Konzern weltweit intensiv um die Belange von Kindern. Projekte wie die „Special Olympics" (Chance zu sportlichem Wettkampf von Menschen mit geistiger und mehrfacher Behinderung) und „Snoezel-Park" (tiergestützte Therapiekonzepte) sind schöne Beispiele für das Verständnis von „Corporate Responsibility" des Unternehmens. Auch die Unterstützung zahlreicher Kinderhäuser oder die Mitbegründung der Make-A-Wish Foundation, einer Einrichtung, die lebensbedrohlich erkrankten Kindern einen Herzenswunsch erfüllt, gehören dazu. Das Engagement von Mattel wurde zum wiederholten Male im Rahmen der Wahl zu den 100 ethischsten Unternehmen der Welt gewürdigt, und auch in Zukunft werden Freude, Dankbarkeit und Herzenswärme der Kinder die Mattel-Mitarbeiter belohnen, die sich ehrenamtlich in diesen beispiellosen Projekten im Einsatz für Kinder in Not engagieren.

ADRESSE | AUSZEICHNUNGEN

MATTEL GMBH
An der Trift 75
63303 Dreieich
www.barbie.de

„100 besten Unternehmen für Arbeitnehmer" für Mattel, FORTUNE Magazin (2008, 2009, 2010, 2011)
„TOP 10 Spielzeug" für Barbie Video Girl, Bundesverband des Spielwaren-Einzelhandels e.V. (BVS) (2010)
„Toy Innovation Award" für Barbie Video Girl, International Toy Fair Nürnberg (2010)
„100 gesellschaftlich meistengagierten Unternehmen" für Mattel, Ethisphere Institute in New York (2009)
„100 weltweit ethischsten Unternehmen" für Mattel, Ethisphere Institute in New York (2009)
„TOP 10 Spielzeug" für Barbie-Pferd Tawny, Bundesverband des Spielwaren-Einzelhandels e.V. (BVS) (2007)

BEBE

Was ist rosa, attraktiv und 50? Richtig, die bebe Zartcreme aus dem Hause Johnson & Johnson. Was so jung und frisch daherkommt, feiert in diesem Jahr seinen runden Geburtstag – den 50. Und gestern wie heute trifft das Design der Marke bebe den Nagel der Zeit auf den Kopf: Für Eltern von Babys und Kleinkindern ist die Marke bebe aus den Drogeriemarktregalen nicht mehr wegzudenken. Vertrauenerweckend und modern zugleich zählen die bebe Pflegeprodukte schon lange zu den Dauerbrennern ihrer Zunft – und das zu Recht. Auf Anhieb verbindet der Betrachter mit den Produkten im rosa Design Angenehmes und Wohltuendes, Jugend und Gesundheit. Ganz so, wie es auch das Innere der weithin bekannten Verpackung verspricht und hält. Wie das alles begann? 1961 führt Alfred Riese, Sohn des berühmten Drogisten und Penaten-Creme-Erfinders Max Riese, die Marke bebe als zusätzliche Pflegeserie für Kleinkinder und Kinder ein. Jahrelang bleibt die klassische bebe Creme das alleinige Produkt unter dem neuen Markendach und macht zunehmend von sich reden. Sorgfältig ausgewählte und wertvolle Inhaltsstoffe machen die bebe Zartpflege gerade für Eltern so besonders.

Später kommen dann weitere Körperpflege- und Reinigungsprodukte hinzu, wie das Sanfte Shower & Shampoo und die Sanfte Milk. 1995 erweitert dann die Produktlinie „bebe young care" das Portfolio - eine spezielle Pflege für die Haut junger Mädchen und Teenager. Damit zeigt die Marke bebe erneut Pioniergeist und das große Talent zum Trendsetting: bebe ist die erste Marke, die sich der oft anspruchsvollen Bedürfnisse der Haut im Teenageralter annimmt. Die Produktlinie wird erweitert, das Image bleibt: jung, innovativ und ganz nah dran an den Bedürfnissen von Kindern, Eltern und jetzt auch der Jugend. Heute umfasst die bebe young care Produktpalette alles, was junge Haut pflegt. Ob Gesichtspflegeprodukte, feuchte Reinigungstücher, Haarshampoo oder Duschgele – es ist alles dabei, was das Mädchenherz begehrt. Die erfolgreichen Kleinkinder-Pflegeprodukte finden sich seit der Einführung von „bebe young care" unter dem Markendach „bebe zartpflege".

Sogar Erwachsene greifen gern zu den Produkten, die ursprünglich für die Haut der Kleinsten kreiert wurden, denn was der empfindsamen Kinderhaut guttut, kann den Großen schließlich nicht schaden. Das Erfolgsrezept ist dabei so einfach wie intelligent: Tradition und Innovation reichen sich im Hause bebe genauso die Hand wie die Experten aus Forschung und Wissenschaft, die die Entwicklung neuer Produkte der Marke bebe steuern. Apropos Neuheiten: Besonders beliebt sind nämlich auch die bekannten bebe-Sondereditionen: So manche von ihnen hat sogar das Zeug zum Sammlerstück. Der Klassiker im Sortiment ist aber nach wie vor die Zartcreme mit ihrem berühmten rosa Dosen-Design. Mit ihr hat schließlich alles begonnen und sie steht als Sinnbild des unternehmerischen Credos von Johnson & Johnson: die Kultur der Fürsorge – gerade auch für die Kleinsten. Diesem Ansatz kann man kaum widerstehen, und er ist der Kern dessen, was die Marke gestern wie heute so attraktiv macht - quer durch alle Generationen.

bebe Zartpflege ist im Vertrieb der Johnson & Johnson GmbH, der deutschen Tochter im Bereich Consumer Health Care von Johnson & Johnson. Der Konzern ist weltweit in den Geschäftsfeldern Pharmaceuticals, Medical und Consumer Health Care tätig.

bebe ZARTPFLEGE

Seit 50 Jahren zart pflegend

Crème de soin ohne Konservierungstoffe

ADRESSE

JOHNSON 6 JOHNSON GMBH
Johnson & Johnson Platz 2
41470 Neuss
www.jnjgermany.de
www.bebe.de

BECOTHINGS

BecoThings Mal ehrlich: Viele junge Eltern von heute haben den Begriff „Nachhaltigkeit" sicher schon einmal benutzt, ohne zu wissen, was er genau bedeutet. Fast inflationär wird damit in der letzten Zeit um sich geschmissen und Produkte damit beworben. Dabei hat dieser nicht mehr den schalen „Hippie-Beigeschmack", sondern ist im Gegenteil „hip" geworden. Er bedeutet schlicht nichts anderes als den Erhalt eines in diesem Falle ökologischen Systems. Es soll also immer etwas bewahrt werden zum Wohl der zukünftigen Generationen. Das Unternehmen Becothings aus England hat sich mit seinen innovativen Produkten genau das vorgenommen. Seine Begründer Toby Massey und George Bramble wollten nachhaltige, umweltfreundliche Produkte zu erschwinglichen Preisen entwickeln und brachten 2009 in England den einzigartigen BecoPotty auf den Markt. Ungefähr 17 Millionen Töpfchen aus Plastik landen jedes Jahr weltweit auf dem Müll und werden dort erst nach 100 Jahren abgebaut. Die Idee vom BecoPotty ist einfach und genial. Hergestellt wird er aus einem Pflanzenfasergemisch aus Bambusabfällen und Spelzen von Reiskörnern, die bei der Ernte übrig bleiben. Es wird zermahlen, um feines Pulver herzustellen. Danach wird biologisch abbaubares Harz hinzugefügt und in eine heiße Form gepresst. Der durch ergonomisches Design überzeugende BecoPotty ist bequem und leicht zu benutzen. Das hohe Rückenteil bietet guten Halt, und der große Spritzschutz sorgt für hygienische Benutzung. Es gibt ihn in drei unterschiedlichen Farbausführungen, in Naturweiß, Rosa und in Blau. Eine einfache und frappierend überzeugende Grafik auf dem Produktblatt des BecoPottys beschreibt die charmante Idee: Nachdem der Nachwuchs gelernt hat, trocken zu werden, kann dieser, „stolz wie Oskar", sein Töpfchen (natürlich am besten zusammen mit seinen Eltern) im Garten eingraben und nach Belieben Blumen darauf säen. Durch die Feuchtigkeit des Bodens und die Wärme löst sich das dem Material beigemischte Harz des Töpfchens auf und zerstört dabei auch die Pflanzenfasern. Schließlich wird das Produkt nach zwei bis drei Jahren komplett abgebaut. Und wenn die Blumen auf dem „Töpfchengrab" sprießen und irgendwann erblühen, ist nicht mehr viel übrig von dem kleinen Thron – er hat sich in Blumendünger verwandelt. Der BecoPotty ist also das erste umweltfreundliche Töpfchen auf dem Markt und hat seit seiner Einführung im Jahre 2009 schon eine Menge Preise eingeheimst, wie den HSBC Start-Up Stars Green Award, und die Firma Becothings damit zu den führenden britischen umweltfreundlichen Unternehmen gekürt. Außerdem erhielt sie im gleichen Jahr den Mother & Baby Award in der Kategorie Beste Innovation, der als Oscar in der Baby- und Kleinkindbranche gilt. Nach Markteinführung in den USA und Frankreich gibt es ihn seit März 2011 nun auch in Deutschland. Für Kinder haben die findigen Engländer noch weitere Produkte auf den Markt gebracht: den BecoStep, einen sicheren Kindertritt, oder die BecoHangers, umweltfreundliche Kleiderbügel aus recycelten Kartonverpackungen, die mit ihren lustigen Tiermotiven jeden Kinderkleiderschrank schmücken und nach Herauswachsen aus den Kindergrößen einfach in den Papiermüll wandern können. Aber keine Angst: Bügel gibt es bei Becothings auch in Erwachsenengrößen. Daneben haben die Hersteller auch ein Herz für Tiere und bieten aus dem gleichen Material des BecoPottys die BecoBowl als ökologischen Fressnapf und die dazu passende Schippe (BecoScoop) an. Man muss sich als Elternteil übrigens keine Sorgen machen, dass das umweltfreundliche Töpfchen bei stetigem Gebrauch auch in der zweiten oder dritten Geschwistergeneration unter den Kleinen nachgibt oder sich vorzeitig auflöst. Bei normaler Nutzung hält ein BecoPotty laut Herstellerangabe viele Jahre. „Es gibt also genügend Zeit, Ihr Kind sauber zu bekommen und danach die Umwelt zu retten."

ADRESSE | AUSZEICHNUNGEN

ELEMENTS FOR KIDS, INH. SILVIA PANKONIN
Schweidnitzer Straße 6
10709 Berlin
www.efk-berlin.com
www.becothings.com

„HSBC Start-Up Stars Green Award", Platz 1 für BecoPotty, HSBC, 2009
„Mother & Baby Award", Platz 2 in der Kategorie Beste Innovation für BecoPotty, 2009

BELEDUC

beleduc Spielen und lernen ist kein natürlicher Gegensatz mehr. Ganz im Gegenteil: Eine moderne und am Kind orientierte Pädagogik setzt vielmehr voll aufs Spiel. Von der Imitation von Erwachsenen im Rollenspiel lernen Kinder Sozialverhalten, mit kindgerechten Brettspielen lernen sie vielfältige andere Kompetenzen. Viele gute Spiele schulen gezielt bestimmte motorische, sensorische oder intellektuelle Fähigkeiten, geschickt verpackt in eine Spielhandlung, die fesselt und den Kindern Spaß macht. Schließlich spielen Kinder nicht, um zu lernen, sondern sie lernen, weil sie spielen. Das ist die Philosophie von Beleduc, einem der führenden Hersteller von Spielwaren für professionelle Kinderbetreuungseinrichtungen. Entstanden war die Firma als Vertriebsgesellschaft für den belgischen Hersteller Didago, der Spielzeuge für Kindergärten und Vorschulen produzierte. Im Jahr 1992 übernahmen Peter und Sabine Handstein das Unternehmen. Als Geschäftsführer des Unternehmens Hape hatte Peter Handstein schon langjährige Erfahrungen auf dem Spielwarenmarkt. Mit seiner Schwester Sabine als Geschäftsführerin bezog beleduc seinen neuen Hauptsitz und Produktionsstandort im sächsischen Olbernhau und begann mit der Herstellung von Puzzles und Spielen. Das Unternehmen wuchs schnell, modernisierte seinen Maschinenpark und hielt früh Ausschau nach Wachstumschancen. Schon Mitte der 90er-Jahre hatte Peter Handstein sein Engagement in China gestartet, im Jahr 1998 verlagerte beleduc seine Produktion zu fast 90 Prozent in die chinesische Stadt Ningbo. Seit 2001 verfügt beleduc dort über ein Vertriebsbüro für den asiatischen Markt. Heute hat beleduc seine Lagerkapazitäten in Ningbo verstärkt und beliefert von dort aus Kindergartengroßhändler, Schulausstatter und Fachhändler in 50 Ländern der Welt.

Die insgesamt 60 Mitarbeiter in Deutschland und China entwickeln und vertreiben qualitativ hochwertige Produkte für besonders lange Spielfreude – schließlich müssen sie den harten Alltag in Kindergärten und Tagesstätten überstehen. Schon deswegen kommen nur hochwertige Materialien zum Einsatz. Die Produkte erfüllen die Sicherheits- und Qualitätsstandards EN 71 und ASTM in allen Ländern, für die sie bestimmt sind. Das Sortiment reicht von verschiedensten Holzpuzzles, die für ganz Kleine auch als Knopfpuzzles erhältlich sind, bis zu Puppenausstattung wie etwa Kinderwagen oder Babywiegen, ebenfalls aus Holz und mit natürlichen Stoffen. Regelmäßig werden Spiele von beleduc mit renommierten Branchenpreisen ausgezeichnet. So wurde etwa das Spiel „Happy Farm" zum Gewinner des Lernspielpreises 2009 in der Kategorie „ab 3 Jahre". Trotz des einfachen Spielablaufs hat „Happy Farm" einen besonderen Spielreiz. Gute Beobachtung und erstes Zählen sind hier wesentliche Lerneffekte. Die Mischung aus Spaß und Lerncharakter bezaubert nicht nur Kinder, sondern auch Eltern und Großeltern, weshalb „Happy Farm" nicht nur im Kindergarten, sondern auch im Familienkreis gern gespielt wird. Aktuell ist das Spiel „Magicus" für den Deutschen Lernspielpreis nominiert.

Neben Spielen und Holzspielzeug bietet beleduc auch Produkte aus Stoff an, etwa Handpuppen und Handschuhtiere. Gerade Letztere üben auf Kinder eine große Faszination aus, können sie doch selbst damit ihre Lieblingstiere zum Leben erwecken und in deren Rollen schlüpfen. Besonders reizvoll: Das Portfolio mit über 80 Tieren beinhaltet auch die ungewöhnlichsten Arten, wie etwa Streifenhörnchen, Lamas oder Nymphensittiche als Handpuppe. Bei aller Unterschiedlichkeit ist den Produkten aber auch viel gemein: Sie alle zielen auf die Förderung von Kreativität, Fantasie und Selbstbewusstsein in den prägenden Entwicklungsphasen der Kinder. So definiert beleduc seine Mission, mit dem Sortiment eine Vielzahl von verschiedenen Fähigkeiten zu vermitteln, die ein Kind im Alter von 2 bis 7 Jahren erwerben sollte. Natürlich stets verbunden mit der richtigen Portion Spaß.

ADRESSE | AUSZEICHNUNGEN

BELEDUC LERNSPIELWAREN GMBH
Heinrich-Heine-Weg 2
09526 Olbernhau
www.beleduc.de

„Deutscher Lernspielpreis", Nominierung für Magicus, 2011
„Spiel des Jahres", Empfehlungsliste für Combino, 2010
„Deutscher Lernspielpreis", Nominierung für Piazza, 2010
„Deutscher Lernspielpreis", für Happy Farm, 2009
„Spiel gut" Auszeichnung für über 70 Spiele und Lagenpuzzles

BELLYBUTTON

Malibu, Mitte der Neunziger, Palmen unter der Sonne. An einem Frühstückstisch wird eine große Idee geboren: Dana Schweiger ist zu Besuch bei der Schauspielerin Ursula Karven – die beiden Freundinnen stellen fest, dass sie keine komplette Pflegelinie für Schwangere und Kinder kennen, die hautverträglich ist und ihren eigenen Ansprüchen genügt. Die tatkräftigen Frauen beschließen kurzerhand, selbst eine solche Serie zu entwickeln: Das ist der Anfang von bellybutton, einem heute führenden Unternehmen für Schwangerschafts- und Kindermode, Pflegeprodukte und Geschenke rund um das Thema Schwangerschaft und das Leben mit Kindern. Schnell kamen drei weitere Partnerinnen (Astrid Schulte, heute die Geschäftsführerin, Katja Emke und Annette Bode) ins Boot und bilden seitdem eine unschlagbare Fünfercrew, die bis heute das Ruder in der Hand hält und den Erfolg von bellybutton vorantreibt. Der „bellybutton" = Bauchnabel ist das Symbol der Verbindung von Mutter und Kind: So kann man hier alles finden, was modebewusste moderne Frauen sowohl in der Schwangerschaft für sich und ihren Körper suchen, als auch die ersten Produkte, die die zarte Babyhaut in Form von Cremes, Ölen und Kleidung umhüllen.

Die bellybutton Partnerinnen können aus ihrer eigenen Erfahrung und Lebensweisheit schöpfen. Zusammen haben sie 16 Kinder und entwickeln jedes Produkt immer so, als sei es für ihr eigenes Kind. Aus dieser Überzeugung hat sich auch ihr Leitspruch entwickelt: „Wir glauben an Kinder". So ist es selbstverständlich, dass alle Pflegeprodukte für Babys nach den strengen Ökotest-Kriterien gefertigt werden und höchste Wirksamkeit und beste Hautverträglichkeit garantieren. Die Naturkosmetik wird in Deutschland hergestellt und ist frei von synthetischen Duft- und Farbstoffen. So ist sie auch für besonders sensible Haut bestens geeignet. Die Textilien für die Baby- und Kindermode werden aus natürlichen Materialien und nach ökologischen Kriterien hergestellt. Die Baumwolle kommt dabei aus biologischem Anbau. Doch die praktischen und individuellen Kleidungsstücke sind nicht nur unbedenklich, sondern auch noch trendy und schick. Die weichen Materialien und praktischen Schnitte machen die Mode auch bei Kindern sehr beliebt. Die Kollektionen werden farblich so gestaltet, dass jedes Stück zu jedem anderen passt; größere Kinder können so hervorragend selbst ihre Kleidung zusammenstellen und mit ihrer Wahl auch die Elternherzen erfreuen. Genauso modisch und praktisch ist auch die Schwangerschaftsmode konzipiert. Eine optimale Passform und mitwachsende Schnitte begeistern jede moderne und trendbewusste Mutter. Ob Klassiker oder topaktuelles „Must-have" – bellybutton bietet für jeden Geschmack ein stilvolles, bequemes und individuelles Kleidungsstück. Dabei sind Trendscouts stets auf der Suche nach den neuesten Modeeinflüssen.

Komplettiert wird das Portfolio durch die Geschenklinie für Neugeborene und frischgebackene Eltern. Über Wickeldecke, Schlafsack oder Häkeltier freut sich jedes Baby genauso wie jede Mama über Tees, Yantramatte oder eine schicke Tasche. Für die figurbewussten Mütter werden sogar Bauchwickel angeboten, die die Taille schnell wieder schlanker werden lassen. bellybutton hat als international erfolgreiches Unternehmen auch Glamour-Faktor und spielt hervorragend auf der Klaviatur der Medien. Viele Stars und Sternchen sind Fans des in Hamburg ansässigen Labels und kommen gern zu Besuch in die bellybutton Boutiquen in Köln oder Berlin. Auf der Homepage wird den Kommentaren und Fotos der begeisterten Fans und Freunde stets ein eigenes Plätzchen eingeräumt. Heute macht das Unternehmen einen Jahresumsatz von 11 Millionen Euro und verkauft seine Produkte in über 30 Ländern. Die Partnerinnen um Dana Schweiger und Ursula Karven arbeiten nach gut 15 Jahren seit der Gründung von bellybutton noch immer zusammen an der Spitze. Sie zeigen, dass Karriere und Kinder keinen Widerspruch bedeuten und kleine Ideen am Frühstückstisch zu großen Erfolgen werden können.

ADRESSE

BELLYBUTTON INTERNATIONAL GMBH
Donnerstraße 20
22763 Hamburg
www.bellybutton.de

BOMBADILL

Bombadill Sie sind weich, bunt, verziert. Sie sind liebevoll dekoriert mit Sahne und Baiser, mit Zuckerguss und Marzipan. Sie sind zum Anbeißen süß – die Konfekt- und Kuchenstücke und das Obst von Bombadill. Schon die Kleinsten sind entzückt von der Farben- und Formenvielfalt. Babys knautschen, rasseln, lutschen an den appetitlichen Törtchen und die Eltern können sie dazu gerne ermuntern, ihre kleine Welt mit dem Mund zu entdecken. In dieser frühkindlichen Entwicklungsphase ist der Forschungsdrang wichtiger denn je. Bombadill unterstützt ihn und weckt darüber hinaus den Sinn für Fantasie. Denn jedes einzelne Kuchenstückchen ist reich dekoriert und farbenfroh. Es verführt geradezu zum Naschen. Und es ist sicher, weil es groß genug ist, um nicht verschluckt zu werden, weil es weich genug ist, um nicht zu verletzen. Konsequenterweise verzichtet Bombadill gänzlich auf harte Materialien: Jede Verzierung ist aus weichem Stoff und fest vernäht, jede Rassel im Inneren zusätzlich in sanfter Hülle gebettet. So können selbst die Kleinsten nach Herzenslust erfassen, entdecken, spielen. Und wenn die Kleinen größer werden, dann eignet sich die gesamte Confiserie für Rollenspiele, zum Nachahmen von Auswahl und Einkauf. Die Törtchen und Co. sind immer wieder eine Besonderheit und deshalb gibt es sie seit kurzer Zeit sogar im Großformat: als Kissenrolle, als Knautschsack, als kleines und großes Glanzlicht für das Kinderzimmer oder als ausgefallenes Accessoire im Haushalt. Dann wird ein Muffin zum Nadelkissen und ein Keks wird zur Tasche. Das skandinavische Unternehmen ist kreativ und mit seinen Ideen längst nicht am Ende. In jeder Saison überrascht es mit neuen Ideen, die entzücken und die Türe zur Welt der kindlichen Fantasie ein wenig mehr öffnen. Als Brigitta Sjoberg 2007 eine baby- und kindgerechte Alternative zu den Gebäckstückchen aus Holz suchte und nicht fand, da entschied sie sich, diese Marktlücke selbst zu füllen. Sie entwarf Kuchen, Torten und Obst aus Stoff, füllte sie, verzierte sie und achtete darauf, dass diese kleinen Kostbarkeiten schadstofffrei und nicht zu verschlucken sind. Und damit legte sie den Grundstein für ihr Unternehmen, das in den wenigen Jahren seit der Gründung schnell wächst und Liebhaber findet. Sie präsentierte bereits im ersten Unternehmensjahr ihre Kollektion auf der Formex-Messe und gewann auf Anhieb den begehrten Desirable-Formidable-Award in der Kategorie Spielwaren. Und seither erobert Bombadill von Schweden aus den Branchenmarkt mit großen Schritten, setzt Maßstäbe für gesundes und fantasievolles Spielen in Skandinavien und in vielen Ländern Europas und darüber hinaus in Japan. Das Rezept für diesen Erfolg besteht aus den besten Zutaten: Qualität durch Stoffe und durch eine Detailverliebtheit, die jedes Kuchenstück zur Delikatesse machen. Die Stoffe werden sorgfältig gewählt, erfüllen den höchsten Standard. Sie sind frei von Toxiden, farbecht, waschbar und immer CE-zertifiziert. Bombadill wird auch mit den nächsten Kollektionen überraschen und weiterhin Verantwortung für Kinder übernehmen, die vielleicht nicht ganz so unbekümmert aufwachsen, wie es jedem kleinen Menschen zu wünschen wäre. Mit seinen bunten und süßen Stoffkuchen und -obststückchen versucht Bombadill ein wenig Leichtigkeit und Träumereien in den Alltag der Waisenhäuser in Rumänien zu bringen. Das Unternehmen spendet regelmäßig Artikel der neuesten Kreationen an die Kinder im Heim und freut sich über das Strahlen in den Augen der Kleinen, wenn sie den Alltag für eine Zeit lang vergessen und eintauchen in die Welt, in der Kinder leben sollten, in eine spielerische, sichere Welt, die einlädt zum Spielen, Forschen, Entdecken. Zusätzlich unterstützt das Unternehmen viele Frauenhäuser in Schweden und mit diesem Engagement zeigt Bombadill, dass seine Idee von der unbeschwerten Kindheit mehr ist als ein schöner Vorsatz. Es ist ein Versprechen an die Eltern: nämlich das Beste für das Kind zu bieten. Mit Liebe zum Detail die Kinder zu fördern und zu fordern, sie anzuregen zum Spielen und Nachahmen vom ersten Tag des Lebens an.

ADRESSE

HASELBACH SPIELWAREN AGENTUR
Haßlinghauser Straße 156
58285 Gevelsberg
www.haselbach-spielwaren.de

BRANDT ZWIEBACK

Kinder mögen Zwieback, weil er knusprig ist und angenehm mild schmeckt. Für Generationen von Babys war der Brandt Markenzwieback das erste feste Lebensmittel und ist es heute noch. Auf den knusprigen Brotscheiben herumzukauen ist besonders für zahnende Kleinkinder eine Wohltat. Den Größeren dient der Zwieback als Pausensnack in der Schule, bietet eine Alternative zu Plätzchen und anderen Naschereien und hilft bei Magen-Darm-Infekten. Das Geheimnis des Produktes liegt in der Herstellung: Es wird, wie der Name schon verrät, zweimal gebacken. Dabei ist der Brandt-Zwieback sehr bekömmlich: Mit 70 Prozent Kohlenhydraten, 13 Prozent Eiweiß und nur 6 Prozent Fett ist er ein idealer Energiespender für den kindlichen Tatendrang. Besonders mit Milchprodukten kombiniert bringt Zwieback eine geballte Ladung hochwertiges Eiweiß, denn das Weizenprotein gibt zusammen mit dem Milcheiweiß Kraft zum Wachsen. Die Brandt Zwieback-Schokoladen GmbH + Co. KG verwendet seit 1990 ausschließlich Mehl aus kontrolliertem Getreideanbau und Jodsalz und garantiert so beste Qualität seiner Zutaten, die schonend zu röstfrischem Zwieback verarbeitet werden. Auch die lästigen Zwiebackkrümel gehören der Vergangenheit an, denn es gibt den Klassiker Markenzwieback auch im Kleinformat. Direkt aus der Tüte geknabbert, ist der Mini-Zwieback ideal für unterwegs. Im Laufe der Jahre brachte Brandt noch zahlreiche weitere Produktvarianten auf den Markt, so z. B. den Zwieback mit einer Schokoladenseite oder mit Kokosraspeln, Anis- sowie Vollkorn- und Diätzwieback.

Da neben der Ernährung auch die Bewegung für die geistige und körperliche Entwicklung von Kindern von großer Bedeutung ist, hat Brandt die Aktivmappe „Bewegte Pause – Aktiv und fit in Schule und Freizeit!" entwickelt, die zum Start der Kinderinitiative an 18.000 Grundschulen bundesweit verteilt wurde. Die Mappe mit fünf verschiedenen Themenbereichen fördert gezielt Fitness, Konzentration, Koordination, Teamgeist, Entspannung und insbesondere Spaß an Bewegung.

Angefangen hat die Erfolgsgeschichte des Markenzwiebacks mit einem Pferdefuhrwerk und dem eisernen Willen eines 26-jährigen Bäcker- und Konditormeisters: Am 21. Oktober 1912 gründete Carl Brandt die „Märkische Zwieback- und Keksfabrik" im westfälischen Hagen. Er entwickelte das Rezept und erfand 1929 auch gleich eine Maschine, die zum wichtigsten Instrument der modernen Zwiebackherstellung avancieren sollte. Diese schneidet vor dem Rösten den Einback in Scheiben und wurde sogleich als „Zwiebackschneidemaschine" patentiert.

Heute beschäftigt die Brandt Gruppe etwa 800 Mitarbeiter an vier Standorten in Deutschland. Mit einem Anteil von über 70 Prozent ist Brandt Marktführer in Deutschland und vertreibt seine Produkte – allein sechs Millionen Zwiebäcke am Tag, Knäckebrot, Schokolade, Snacks und Salzgebäck – weltweit. Carl Brandt wollte vor fast 100 Jahren Zwieback und Biskuit in hoher, gleichbleibender Qualität und für jedermann erschwinglich auf den Markt bringen. Mit handwerklichem Können, hoch entwickelter Technik und vor allem der Liebe zur Backkunst hat er dieses Ziel erreicht: Wer heute an Zwieback denkt, denkt an Brandt.

Und noch etwas hat Brandt unsterblich gemacht: das Markenlogo. Längst Kult geworden, stehen das Kinderlachen auf orangefarbenem Grund und der unverwechselbare Schriftzug seit 1929 für Frische und Qualität aus dem Hause Brandt. Zunächst nur als Zeichnung, ab 1952 mit neuen, pausbäckigen Zügen ganz im Stil der Wirtschaftswunderjahre strahlte das Kind von der Zwiebacktüte. 1973 wurde diese aktualisiert und ein neues Kinderlächeln fand sich neben dem seither weißen Brandt-Schriftzug und dem Siebenstern auf der Verpackung. Das heutige, wohl populärste aller Brandt-Kinder lächelt seit 1983 von der Zwiebackpackung. Brandt hatte also viele Gesichter, doch eins haben alle gemeinsam: sie lächeln. Der Grund: das knusprige Gefühl beim ersten Biss, der unverwechselbare Röstgeschmack und der Gedanke an die sorglose Kindheit.

ADRESSE | AUSZEICHNUNGEN

BRANDT ZWIEBACK-SCHOKOLADEN GMBH + CO. KG
Kölner Straße 32-34
58135 Hagen
www.brandt-zwieback.de

BCS Prüf-Siegel für Brandt Zwieback, Öko-Garantie GmbH Nürnberg, 2011
IFS-Zertifikat für Brandt Zwieback, ARS Probata Berlin, 2011
SUPERBRAND für Brandt Zwieback, Superbrands® Düsseldorf, 2009
TOP MARKE für Brandt Zwieback, Lebensmittelzeitung, 2008

BUGABOO

Es gibt Markennamen, die klingen wie ein Versprechen auf eine schöne, moderne Welt, die von Kindern gemacht ist. Bugaboo ist so ein Name und das Gute daran ist, dass auch die Produkte halten, was ihr Name verspricht. Moderne Mobilität und der Anspruch an eine kindgerechte Entwicklung gehen bei Bugaboo auf einzigartige Weise und wie bei kaum einem anderen Kinderwagenhersteller Hand in Hand. Logik und Intuition prägen die Bugaboo Modelle – sie passen sich den Bedürfnissen von Eltern und Kindern an. Dabei darf weder die Funktion die Formgebung beeinträchtigen, noch die Formgebung die Leistungsfähigkeit und Funktionalität – so lautet das Credo des Unternehmens Bugaboo. Moderne Eltern liegen also mit den Modellen des niederländischen Herstellers genau richtig: Mobilität im Alltag ist gefragt – ganz egal, ob man durch den Wald, die Innenstadt, in den Supermarkt oder den Freizeitpark spaziert. Das gute Gefühl, das sich schon bei der ersten Tour einstellt, ist, dass man all das, was man früher ohne Kinder gemacht hat, ab sofort mit Kindern machen kann. Die Gründe dafür liegen auf der Hand und im Detail der einzelnen Modelle. Der vielseitigste aller Bugaboo Kinderwagen ist – wie sein Name auf Anhieb vermuten lässt – der Bugaboo Cameleon. Höhenverstellbarer Schiebebügel, Schwenkräder mit verstellbarer Federung und der Adapter für verschiedene Autositze sind nur einige der verlockenden Details, die ihn zum absoluten Allrounder machen. Neugeborene sind mit dem Cameleon genauso behütet und bequem unterwegs wie Kleinkinder – der praktische Sitz- und Liegeaufsatz, der auch separat vom Kinderwagengestell genutzt werden kann, macht es möglich. So viel Flexibilität können junge Eltern gut gebrauchen – und genau dieses Höchstmaß an innovativen Ideen und Funktionen steckt daher auch in den anderen Modellen. Der Bugaboo Donkey ist die jüngste Innovation und ein Wagen, der sich mit drei Handgriffen von einem einzigartigen Einzelkinderwagen mit einer Extraportion Platz zu einem Geschwister- oder Zwillingskinderwagen verwandeln lässt.

Eine perfekte Idee für alle, die nach dem ersten Kind noch ein zweites Kind oder gar Zwillinge bekommen. Oder solche, die schlicht und ergreifend gern viel Platz haben für Einkäufe, Ausflugsgepäck und all die anderen Dinge, die man unterwegs mit Kindern so bei sich hat – und für die fast nie genug Platz ist. Eine abnehmbare Einkaufstasche sowie die Aufbewahrungsmöglichkeit unter dem Sitz sorgen für maximalen Stauraum. Der Erfolg gibt Bugaboo recht. 1999 als Jungunternehmen zunächst nur auf dem niederländischen Markt gestartet, vertreibt Bugaboo die praktischen Kindergefährte mittlerweile in über 50 Ländern. 800 Mitarbeiter, die im Hauptsitz in Amsterdam, in den Niederlanden oder in einem der anderen Büros in Großbritannien, Deutschland, Schweden, Italien, Spanien, den USA, Frankreich sowie in der betriebseigenen Fertigungsanlage von Bugaboo in Xiamen, China, tätig sind, widmen sich jeden Tag aufs Neue der Weiterentwicklung der Mobilitätskonzepte. Unangefochtene Anführer der Mobilitätsbewegung mit Namen „Bugaboo" sind Max Barenbrug und Eduard Zanen. Seine innovativen Mobilitätskonzepte sicherten Max Barenbrug schon 1994 einen Top-Abschluss von der Design Academy im niederländischen Eindhoven. Der Unternehmer Eduard Zanen begeisterte sich für Barenbrugs Ideen und brachte sich in das Projekt ein. Barenbrug überarbeitete daraufhin einen seiner Entwürfe, und das Ergebnis war der Original Bugaboo Kinderwagen. Ein neuer, innovativer Ansatz war geboren und das Zusammenspiel von Form, Funktionalität und Sicherheit neu definiert. Bei so viel Innovation und Erfolg widmet sich das Unternehmen Bugaboo ganz nebenbei noch einem weitreichenden sozialen Engagement. Seit 2009 ist man Partner von (PRODUCT)RED™ und spendet ein Prozent vom Gesamtumsatz an den Global Fund zur Bekämpfung von Aids in Afrika. Denn man möchte einen Teil seines Erfolgs weitergeben. Auch das gehört bei Bugaboo zum Verständnis eines modernen Unternehmens – das Versprechen auf die moderne, schöne Welt wird konsequent eingelöst. So wie es schon der Name Bugaboo verspricht.

ADRESSE

BUGABOO GERMANY
Heerdter Lohweg 226b
40549 Düsseldorf
www.bugaboo.com

CASPER COMPANY

Jedes Kind hat einen allerallerbesten Freund zum Knuddeln und Liebhaben. Und zwar aus Stoff – einen Teddybär, einen Kuschelhasen oder vielleicht einen kleinen Elefanten. Oftmals begleiten sie ihre Besitzer überall hin, dürfen im Kinderwagen oder Auto mitfahren und spenden Trost zu jeder Gelegenheit. Manchmal beginnen diese Freundschaften im Wiegenalter und halten bis ins Erwachsenenleben, wo die Stofftiere einen Ehrenplatz im Schrank bekommen oder an eigene Kinder weitergegeben werden.

Frodo, Boobie, Moomoo oder der Rainbow Bear sind jedoch keine klassischen Stofftiere. Der Hund Frodo hat einen Kissen-Kopf und vorstehende Plüschaugen, das kuhähnliche Tier Moomoo hat nur zwei Beine und wirkt wie von Kinderhand gemalt, und was Boobie ist, weiß man nicht wirklich. Nur, dass er ein wenig finster daherkommt und sich gerade in der Pubertät befindet, steht im Katalog zu lesen. Doch obwohl – oder gerade weil – die Stofffiguren der Kölner Casper Company anders sind, sind sie so liebenswert. Tatsächlich übernimmt die junge Firma von Supattra und Benjamin Casper nur den Vertrieb der Produkte, entworfen und hergestellt werden sie in Thailand. Dabei sind die Caspers mehr als Distributoren, sie sind Entdecker und Förderer junger Design-Talente aus dem südostasiatischen Land. Supattra Casper hatte als gebürtige Thailänderin bis 2003 selbst einen Stand auf dem Jatujak-Wochenendmarkt von Bangkok. Ihren Mann lernte sie kennen, als er während seines Städtebaustudiums ein Auslandsjahr in Bangkok verbrachte und dort seine Faszination für die pulsierende Metropole entdeckte. Gemeinsam hatten sie die Idee, in Bangkok nach ausgefallenen und marktfähigen Produkten zu suchen und diese in Deutschland Einzelhändlern anzubieten. Original thailändisches Design und thailändische Produzenten sollen so auf dem deutschen und immer mehr auch auf dem europäischen Markt etabliert werden. So gründeten sie im Jahr 2008 ihre GbR, die schon im April 2010 den ersten Verkauf ins europäische Ausland feierte. Deutschland als Absatzland wurde inzwischen u. a. durch Spanien, Italien und Portugal ergänzt.

Die bestehende Produktpalette aus Stofftieren, die vom handlichen Schlüsselanhänger bis zur stattlichen Größe von 86 Zentimetern variieren, stammt komplett aus der Feder der beiden studierten Designer Ting und Kob, die unter dem Namen Idealist Design schon seit einigen Jahren Geschenkartikel, Textilien und Stoffpuppen entwerfen und verkaufen. Sie unterscheiden sich grundlegend vom in Europa schon verbreiteten Ethno-Design aus Thailand und setzen vielmehr auf minimalistische Formen. Gerade deshalb, und weil einige Puppen nicht eindeutig als bestimmtes Tier definiert werden können, wirken sie anregend auf die Phantasie.

Des Weiteren eignen sich die Figuren wegen ihres ambivalenten Aussehens auch gut für den therapeutischen Einsatz. Grundsätzlich werden sie von Jungen und Mädchen gleichermaßen geschätzt, während die Eltern besonders von der nicht alltäglichen Gestaltung und Originalität angesprochen werden. So können sie Stoffpuppen verschenken, die nicht unbedingt jeder hat. Aufgrund guter persönlicher Bekanntschaft zu den Herstellern können die Distributoren garantieren, dass die Stoffpuppen zu besten Bedingungen entstehen. Ausschließlich erwachsene, fair bezahlte Näherinnen und Näher fertigen die Puppen entweder in Heimarbeit oder direkt in ihrer Nachbarschaft. Darüber hinaus sind alle Artikel mit dem CE-Zertifikat ausgezeichnet. Auch alle zukünftigen Partner der Casper Company sollen kleine oder mittelständische Betriebe sein, deren Designer entweder die Produkte selbst herstellen oder sie nachhaltig durch Familienhilfe und aus der lokalen Lebens- oder Wohngemeinschaft herstellen lassen. So fördert das kleine Unternehmen von Köln aus nicht nur die Verbreitung eines modernen und zeitgemäßen Thai-Designs und seiner Produzenten, sondern sorgt auch für neue, lebenslange Freundschaften zwischen europäischen Kindern und thailändischen Stofftieren.

ADRESSE

SUPATTRA CASPER & CASPER GBR
Neuhöfferstraße 28
50679 Köln
www.caspercompany.de

CENTA-STAR

Bett und Bad spielen eine besondere Rolle in der Welt der Kinder. Hier ruhen, toben oder plantschen sie. Hier genießen sie ihre Träume und bestehen so manche Abenteuer als Prinzessinnen oder Piraten, als Forscher oder Helden. Hier erleben sie spannende Zeiten. Centa-Star ist ein Kenner der Kinderwünsche, wenn es um Bett und Bad geht. Seit 40 Jahren steht die Marke für hochwertige Produkte und für große Ansprüche. Made in Germany. Und für Lifestyle in jener Art, die dem Leben zauberhafte Momente schenkt, weil Komfort und Wohlgefühl harmonieren. Das schätzen die Erwachsenen. Und das lieben die Kinder. Aus diesem Grund kreiert das Stuttgarter Unternehmen seine Kollektion Centa-Star Kids. Mit gesunden Hightech- und Naturmaterialen, mit farbenfrohem Design und verspielten Details wecken alle Produkte aus dieser Serie den Sinn für Stil und Geschmack schon bei den Kleinsten. Weil sie erfrischende Akzente setzen und weil sie das gesamte Know-how des Branchenführers bündeln. Die Philosophie dieser Kollektion lässt sich mit nur einem Satz beschreiben: Für Kinder nur das Beste. Jedes Produkt wird in Zusammenarbeit mit Experten erforscht, entwickelt, getestet und im firmeneigenen Betrieb hergestellt. Für die innovativen Technologien im Bereich Bettwaren erhält das Unternehmen immer wieder Preise und Auszeichnungen, weil sie Gesundheit und Schlafklima atmungsaktiv fördern. Und dieser Erfolg hat ein System, das das Unternehmen seit Jahrzehnten perfektioniert: Es besteht aus der patentierten Hüllenkonstruktion aus anschmiegsamer Baumwolle; sie umgibt die Füllungen aus Endloshohlfaser, Hightech-Faser oder Qualitätsdaunen. Und es besteht darüber hinaus aus der Bandeinfassung am Rande; sie sichert die Füllung vor dem Austreten und ist längst zum Markenmerkmal geworden. Mehr noch. Durch das Verarbeiten biologisch angebauter Baumwolle für die Frottierwarenreihe Organic setzt Centa-Star weitere Standards, vereint den Gedanken an Umwelt und Nachhaltigkeit mit seiner Unternehmensstrategie und trägt dazu bei, dass die Welt von heute auch morgen noch intakt ist. Centa-Star gibt Eltern und Großeltern die Gewissheit, dass ihr Kind sicher ist und zart umhüllt, selbst in aufregenden Träumen. Die Kollektion für die Kleinen umfasst Bettwaren, Accessoires, Handtücher, Bademäntel, Bettwäsche und Strandtücher. Jedes Teil ist ein Farbtupfer im Zimmer und ein Lieblingsstück fürs Kind. Die Produkte sind hochwertig, kindgerecht bis ins kleinste Detail und eigentlich zu schade, um sie nur zu nutzen. Vielmehr sollen sie einladen zum Spiel. Dann wird die blau-weiß gestreifte Bettdecke zum Wellenmeer und der rot-gelbe Bademantel zum Piratenrock. Und genau das wünscht sich Centa-Star: Fantasie in Bett und Bad. Dafür forschen und arbeiten in Stuttgart mehr als 120 Mitarbeiter im Unternehmen, tauchen ein in die Kinderwelt und lassen sich inspirieren für neue Kreationen, die dann in den eigenen Centa-Star-Shops oder im ausgewiesenen Fachhandel die kleinen und großen Kunden begeistern. Überhaupt ist die Kundenzufriedenheit ein besonderes Ziel. Und dafür unternimmt das Unternehmen viel. Es fördert den Dialog in Markenshops durch kompetente Berater und darüber hinaus via Telefon und Internet. Es ist achtsam, wenn es um die Gefühle und Wünsche der Kunden geht. Eine transparente Markenkommunikation ist Centa-Star ebenso wichtig wie das Erstellen hochwertiger Saisonkataloge, die ein Licht werfen auf die schönen Produkte und ein Gefühl davon geben, was Centa-Star unter Lifestyle für Kinder rund ums Bett und rund ums Bad versteht, nämlich Qualität zu bieten durch innovative Materialien, durch beste Verarbeitung, durch Produkte, die für Kinder gemacht sind. Weil sie weich und kuschelig sind. Weil sie pfiffige Motive zeigen und gute Laune machen. Weil sie anregen zum Spielen, zum Träumen und weil sie Begleiter sind vom Baby- bis zum Jugendalter. Dann wird das Bad zum Ozean und das Bett zur Insel und genau das ist der Stoff, aus dem die Träume sind. In der Kinderwelt. Von Centa-Star Kids.

ADRESSE | AUSZEICHNUNGEN

CENTA STAR GMBH
Augsburger Straße 275
70327 Stuttgart
www.centa-star.com

„Gut" für „Vital Plus"-Bettwaren, ÖKO-TEST 2009
„Sehr gut" für „Royal"-Bettwaren, ÖKO-TEST 2007

CONCORD

Anschaffungen für ein Kind sind immer Herzens- und Kopfsache gleichzeitig – vor allem, wenn es um die Sicherheit beim Autofahren geht. Gerade in unserer mobilen Zeit verbringen wir oft viele Stunden unterwegs, ob Urlaubsfahrt oder Kurzbesuch bei den Großeltern, ob Einkaufstour mit Nachwuchs oder der morgendliche Transfer zur Kita. Da will man zuallererst, dass das Kind sicher sitzt. Dass es bequem sitzt, dass es sich wohlfühlt und dass Erwachsene den Sitz auch einfach und komfortabel bedienen können. Natürlich sollte der Sitz auch optisch gut in das Auto passen und nicht als störend empfunden werden. Wenn das Automöbel dann noch variabel mit dem Kind mitwächst, damit die Eltern sich nicht jedes Jahr für ein neues Modell entscheiden müssen, ist die Sache perfekt.

Auf der Suche nach diesem perfekten Sitz werden Eltern unweigerlich die Ergebnisse des Eurotests lesen. Durchgeführt von Stiftung Warentest, ADAC und ÖAMTC, ist er jedes Jahr das wichtigste Bewertungsinstrument für die Sicherheit und die Qualität von Kinderautositzen. Und seine Empfehlung ist eindeutig: Im Testergebnis 2010 geht der Concord TRANSFORMER T unter 18 Kinderautositzen als Sieger seiner Gruppe hervor. Er erzielte die Gesamtnote 1,8 (Gut) und hat damit in der Gesamtwertung das beste Resultat in der Sitzgruppe II/III, also für Kinder zwischen drei und zwölf Jahren. Sein durchdachtes Sicherheitskonzept hat im Test überzeugt. Dank einer kompakten, rundum geschlossenen Schalenform sorgt er für maximalen Schutz bei einem Frontalaufprall, seine doppelwandige Sicherheitsschale brachte ihm ein „Gut" in der Testkategorie „Seitenaufprall" ein. In der Handhabung und dem Komfort erreichte der TRANSFORMER T dank einzigartigen Bedienkomforts und vielen praktischen Features sogar die Höchstnote. Durch das TWINFIX SYSTEM kann der Sitz z. B. schnell und sicher im Fahrzeug verankert werden, und die Gurtführung bietet eine einfache, stufenlose Höhenverstellung mit synchroner Breitenverstellung.

Neben der Anerkennung von Sicherheit und Funktionalität wurde auch das Design des Autositzes mit einer der höchsten Auszeichnungen überhaupt bedacht: dem Designpreis der Bundesrepublik Deutschland in Gold. Damit gehört er zu den fünf besten Produkten aus 9.000 Einreichungen – und hat das Zeug zu einem echten Design-Klassiker. Hersteller ist das Unternehmen Concord mit Sitz im oberfränkischen Stadtsteinach. Seit über 30 Jahren entwickelt man hier nach dem Grundprinzip, Design und Funktion gleichberechtigt zu verbinden, erfolgreich Kinderautositze. Gegründet 1978 von der Familie Kauffmann, gehört das Unternehmen seit 2004 zur spanischen Jané Gruppe, die unter anderem den größten spanischen Hersteller von Kinderwagen und Autositzen umfasst. Seit 2006 ist die Produktpalette von Concord dreigeteilt: In den Kategorien Driving, Moving und Living bietet Concord den Eltern nicht nur Kinderautositze, sondern auch Buggys und Auto-Babyschalen sowie Kindermöbel wie etwa Hochstühle oder Babywippen.

Den preisgekrönten TRANSFORMER T bietet Concord auch noch in anderen Varianten an, etwa den TRANSFORMER XT, der unter anderem auch über eine zusätzliche Sitzliegeverstellung verfügt, oder das neuste Modell TRANSFORMER CLICK. Sie alle begleiten ihre kleinen Besitzer durch viele Jahre und wachsen dank variabler Einstellung der Kopfstützenhöhe sowie der Höhe und Breite der Schulterprotektoren zuverlässig mit. Dabei folgen sie auch der Kernphilosophie des Hauses, einen Kinderautositz herzustellen, der maximal einfach zu bedienen ist und gleichzeitig über höchste Sicherheit verfügt. Aber noch eine andere Maxime ist wichtig für die tägliche Arbeit der Ingenieure und Designer bei Concord: Kinder und Eltern sind gleichermaßen Adressaten – beide müssen vom neuen Sitz begeistert sein. Gerade bei den Kleinen hilft die Auswahl aus sechs sportlichen Designs, etwa in den Farben „Indigo", „Pepper" oder „Graphit", bestimmt schon weiter. Und sind die Kinder erst überzeugt, folgen Herz und Kopf der Eltern schnell – mit Sicherheit.

ADRESSE

CONCORD GMBH
Industriestraße 25
95346 Stadtsteinach
www.concord.de

COPPENRATH VERLAG

COPPENRATH DIE SPIEGELBURG

Die Welt der Kinder ist bunt, spannend, zauberhaft. Und Bücher öffnen die Türen in diese Welt. Sie laden ein, auf Reisen zu gehen, Neues zu entdecken und sich anzufreunden mit den kleinen Helden der Bücher. Diese Freundschaft wächst über jede Seite und hört am Ende des Buches längst nicht auf. Sofort wollen die kleinen Leseratten ihre Freunde, den Hasen Felix, Prinzessin Lillifee oder Käpt'n Sharky wiedersehen und wünschen sich zugleich, die kleinen Begleiter mitzunehmen - von der Lesestunde zum gemeinsamen Spiel. Der Coppenrath Verlag aus Münster weiß das. Deshalb verbindet er Buch und Spiel und schafft rund um die geliebten Geschichten aus den Büchern anfassbare Welten: Die Charaktere sind schmusige Begleiter, Knuddeltiere und Protagonisten im fantasievollen Kinderspiel.

Als einer der ersten Verlage ergänzt Coppenrath seit mehr als 20 Jahren die aufwendig gestalteten Kinderbücher um Non-Books und etablierte 1992 die Edition „Die Spiegelburg". Als Wolfgang Hölker den Verlag 1977 übernahm, war er entschlossen, dem 1768 gegründeten, traditionsreichen Buchverlag einen modernen, frischen Charakter zu verleihen. Das gelingt ihm bis heute. Jedes der Coppenrath-Bücher und -Produkte zeichnet sich durch überraschende Extras aus, die mit leuchtenden Kinderaugen und von begeisterten Eltern quittiert werden. Es ist ein ganzheitliches Konzept, das der Coppenrath Verlag lebt. Denn sie sind fassbar, die kleinen Helden der Bücher. Der kleine Hase Felix erobert die Herzen der Kinder von Grönland bis Japan, blättert mit seinen Reisegeschichten die Welt auf. Sieben Millionen Mal verkauften sich die Bücher bis heute. Kinofilm, Musical und Lizenzprodukte machen Felix zum Kinderstar. Seit 1994 hält seine Popularität an und seither knuddeln die Kinder in 29 Ländern dieser Welt den kleinen Hasen, der ihnen in Briefen in Krakelschrift von dem Leben auf anderen Kontinenten erzählt. Und welches Kind fühlt sich nicht wie ein kleiner Abenteurer, wenn es mit Felix-Koffer oder -Rucksack verreist? Das Credo des Verlagsinhabers ist einprägsam: „Ich muss stolz sein auf das Buch, das ich mache." Das ist die Begründung für die inhaltliche und grafische Wirkung der Bücher. Wenn Prinzessin Lillifee durch die Lüfte schwebt, hinein in die Träume kleiner Mädchen, dann ist diese Welt rosa, dann vermischen sich Fabel, Märchen und Realität, und genau in diesem Mix liegt der Reiz. Die Tiere sprechen, die Natur lebt und Prinzessin Lillifee erkennt, wie wichtig die Liebe zu ihnen ist. Freundschaft, Natur und Tiere, das sind die Themen, die in sanften Farbtönen weichgezeichnet werden und dennoch davon erzählen, dass der Schutz der Umwelt eine Frage der Wertehaltung und Nächstenliebe ist. So erhält die Traumwelt eine Wirklichkeit, die sich nachspielen lässt, deren Geschichten und Gute-Laune-Melodien sich fortsetzen mit der Prinzessin-Lillifee-Puppe und mit Hörbüchern im Mädchenzimmer. Sage und schreibe eine Million Hörspiele und Liederalben sind bis heute verkauft und verschiedene Hörbuchtitel mit der goldenen Schallplatte ausgezeichnet worden.

Der Coppenrath Verlag weiß um die große Chance, Kinder früh, spielerisch und viele Kinderjahre lang zu beeindrucken mit außergewöhnlichen Büchern. In frühen Jahren wird der Grundstein gelegt für die lebenslange Freude am Buch. Das gilt für alle Kinder, unabhängig von gesellschaftlichem Status und dem Land, in dem sie leben. Deshalb engagiert sich der Münsteraner Verleger persönlich für „Children for a better World". Auch die Sponsoring- und Spendenprogramme zeigen, dass Wolfgang Hölker und seinen 150 Mitarbeitern die Kinder am Herzen liegen. Der Coppenrath Verlag unterstützt karitative Einrichtungen in der Region und die Tafeln sowie das Projekt Kinder-Arche bundesweit durch Bücher, Spiele oder Stofftiere. Damit jedes Kind Freundschaft schließen kann mit Felix, Prinzessin Lillifee, Käpt'n Sharky und den anderen Bilderbuchhelden des Coppenrath Verlags. Überall auf der Welt.

ADRESSE | AUSZEICHNUNGEN

COPPENRATH VERLAG GMBH & CO. KG
Hafenweg 30
48155 Münster
www.coppenrath.de

„Goldene Schallplatte" für „Briefe von Felix", Leipziger Buchmesse 2010
„Goldene Schallplatte" für „Prinzessin Lillifee und die kleine Seejungfrau", Leipziger Buchmesse 2009
„Platin" für „Felix – ein Hase auf Weltreise" (Original-Hörspiel zum gleichnamigen Kinofilm), edelkids GmbH, Hamburg 2008
„Goldene Schallplatte" für „Prinzessin Lillifee" und „Prinzessin Lillifee hat ein Geheimnis", Leipziger Buchmesse 2008

CRAYOLA

Kinder lieben es zu malen. Und von den ersten Kritzelbildern über Kopf- und Körperfüßler sind ihre Werke stets Ausdruck dessen, was sie erlebt haben und was sie gerade beschäftigt. Unvoreingenommen lassen sie ihrer Kreativität freien Lauf, spielen mit Formen und Farben und kreieren Kunstwerke mit Kreide auf der Straße oder mit Filz-, Bunt- oder Wachsmalstiften auf Papier. Glücklich schätzen dürfen sich jene, die eines dieser Werke zu Weihnachten, zum Geburtstag oder einfach so geschenkt bekommen. Seit über 100 Jahren sind die Produkte der US-amerikanischen Marke „Crayola" aus diesem Szenario nicht mehr wegzudenken, denn als weltweite Nr. 1 in diesem Bereich steht Crayola für Kreativität, Sicherheit, Qualität, Fantasie und Familienspaß. Crayola hat sich zur Aufgabe gemacht, Kinder bei der Entwicklung ihrer Kreativität zu unterstützen. Davon zeugen zahlreiche Produkte von den Klassikern wie Wachs-, Bunt- und Filzstiften über Schul- und Bastelbedarf bis hin zu Outdoorartikeln wie Straßenkreide oder Spielwaren. Dabei werden die Bedürfnisse jeder Altersgruppe von 12 Monaten bis in die höheren Schulklassen berücksichtigt, um die Entwicklung motorischer Fähigkeiten und der Kreativität in diesem Alter zu fördern. Begonnen hat die Erfolgsgeschichte des Unternehmens 1903, als die Cousins Edwin Binney und C. Harold Smith den Bedarf an sicheren und erschwinglichen Mal- und Bastelutensilien für Kinder erkennen und den „Klassiker" – die erste 8er-Packung Crayola Wachsmalstifte – produzieren. Viele werden sich an den charakteristischen Geruch dieser Wachsmaler erinnern. Wie schön ist es, heute ein Stück dieses Glücks an die nächste Generation kleiner Künstler weiterzugeben.

Wie beruhigend ist es, zu wissen, dass alle Artikel von Crayola höchsten Qualitätsstandards entsprechen. Das belegen auch zahlreiche Auszeichnungen bekannter deutscher Institutionen: So hat Ökotest die Crayola 12 Supertips einfach auswaschbare Filzstifte im Mai 2010 mit „sehr gut" bewertet. Der Bundesverband des Spielwaren-Einzelhandels e.V. zeichnete Color Wonder – Magischer Leuchtpinsel als Top 10 Spielzeug des Jahres 2010 aus und 2011 erhielt die 3D Straßenkreide eine Nominierung für „Das goldene Schaukelpferd". Die 3D Straßenkreide steht beispielhaft für die Innovationskraft des Unternehmens: Sie stammt aus der Ideenschmiede in Easton, USA, wo Pädagogen und Naturwissenschaftler kontinuierlich an neuen und innovativen Konzepten forschen. Mit der 3D Straßenkreide werden die Kreationen der kleinen Straßenkünstler mit der speziellen 3D-Brille betrachtet geradezu lebendig und scheinen aus der Straße herausspringen zu wollen. Ebenso überzeugend ist das saubere und beinahe magische Malkonzept „Color Wonder". Die zunächst farblosen Stifte entwickeln ihre „Zaubermagie" auf dem speziellen Color-Wonder-Papier: Die ausgewählte Farbe erscheint nur innerhalb der Zeichenlinien. Neben den Bedürfnissen der Kinder spielen auch die Ansprüche der Eltern in der Produktentwicklung eine Rolle: So finden sich im Minikids-Segment für Kleinkinder ab 12 Monaten Farben und Stifte, die leicht ab- und auswaschbar sind, falls mal ein kleines „Mal"heur passiert und aus lauter Begeisterung neben dem Papier auch Tisch, Boden oder Tapete als Maluntergrund herhalten müssen.

Heute ist Crayola ein Tochterunternehmen der Hallmark Cards, Inc. und erwirtschaftete 2010 mit 1.165 Mitarbeitern 700 Mio. US-Dollar Umsatz. Für den Vertrieb in Deutschland zeichnet seit 2009 die in Nauheim ansässige Vivid Deutschland GmbH verantwortlich. Man darf gespannt sein, welche kreativen Innovationen aus dem Hause Crayola die nächste Generation kleiner Künstler begeistern werden!

ADRESSE | AUSZEICHNUNGEN

Vivid Deutschland GmbH
An der Mühlhecke 19-21
64569 Nauheim
www.crayola.de
www.vivid.de

„Top 10 Spielzeug des Jahres" für Color Wonder – Magischer Leuchtpinsel, Bundesverband des Spielwareneinzelhandels e.V., 2010
„sehr gut" für 12 Supertips einfach auswaschbare Filzstifte, ÖKO-TEST, 05/2010

CROCS

Ein Synonym für wasserfeste, leichte, bequeme und praktisch unkaputtbare Sommer-Freizeitschuhe für Kinder? Ganz klar: Crocs. Kaum ein anderer Schuh hat sich jemals so schnell auf deutschen Spielplätzen, in hiesigen Gärten oder Urlaubsorten durchgesetzt, wie die bunten Treter mit dem charakteristischen Bügel, den Löchern in der Kappe und dem sympathischen Krokodil im Herstellerlogo. Dabei stammen die Crocs™ ursprünglich aus den USA. Die drei Freunde Scott Seamans, Lyndon „Duke" Hanson und George Boedecker, Jr. erfanden sie auf einem Segeltörn in der Karibik. Sie hatten ein Paar kanadische Clogs im Gepäck und die Idee, praktische Bootsschuhe aus Kunststoff zu entwickeln, die vor allem nur eines sein sollten: komfortabel. Mit den ersten Produktskizzen kam gleich der Name mit ins Spiel. „Croc" als Abkürzung für Krokodil steht für die Attribute, die Schuh und Tier miteinander gemein haben: land- und wassertauglich, robust und langlebig. So fertigten die Erfinder 200 Exemplare ihres ersten Modells, genannt Beach, und präsentierten sie im Jahr 2002 auf der Fort Lauderdale Boat Show in Florida. Schnell waren sie ausverkauft, und den Dreien war klar, dass sie ein einzigartiges Konzept mit großem Potenzial entwickelt hatten. 2012 feiert Crocs seinen 10. Geburtstag.

Das Einzigartige an den heutigen Crocs™ ist das patentierte Croslite™-Material, das in jedem Paar der Marke zu finden ist. Dieses zellgeschlossene Granulat ist eine Revolution in der Schuhindustrie und macht die Crocs™ bequem, ultraleicht und geruchsresistent. Außerdem hinterlassen sie keinen Abrieb auf Böden und passen sich individuell der Fußform an. Zunächst waren es vornehmlich Wassersportler, die sich für den Schuh begeisterten. Aber schnell wurde die Fangemeinde größer. Neue Silhouetten und Materialmixe wurden entwickelt, und heute bietet Crocs Kollektionen mit mehr als 250 verschiedenen Modellen an. So erlaubt es die Vielseitigkeit der Croslite™-Technologie, auch Silhouetten wie Ballerina, Stiefel oder Sneaker zu entwickeln und das Material mit anderen Werkstoffen wie Leinen oder Leder zu kombinieren. Eine Neuheit im Kinderbereich sind außerdem die Crocs Chameleons™. Die Schuhe wechseln bei Sonneneinstrahlung ihre Farbe. So gibt es heute für jeden Lebensstil und jede Gelegenheit ein passendes Paar Crocs™. Allen gemein ist der hohe Qualitätsanspruch. Das Unternehmen ist sich der Verantwortung für die Gesundheit und Sicherheit seiner großen und kleinen Kunden sehr bewusst und setzt seine innovative Technologie ein, um zuverlässige und sichere Produkte mit einer langen Lebensdauer herzustellen. So sind alle Crocs™-Schuhe vom US Ergonomics Council und der American Podiatric Medical Association zertifiziert.

Crocs Inc. ist heute der international führende Anbieter von innovativen Freizeitschuhen für Kinder, Damen und Herren. Die Produkte werden in über 90 Ländern verkauft. In Deutschland sind sie über eine Vielzahl von Vertriebspartnern oder in den eigenen Crocs-Stores in Hamburg, Berlin, Oberhausen oder Köln erhältlich. Weltweit kümmert sich Crocs aber nicht nur um Komfort für seine Fans, sondern sorgt sich auch um das Wohlbefinden und die Gesundheit von Menschen in Notsituationen. Dafür gibt es das „Crocs Cares"-Programm als Plattform, um lokal wie auch global Gemeinschaften zu unterstützen und Hilfe zu leisten. So wurden seit 2007 mehr als 2,5 Millionen Paar Schuhe an Bedürftige in verarmten Gegenden der Welt verteilt sowie an Menschen in mehr als 40 Ländern, die durch Naturkatastrophen ihr Hab und Gut verloren haben. Nach dem verheerenden Erdbeben in Japan spendete Crocs 100.000 Paar Schuhe an eine japanische Hilfsorganisation. Denn auch für den humanitären Einsatz eignen sich die außergewöhnlich leichten und robusten Schuhe hervorragend – sind sie doch leicht zu transportieren, aber schwer zu beschädigen. Genau die Vorteile, die auch deutsche Eltern tagtäglich schätzen, wenn sie ihre durchgetobten, quietschvergnügten und bis über beide Ohren verdreckten Sprösslinge vom Spielplatz einsammeln.

ADRESSE

CROCS EUROPE BV
Dr. Lelykade 14b
NL-2583 CM Den Haag
www.crocs.eu

DENTISTAR

Diese Diskussion kennen alle Eltern: Schnuller – ja oder nein? Viele Babys können gar nicht ohne: Zu beruhigend und angenehm wirken die anschmiegsamen Sauger. Wenn eine Wartezeit aufs Essen überbrückt werden muss, wenn man partout nicht schlafen will, wenn Mama sich kurz mit etwas anderem beschäftigen möchte, dann tröstet der vertraute Freund Schnuller überall und zuverlässig. Aber was ist mit den Zähnen, dem gesamten Kiefer? Immer wieder liest man doch, dass Nuckeln schlecht für die Entwicklung des Gebisses sei. Und weil allen liebevollen Eltern die optimale Entwicklung ihres Babys das oberste Gebot ist, möchten sie natürlich auch, dass gesunden Zähnen und einem schönen Gebiss im wahrsten Wortsinn nichts im Wege steht. Ein Dilemma? Nicht mehr. Denn mit dem Dentistar von Novatex gibt es jetzt den weltweit ersten zahnmedizinisch empfehlenswerten Schnuller, der sogar als einziger von der Aktion Zahnfreundlich e.V. ausgezeichnet wurde. Er ist das Ergebnis ausführlicher Forschungen der Produktentwickler bei Novatex, die in enger Zusammenarbeit mit Zahnärzten einen Schnuller erfunden haben, der dabei hilft, eine spätere Zahnfehlstellung zu vermeiden.

Das Geheimnis des Dentistar ist eine einzigartige kiefergerechte Form, dank der er 90 Prozent weniger Druck auf Kiefer und Zähne ausübt. Dafür sorgt die sogenannte Dentalstufe im Saugteil, die nur er besitzt. Ihre Wirksamkeit hat die Universität Witten/Herdecke in einer Langzeitstudie belegen können. Das hat nicht nur die Aktion Zahnfreundlich e.V. überzeugt. Auch Ökotest bewertete den Dentistar mit der Note „Sehr Gut" – was vor allem auch den hochwertigen und Bisphenol-A-freien Materialien geschuldet ist.

Den Dentistar gibt es wahlweise mit Latex- oder Silikonsaugteil, mit oder ohne Greifring und in sechs verschiedenen Motiven. Ob Rehlein, Löwe oder Frosch – das liebevolle Design überzeugt auch die Eltern. Um das Nuckeln möglichst angenehm zu machen, gibt es den Dentistar in zwei Größen. Denn entgegen bisheriger Erkenntnisse ist eine weitere Aufteilung, wie etwa die gängige Dreiteilung von Schnullergrößen, nicht notwendig. Untersuchungen ergaben, dass der für den Schnuller relevante vordere Gaumenbereich sich mit zunehmendem Alter des Kindes kaum vergrößert. Ein größerer Schnuller bedeutet also nicht mehr Lutschkomfort, sondern noch weniger Platz für die Zunge. So empfiehlt sich der Dentistar bis zum ersten Zähnchen in Größe 1, sobald sich beim Lächeln das erste Zähnchen vollständig zeigt, steigen die kleinen Nutzer auf Größe 2 um. So wird sichergestellt, dass aus einem schönen Babylächeln bald ein freudestrahlendes Kinderlachen werden kann.

Das Familienunternehmen Novatex wurde 1985 im niedersächsischen Pattensen bei Hannover gegründet. Hier entwickeln und produzieren in dem mittelständischen Unternehmen 130 Mitarbeiter vielfältige Babyartikel vom Schnuller bis zur Trinkflasche. Erhältlich sind sie im Handel oder im Online-Shop des Unternehmens. Neben der Marke Dentistar wird unter dem Namen Baby-Nova eine komplette Produktwelt von Schnullern, Flaschen, Greifringen und Pflegeprodukten hergestellt. Als dritten Bereich hat Novatex die Lifestyle-Marke Rock Star Baby im Programm. Hier gibt es Sauger, Trinkflaschen und Isoliertaschen mit rockigen Motiven aus der Feder von Tico Torres, dem berühmten Schlagzeuger von Bon Jovi. Mit Piratenmotiven oder Hearts&Wings verziert, sehen die Sauger gerade im Babymund extrem lässig aus, ohne ihre absolut hochwertige Qualität einzubüßen.

Novatex ist heute der weltgrößte Hersteller von Flaschensaugern und unterhält neben seinem Hauptsitz in Pattensen noch einen Produktionsstandort in Langenstein bei Halberstadt. Außerdem ist das Unternehmen mit einer Tochterfirma in Ohio auch auf dem US-amerikanischen Markt vertreten. Insgesamt setzen Kunden aus 70 Ländern auf die Qualität „made in Germany" – unter anderem auch Kunden in Marokko, Russland und Australien. Der elterliche Wunsch nach glücklichen Babys und Kindern mit einem strahlenden Lächeln ist schließlich international.

ADRESSE | AUSZEICHNUNGEN

NOVATEX GMBH
Werner-von-Siemens-Straße 14
30982 Pattensen
www.baby-nova.de

„Sehr gut" für Dentistar in Silikon und Latex (Größe 2), ÖKO-TEST 2009
„Empfehlenswert" für Dentistar bei „Aktion Zahnfreundlich e. V.", 2008

DIDYMOS

Das Original seit 1972
DIDYMOS
Erika Hoffmann

Als Anfang der siebziger Jahre die junge Mutter Erika Hoffmann mit ihrem Kind in einem Tragetuch durch ihr schwäbisches Heimatdorf spazierte, erregte sie großes Aufsehen und auch missbilligende Blicke. Dabei hatte die vierfache Mutter nach der Geburt ihrer Zwillinge nur nach einer Möglichkeit gesucht, ihre Babys möglichst viel am Körper zu tragen und gleichzeitig noch in der Lage sein zu können, ihren Haushalt zu führen und die älteren Kinder zu versorgen. Ein Geschenk aus Mexiko in Form eines Tragetuches hat dann eine Welle ausgelöst, die bis heute Tausende von Müttern (und auch Vätern) in Europa glücklich ihre Kinder am Körper tragen lässt. Abgeguckt hatte sich Erika Hoffmann die Technik von den Ureinwohnern Mittelamerikas, die ihre Kinder praktisch den ganzen Tag bei sich tragen, ob beim Einkaufen, Arbeiten oder Kochen. Instinktiv erkannte sie, dass diese Art des Tragens eine positive Auswirkung auf die Kinder hat, was durch viele ärztliche und physiologische Untersuchungen und Gutachten bestätigt wurde.

Des Menschen Kind ist ein Tragling. Das heißt, es gehört zu den „Jungentypen", die als Neugeborene von der Mutter eine lange Zeit getragen werden, bis sie selbst reif genug sind, um auf eigenen Beinen die Welt zu erkunden. Das lässt sich z. B. anhand der Tatsache belegen, dass ein Baby immer den Körperkontakt zur Mutter sucht. Auch das Hüftgelenk eines Säuglings ist anatomisch so eingestellt, dass es optimal auf der Hüfte von Mutter oder Vater „reiten" kann. Diese Haltung wird auch beim Tragen in einem Tuch angenommen und unterstützt und fördert zudem die Ausbildung der kindlichen Beckenknochen. Ein getragenes Kind kann eng an die Mutter geschmiegt die Welt ohne Stress und Überreizung erleben, durch die Nähe und Geborgenheit wird sein Urvertrauen gestärkt.

Das Bewegtwerden fördert zudem den kindlichen Gleichgewichtssinn. Die Didymostücher sind so der ideale Begleiter für Kinder von der Geburt bis zum Alter von ca. drei Jahren. Die hochwertige Verarbeitung und Verwebung der Stoffqualitäten bietet Elastizität, aber auch den notwendigen stützenden Halt für Rücken und Kopf.

Das 1972 von Erika Hoffmann gegründete Unternehmen Didymos (Griechisch für „Zwilling") wird seit 2005 von Tina Hoffmann, einer ihrer Zwillingstöchter, als Geschäftsführerin mitgeleitet. Ihre Tochter Anna führt das angeschlossene Fachgeschäft für Kinderkleidung und Tragehilfen. Seit 1975 ist Didymos ein anerkannter Ausbildungsbetrieb für kaufmännische Berufe. Der Marktführer im Bereich der Tragetücher beliefert sowohl Einzelkunden als auch Firmen und Großhändler weltweit. In seinem Programm führt Didymos heute auch andere, vereinfachte Tragevarianten: Didy-Tai und Didy-Sling, sowie passende Trage-Jacken und Kinderkleidung. Zu jeder Tragehilfe mitgelieferte Informationsbroschüren und DVDs zeigen Trage- und Bindeanleitungen. Noch besser werden die vielfältigen Arten des Bindens und Tragens aber im persönlichen Kontakt an junge Mütter weitergeben. Deswegen gibt Didymos mehrmals im Jahr auch Fortbildungskurse für Hebammen und Angehörige von Heilberufen, in denen diese zu Trageberaterinnen ausgebildet werden.

Von Anfang an hat das Familienunternehmen auf chemische Bearbeitung bei der Herstellung der Stoffe verzichtet und verwendet ausschließlich Baumwolle aus kontrolliert biologischem Anbau. Wolle und Seide kommen, soweit möglich, aus kontrolliert biologischer Tierhaltung. Trotzdem verzichtet man bei Didymos nicht auf variantenreiche Farbigkeit und schöne Muster. Auch firmenintern engagiert sich Didymos für Nachhaltigkeit und Umweltschutz und bietet seinen Mitarbeiten regelmäßige Weiterbildungen für ökologisches Handeln. Außerdem spendet Erika Hoffmann mit ihrem Unternehmen in jedem Jahr eine beachtliche Summe an Hilfsorganisationen für Kinder. So gibt sie ein Stück ihres Erfolges weiter, der den Kindern in unserer westlichen Welt alle Vorteile des Getragenwerdens beschert hat. Ginge sie heute in ihrem Heimatdorf spazieren, erhielte sie sicher nur bewundernde und dankbare Blicke.

ADRESSE | AUSZEICHNUNGEN

DIDYMOS ERIKA HOFFMANN GMBH
Alleenstraße 8/1
71638 Ludwigsburg
www.didymos.de

„Sehr gut" für Didymos-Babytragetuch, Didy-Tai, Didy-Sling, ÖKO-TEST 2000, 2004, 2011

„Erfolgsfaktor Familie" für Didymos Erika Hoffmann GmbH, Bundesministerium für Familie, Senioren, Frauen und Jugend, 2008

„Umweltpreis Baden-Württemberg" für Didymos Erika Hoffmann GmbH und für Didymos-Babytragetuch, Didy-Tai, Didy-Sling, Land Baden-Württemberg, 2001

„Frauen- und familienfreundlicher Betrieb", „Platz 1" für Didymos Erika Hoffmann GmbH, Land Baden-Württemberg, 1995

DIE DREI ???

"Licht aus, gute Nacht!" wird wohl auf ewig der meistverbreitete Ruf deutscher Mütter und Väter zur Abendzeit bleiben. Sobald die Kinder groß genug sind zum Lesen, wird das Bett zum absoluten Lieblingsort. Und natürlich wird auch nach dem offiziellen Zapfenstreich noch heimlich mit der Taschenlampe weitergeschmökert. Dass ganze Generationen von 9- bis 13-Jährigen seit den späten 60er Jahren oftmals mit sehr kleinen Augen am nächsten Morgen am Frühstückstisch erscheinen, ist auch die Schuld von Robert Arthur. Der amerikanische Autor erfand 1964 die erste Geschichte einer Jugendbuchreihe, die im Original „The three investigators" hieß. Seit 1968 gibt es die Geschichten auch auf Deutsch, der Kosmos Verlag aus Stuttgart verlegt sie unter dem Namen „Die drei ???" und schuf damit die hierzulande wohl bekannteste Jugendkrimireihe aller Zeiten. Justus Jonas, Peter Shaw und Bob Andrews sind die Helden der Bücher. Sie leben in der fiktiven kalifornischen Kleinstadt Rocky Beach und erleben vielfältige, spannende Abenteuer, in denen sie Verbrechen und vermeintlich übersinnliche Ereignisse aufklären. „Wir übernehmen jeden Fall" steht auf der Visitenkarte, die die drei Jungdetektive in jeder Geschichte einem potenziellen Klienten unter die Nase halten. Mit Spürsinn, technischer Bastelei und jugendlichem Mut legen sie Dieben, Schmugglern und Betrügern das Handwerk oder lüften Geheimnisse rund um Geister, Monster und andere Erscheinungen. Für die kleinen Leser ist das nicht nur wegen der spannenden Handlung hochinteressant, sondern auch wegen der Identifikationsmöglichkeit mit den Helden. Sie sind zwar jung, aber ihren Gegnern trotzdem überlegen und stets siegreich. Sie stehen für erfolgreiches Handeln und sind eine moralische Instanz, die für den zuverlässigen Sieg des Guten sorgt. Dass das Lesen der Geschichten darüber hinaus eine aktive Lesehaltung fördert und gut für die Konzentration und die Lesemotivation ist, freut überdies natürlich die Pädagogen. Den Kindern ist das egal – sie wollen nur wissen, wie der Fall diesmal ausgeht. Dieses fesselnde Konzept geht immer noch auf. Seit dem Start der Reihe wurden mittlerweile über 16 Millionen Bücher verkauft und die drei Spürnasen aus Rocky Beach haben längst Kultstatus erreicht. Dazu tragen nicht nur junge Leser – darunter sehr viele Jungen –, sondern längst auch mitgewachsene Fragezeichen-Fans bei. Die Bücher gelten weithin als beliebteste Krimireihe auch bei 14- bis 44-Jährigen. Der deutsche Verlag der Reihe ist ein traditionsreiches Unternehmen. Schon 1822 wurde er von Johann Friedrich Franckh in Stuttgart gegründet und bot in seinem Programm zuerst vornehmlich Belletristik an. Mit der rasanten Entwicklung der Naturwissenschaften wandelte sich Ende des 19. Jahrhunderts sein Schwerpunkt zu Ratgeber- und Sachbüchern. Auch der bekannte Kosmos Experimentierkasten für Naturwissenschaft und Technik wurde 1912 entwickelt – und 1937 bei der Weltausstellung ausgezeichnet. Im Laufe des 20. Jahrhunderts kamen Kinder- und Jugendbücher hinzu, auch preisgekrönte Spiele mit Weltruf wie etwa „Die Siedler von Catan". Heute hat der Kosmos Verlag 140 Mitarbeiter, die von Stuttgart aus das Angebot eines der führenden Ratgeber- und Kindermedienverlage betreuen. Naturführer, Sachbücher, Kochbücher, DVDs, digitale Medien, Kinder- und Jugendbücher, Spiele und Experimentierkästen gehören zum Portfolio. Dazu passt der konsequente Ausbau der „Die drei ???" zu einer erfolgreichen Marke. Seit 1979 gibt es lizenzierte Hörspielfassungen, deren Sprecher Star-Status haben und in ausverkauften Shows auftreten, seit 1999 viele weitere Medien vom Spiel über den Film bis zum Detektivkasten. Neben den „großen" Büchern gibt es auch eine „Die drei ??? Kids"-Reihe sowie ein weibliches Pendant, „Die drei !!!". Das US-Original wurde schon längst eingestellt, doch hierzulande erfreuen sich die Bücher ebenso großer Beliebtheit wie Lebendigkeit. Ein ganzer Autorenstamm versorgt die Leser regelmäßig mit neuen Abenteuern. Das Problem übernächtigter Leseratten am Frühstückstisch bleibt uns also erhalten. Und das ist eigentlich ganz gut so.

Illustration: Aiga Rasch

Die drei ???
Die blutenden Bilder

KOSMOS

ADRESSE

FRANCKH-KOSMOS VERLAGS-GMBH & CO. KG
Pfizerstraße 5-7
70184 Stuttgart
www.kosmos.de

Illustration: Silvia Christoph

DISNEY BABY

Mit qualitativ hochwertigen Produkten aus den Bereichen Babybekleidung, Spielsachen und Funktionsartikel öffnet Disney seine Welt für junge Familien. Die Marke Disney Baby wurde entwickelt, um die Wünsche der Eltern nach Qualität zu erfüllen und um Freude zu bereiten. Jedes Produkt erfüllt höchste Ansprüche an Nutzwert und Design und bezaubert mit beliebten Disney-Charakteren, mit denen schon Generationen aufwuchsen. Disney versteht es, bei Kindern und Eltern Emotionen zu wecken: Wer kann schon widerstehen, wenn Winnie Puuh Hand in Hand mit seinen Freunden aus dem Hundertmorgenwald über die Verpackung wandert, Minnie und Micky Maus aus den Regalen lächeln oder Nemo mit großen Augen aus dem Schaufenster schaut. Mit der Vielfalt der Disney Baby-Produkte sind die Disney-Helden, die viele Eltern noch aus ihrer eigenen Kindheit kennen, auch heute noch präsent, Tag und Nacht.

Genau das ist der Anspruch von Disney Baby: mit Kleidung, Spielsachen und funktionalen Produkten ein lustiges Ambiente zu bieten, motorische Entwicklung und lebhafte Fantasie zu fördern und Eltern darüber hinaus die Gewissheit zu geben, dass sie sich auf die Erfahrung eines Unternehmens verlassen können, das höchsten Wert auf Sicherheit und Gesundheit legt. Dieses Versprechen begreift Disney als eine Verpflichtung für Gegenwart und Zukunft und tritt für die Wahrung der Menschenrechte im Sinne der Charta der Vereinten Nationen ein. Auf dieser Grundlage sind auch die Standards of Conduct formuliert. Sie garantieren faire, gesunde Arbeitsbedingungen, schließen Kinderarbeit aus und gründen auf dem Respekt gegenüber allen Menschen weltweit. Sie fordern auch zum achtsamen Umgang mit der Natur und zum Schutz der Umwelt auf.

Das Unternehmen legt größten Wert darauf, dass diese Standards auch von Geschäftspartnern, Lizenznehmern und Lieferanten eingehalten werden. Damit entsteht eine Produktionskette, die von Achtsamkeit geprägt ist - von der Kreation bis zum Verkauf. Disney bringt Kindern diese Wertehaltung spielerisch und fantasievoll in Themenparks nahe und will Antworten auf Fragen nach Ethik und nach einem Leben im Einklang mit der Natur geben. Mit seinen Geschichten und Abenteuern erreicht Disney die Herzen der Kinder und vermittelt ein Gefühl für Nähe und Freundschaft, für ein friedliches Miteinander.

Durch die beliebten Disney-Charaktere entsteht schon bei den Kleinsten eine verlässliche Begleitung durch die ersten 18 Lebensmonate. Bei der Marke Disney Baby können Eltern sicher sein, dass nur hochwertige Materialien verwendet werden und dass das Wohlbefinden der Kinder und die Funktionalität des Produktes im Mittelpunkt einer jeden Kreation stehen, wie beispielsweise bei den NUK Trinkflaschen, den Produkten aus dem Hause Julius Zöllner oder den Artikeln von Morgenstern. Anhand der Produktverpackung erkennen Eltern und Großeltern auf den ersten Blick, ob es ein Produkt für Jungen oder Mädchen ist und für welche Bedürfnisse im Alltag es gefertigt wurde. Die Farben Rosa und Blau sowie kleine Icons geben Hinweise darauf und führen sicher durch das breite Angebot der Disney-Artikel. So beginnt die Freude am Produkt bereits beim Kauf und sie setzt sich auch zu Hause fort, wenn die Kleidung bequem und anschmiegsam, das Spielzeug anregend und fördernd und alle anderen Utensilien einfach in der Handhabung sind. Disney Baby setzt nützliche und fröhliche Akzente. Das lieben Babys. Das schätzen Eltern. Das hat Tradition im besten Sinne des Wortes.

ADRESSE

THE WALT DISNEY COMPANY
Germany, Switzerland and Austria
Kronstadterstraße 9
81677 München
www.disney.de

DÖLL

Mützen schützen vor Kälte, vor Sonne und vor Wind. An jedem Tag und zu jeder Jahreszeit. Mützen setzen modische Akzente und sind weitaus mehr als ein Basic, wenn hochwertige Materialien und genaue Passform das Tragen zum Wohlgefühl werden lassen. Das verspricht das deutsche Unternehmen Döll, der Experte für Kinderkopfbedeckungen. Was damals im Jahr 1842 auf einem Dachboden in Oberhessen begann, schreibt bis heute Geschichte. Damals wollte der Gründer des Unternehmens, Donatius Döll, für die Menschen der Region Kappen gegen das eisige Klima herstellen. Und schon bald war die Nachfrage derartig groß, dass sein Sohn bei der Firmenübernahme das Angebot um Sportmützen nach englischem Vorbild erweiterte. Später – in den 60er-Jahren – konzentrierte sich das familiengeführte Unternehmen auf das Segment, in dem es bis heute in Deutschland marktführend und in vielen anderen Ländern sehr erfolgreich tätig ist: modische Kopfbedeckungen und Accessoires für Kinder. Längst sind die Produkte zur Marke geworden, längst wissen Eltern und Großeltern: Sie können Döll vertrauen. Mit bestem Gewissen entscheiden sie sich seit dem ersten Tag im Leben ihrer Kinder für Mützen und Hütchen von Döll, und das hat einen guten Grund: Das Unternehmen verbürgt sich dafür, nach strengen Oeko-Tex®-Standards zu arbeiten und nur Stoffe zu verwenden, die frei von Toxiden und niemals sandgeplastet sind. Bei der Auswahl der Stoffe wird zudem ein besonderer Wert auf Naturfasern und Funktionsmaterialien gelegt. Die Mützen, Kappen, Hüte, Schals und Handschuhe werden mit viel Liebe zum Detail, mit dem Blick für Trends und vor allem mit einer traditionsreichen Erfahrung produziert. Gesunde Materialien und eine perfekte Passform – dafür steht die Marke Döll. Sie wird seit über 170 Jahren weiterentwickelt und lässt jenseits der großen Fashionshows in Paris, Mailand, Rom und London in den Unternehmens-Ateliers jene Kreationen entstehen, die eines im Blick haben: das Kind mit all seinen Bedürfnissen nach Sicherheit, Geborgenheit und Ungezwungenheit. Die Ansprüche von Kindern verändern sich vor allem in den ersten sechs Lebensjahren sehr schnell. Geht es bei den Kleinsten um Schutz und Wärme, so stehen schon bald der eigene Geschmack und die eigene kleine Persönlichkeit im Mittelpunkt. Deshalb ist die Palette der Döll-Kopfbedeckungen und -Accessoires ebenso vielfältig wie die Kinder, die sie tragen. Mode für Kinder hat viele Facetten. 2010 entschied sich das bislang familiengeführte Unternehmen für einen Zusammenschluss mit der Kanz „Kids Fashion Group", einem Marktführer für Kinderbekleidung, und sicherte dadurch die nachhaltige Unternehmensentwicklung, auch im Hinblick auf die Sicherung der Arbeitsplätze, langfristig ab. Dieser Zusammenschluss der Unternehmen wurde erleichtert durch einen ähnlich hohen Anspruch, Funktionalität, Qualität, kurz: das Beste für Ihr Kind. Natürlich waren es auch wirtschaftliche Interessen, die zu dieser Übernahme geführt haben. Die langfristige Unternehmenssicherung in einem starken Unternehmensverbund war die ideale Richtungsweisung für die Zukunft. Und aus diesem Versprechen heraus kreiert Döll seine Kinder-Kollektionen aus Strick, Stoff, Fell und Plüsch, verbindet Tradition mit trendigem Zeitgefühl und legt dabei immer Wert auf innovative Muster und Details. In jeder Saison entsteht eine Kollektion, die Standards setzt: Farben schimmern, Stoffe schmeicheln, Formen entzücken. Der Stil von Döll ist unverwechselbar – Kinder lieben ihn. Und die Eltern schätzen ihn, weil sie ein gutes Gefühl haben können, das Beste für ihr Kind zu tun, wenn es um den Schutz vor Sonne, Wind und Kälte geht oder wenn die kleinen Persönlichkeiten ihren Sinn für Mode entdecken. Döll wird zukünftig eine wesentliche Säule innerhalb der (Kanz) „Kids Fashion Group" sein und sich dabei als Accessoires-Spezialist profilieren.

ADRESSE

DÖLL FASHION GMBH
Wilhelm-Schickard-Straße 7
72124 Pliezhausen
www.kanz.com

DR. BROWNS

In den ersten Monaten eines Babys dreht sich alles um Liebe und Nahrung. Und wenn beides sich vereint, dann ist das der beste Start ins Leben. Aber allzu oft trüben lästige Begleiterscheinungen diese Bedürfnisse, verbreiten Stress statt Harmonie – besonders nach dem Trinken der Mutter- oder Anfangsmilch aus dem Fläschchen. Dann schluckt das Baby mit der Nahrung kleine Luftblasen. Diese gelangen in den Bauch des Kindes und rumoren dort. Sie verursachen Koliken, vermehrtes Aufstoßen oder Blähungen. Das schmerzt. Und verhindert jenes Wohlgefühl nach dem Trinken, wenn das Baby eigentlich satt und zufrieden und mit Streicheleinheiten verwöhnt sein sollte. Dann krampft es und weint und die Eltern sorgen sich zu Recht um ihren kleinen Liebling. Tee und Bauchmassage können den Schmerz ein wenig mildern, Wiegen und Trösten können dem kleinen Kind ein Mitgefühl vermitteln, aber das alles sind letztendlich Gesten und keine wahren Hilfen. Der Erfinder der Dr. Browns Babyflasche, Craig Brown, setzte mit seiner Technik viel früher an: Er entwarf eine Babyflasche, die bislang einzigartig ist auf dem Weltmarkt und die vom ersten Schluck an der Luftblasenbildung entgegenwirkt. Als Mediziner wusste er, dass nur ein Vermeiden von Unterdruck während des Saugens das Problem lösen kann. Und so entwickelte er die Babyflasche mit patentiertem Innenlüftungssystem: Dabei strömt die Luft durch den Saugerring, ohne sich mit der Milch zu verbinden. Sie wird durch das Röhrchen zum Flaschenboden geleitet – fern vom Mund des Kindes. So kann sie nicht geschluckt werden, und diese Tatsache bietet erhebliche Vorteile gegenüber herkömmlichen Flaschen: Ein lästiges Zusammenziehen des Saugers entfällt, die Milch fließt natürlich, das Saugen erhält einen angenehmen Rhythmus. Und in der Konsequenz vermeidet dieser Druckausgleich die gefürchteten Drei-Monats-Koliken. Mehr noch. In einer Studie bewies die Universität Nevada-Reno, dass durch diese minimierte Oxidation in der Milch der Vitamingehalt in der Nahrung erhalten bleibt. Die Vitamine A, C, E sind lebenswichtig für das Kind und seine gesunde Entwicklung. Dabei spielt das Vitamin C eine besondere Rolle, denn es verhindert das Oxidieren der anderen Vitamine. Zerfällt es zu früh durch Lufteinwirkung, so kann sich keines der anderen entfalten. Und genau dieses Problem zeigen alle anderen Babyflaschen auf: Bereits nach fünf Minuten ändert sich der Vitamingehalt in der Milch, wenn er sich beim Trinken mit Luft durchmischt. Nicht so bei der Dr. Browns Babyflasche. Die amerikanischen Wissenschaftler der Studie bestätigen, dass der Nährstoffgehalt in den belüfteten Fläschchen auch nach zwanzig Minuten weitgehend erhalten bleibt und dem der Muttermilch ähnelt. Das Ergebnis lässt viele Eltern aufatmen, die sich bislang Gedanken machten über die optimale Ernährung des Babys. Denn es ist längst erwiesen, dass ein Vitaminmangel in den ersten zwölf Monaten das Wachstum hemmt und die Abwehrkräfte schwächt. Und so wird diese Babyflasche – empfohlen von Medizinern und in Deutschland vertrieben durch Pamper 24 – zu einem gesunden Produkt in der ersten Ausstattung fürs Kind. Denn sie ist gefertigt aus einem Kunststoff frei von BPA, frei von PVC, ohne Blei und Phthalate, sie lässt sich einfach reinigen und hat ein geringes Gewicht. Als Dr. Brown seine Flasche entwickelte, da dachte er an die schöne erste Zeit mit dem Baby, die keinesfalls getrübt werden sollte durch Koliken, Blähungen, durch vermehrtes Aufstoßen oder gar durch einen Mangel an Vitaminen. Er stellte sich vor, dass die Babys nach der Mahlzeit nur eines empfinden: ein Wohlgefühl, das sich äußert mit dem ersten Lächeln, dem ersten Greifen, dem ersten Jauchzen vor Freude über seine Geborgenheit. Es gelang ihm. Und heute empfiehlt Pamper 24 als Experte für Produkte und Fragen rund ums Kleinkind diese Flasche, verkauft sie immer wieder jungen Eltern, die einen Anspruch haben, nämlich ihrem Baby den besten Start ins Leben zu bieten.

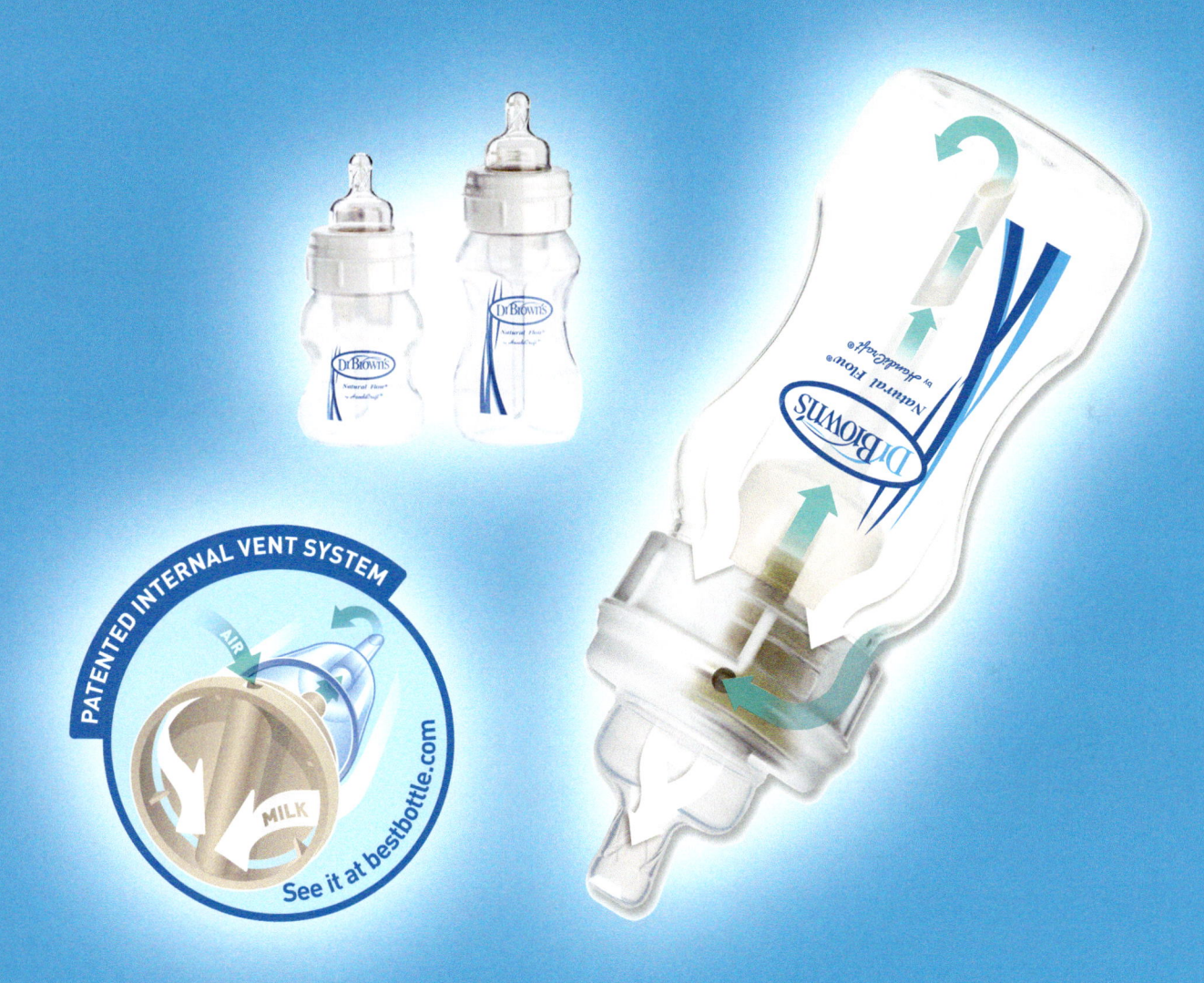

ADRESSEN

PAMPER 24 GMBH & CO. KG
Gewerbestraße 33
79227 Schallstadt
www.pamper24.de

HANDI-CRAFT COMPANY
4433 Fyler Avenue
St. Louis, Missouri 63116
www.handi-craft.com

DUSYMA

Wer durch die Tür eines zeitgemäßen Kindergartens kommt, betritt eine eigene Welt. Alles ist ein wenig kleiner, bunter, abgerundeter. Es gibt niedrig hängende Waschbecken und kleine Toiletten, es gibt Schlafbereiche mit ganz kurzen Matratzen und manchmal auch Kletterlandschaften oder Höhlen, in die ein Erwachsener gar nicht hineinkommt. Die Tische, Stühle und Regale sind für Menschen mit Körpergrößen rund um einen Meter gemacht, damit die sich wohlfühlen, alles erreichen und nicht ständig irgendwo anstoßen.

Das war nicht immer so. Zum Beispiel in den Anfängen von Kurt Schifflers Betrieb. Der im Jahr 1896 im thüringischen Gotha geborene Unternehmer war von mathematisch-naturwissenschaftlichen Themen fasziniert, fühlte sich aber auch der Kunst, Musik und Pädagogik verbunden. So kam es, dass er nach seinem Ingenieurstudium an der Bergakademie Freiberg in Sachsen und später an der Technischen Hochschule Stuttgart im Jahr 1925 die Dusyma-Werkstätten gründete. Der Name leitete sich von seinem selbst erfundenen Durchmesser-Symmetrie-Maßstab ab, einer Art Lineal. Doch gleichzeitig baute er auch Mandolauten, bauchige Zupfinstrumente, die in Kindergärten zur musikalischen Früherziehung genutzt wurden. Doch bei seinen Besuchen, bei denen er seine Instrumente vorstellte und Seminare für Kindergärtnerinnen anbot, belastete ihn stets die primitive und wenig kindgerechte Ausstattung der Räumlichkeiten. Zum Teil mussten 70 Kinder gedrängt auf langen Holzbänken sitzen, ohne Anregung zur freien Entfaltung. Kurt Schiffler fasste den Entschluss, dieser Not Abhilfe zu schaffen. So produzierte sein Unternehmen Dusyma alsbald neben Mandolauten auch Stühle und Tische sowie Spielmaterialien wie handgemalte Farbendomino-Spiele, bunte, abwaschbare Holzbauklötze und Farblegetäfelchen sowie Tierfiguren. Die Branche der Kindergartenausstatter war geboren.

Das mittelständische Familienunternehmen Dusyma wurde im Jahr 1981 von Kurt Schifflers jüngster Tochter Lulu Schiffler-Betz übernommen. Als gelernte Erzieherin schöpfte sie aus einem reichen Erfahrungsschatz, der die Entwicklung Dusymas zu einem Komplettausstatter für Kindergärten, Grundschulen und Kindertagesstätten vorantrieb. Durch gute Beziehungen ins Ausland richtete sich das Familienunternehmen zunehmend international aus. Heute werden die Produkte weltweit in rund 50 Länder exportiert. Von den 145 Mitarbeitern arbeiten 110 am Firmensitz im baden-württembergischen Schorndorf-Miedelsbach und ca. 35 Mitarbeiter bundesweit.

Der Hauptkatalog von Dusyma umfasst mittlerweile 12.000 Artikel und wird an rund 90.000 Institutionen verschickt. Jedes neue Produkt wird gemeinsam mit Pädagogen, Therapeuten und namhaften Designern entwickelt und ist darum garantiert pädagogisch durchdacht, von hoher Materialqualität und wird mit Liebe zum Detail sorgfältig gefertigt. Aufgrund dieses hohen Qualitätsstandards, der unter anderem durch ein DIN-zertifiziertes Qualitätsmanagementsystem belegt ist, gibt Dusyma auf seine Möbel bei sachgemäßer Beanspruchung fünf Jahre Garantie auf Material und Verarbeitung.

Auch das Spielzeug des Hauses ist auf seine Sicherheit geprüft. Die europäische Spielzeug-Norm DIN EN 71 Teil 1–3 ist Grundlage für Produktion und Auswahl, jedes Teil wird strengstens auf Unbedenklichkeit getestet.

Schon viele Spielzeuge aus der langen Geschichte von Dusyma sind für ihre Qualität und Kreativität preisgekrönt worden. Sie bekamen renommierte Preise wie das Goldene Schaukelpferd oder den Deutschen Lernspielpreis verliehen und werden regelmäßig mit dem spiel gut-Siegel ausgezeichnet. Doch eine noch größere Ehrung war für das Unternehmen die Ausstellung des patentierten Dusyma-Steckbausteins im Deutschen Museum. Der Dusyma-Baustein ist weltweit bekannt und ziert auch das Logo des Unternehmens. Und wer bei seinem Besuch im Kindergarten nur ein wenig sucht, wird ihn gewiss auch heute noch finden – in der Baukiste oder fein eingeräumt in die kleinen Möbel für kleine Leute.

ADRESSE | AUSZEICHNUNGEN

DUSYMA KINDERGARTENBEDARF GMBH
Haubersbronner Straße 40
73614 Schorndorf
www.dusyma.de

„Das Goldene Schaukelpferd", Platz 1 Kategorie: Für Künstler und Baumeister für Magischer Märchenwürfel, Familie & Co und Deutscher Verband der Spielwaren-Industrie (DVSI) , 2010
„spiel gut" für Lumi-Lichtbausteine, 2009
„Deutscher Lernspielpreis" für Schatten-Bauspiel, 2004
„spiel gut" für Schatten-Bauspiel, 2004

EASYWALKER

Noch bevor ihr Kind das Licht der Welt erblickt hat, machen sich seine Eltern schon Gedanken über den richtigen Kinderwagen. Die Ansprüche sind hoch: Er sollte sich gut verstauen lassen, jeden Spaß mitmachen und dabei praktisch und flexibel sein. Mütter, die vergeblich versuchen, mit sperrigen Kinderwagen durch enge Supermarktgassen zu kurven oder den schweren Wagen eine Treppe hochzutragen, können hiervon ein Lied singen. Das muss nicht sein, dachte sich der easywalker-Gründer René Floore. Inspiriert von den amerikanischen Joggern begann der frühere Metzger 1989 ein eigenes innovatives Konzept in den Niederlanden einzuführen. Mit Intuition, einem großen Maß an handwerklichem Geschick und einer ordentlichen Portion Unternehmertum brachte er den easywalker „classic" auf den Markt. Der erste dreirädrige Kinderwagen in Europa überzeugte durch sein einfaches und sportliches Design sowie die robuste und solide Verarbeitung. So wurde der easywalker bereits nach kurzer Zeit zu einem echten Verkaufsschlager. Endlich gab es einen Kinderwagen, der nicht nur alle technischen Herausforderungen meisterte, sondern auch qualitativ überzeugte und mit extravagantem Design beeindruckte. Dank der 12-Zoll-Reifen mit Aluminiumfelge ist der easywalker überall gut unterwegs: Wendig und geschickt in der Stadt, meistert er gleichzeitig auch jedes Schlagloch und jeden Feldweg ohne Probleme. Besonders wichtig ist Flexibilität bei einem Kinderwagen jedoch in Bezug auf die Größe. Denn der Nachwuchs wächst und entwickelt sich gerade in den ersten Jahren besonders schnell. Deshalb lassen sich auf dem Grundrahmen des easywalkers wahlweise die Babytragetasche, ein Kindersitz oder der Buggysitz befestigen. Somit ist er für Kinder von 0 bis 5 Jahren geeignet. Im Jahr 2003 kam es zu einer Rundumerneuerung der beliebten Kinderwagen. Neuste technische und Sicherheitsstandards wurden umgesetzt, außerdem erhielt der „classic" einige praktische Accessoires. 2006 wurde die easywalker Produktlinie um zwei weitere Modelle ergänzt – den „sky" und den „duo" – die beide mit ihrer Funktionalität überzeugen. So besitzt der „sky" ein um 360 Grad drehbares Frontrad, ein Einkaufsnetz, ein besonders leichtes Aluminium-Gestell sowie einen höhenverstellbaren Griff. Der „duo" ist für Zwillinge oder Geschwisterkinder gedacht. Je nach Bedarf können die Sportsitze, die Babyschalen oder sogar zwei Autositze auf dem Gestell befestigt werden. Dabei lassen sich beide Seiten getrennt voneinander in vier verschiedene Positionen bewegen. Seit 2009 ergänzt der vierrädrige „qtro" das Produktportfolio von easywalker. Die Premiere des „june" in 2011 bringt eine ultraleichte und kompakte Weiterentwicklung von easywalker. Je nach Verwendung mit entweder Autositz, Babywanne oder Sportsitz wiegt der hochbelastbare „june" nur 7,5 bis 9 kg. Durch seine Luftbereifung hat er alle Vorteile eines vollwertigen Kinderwagens. Alle Kinderwagen sind mit nur wenigen Handgriffen so klein zusammengefaltet, dass sie problemlos in jedes Auto passen. Mit ihren Gute-Laune-Farben sprühen die Wagen nicht nur die typisch kindliche Lebensfreude aus, sondern bieten gleichzeitig einen Platz, in dem sich Babys und Kleinkinder wohl- und sicher fühlen können. Denn bei allen technischen Finessen steht bei easywalker der Komfort des Kindes an erster Stelle – getreu dem Leitsatz „form follows function", Form folgt Funktion. So haben die easywalker Kinderwagen doppelte Schweißnähte an allen entscheidenden Stellen, einen automatischen Sicherheitsverschluss sowie extragroße gepolsterte Sitze. Neben der Qualität legt das Unternehmen großen Wert darauf, umweltverträgliche und nachhaltige Lösungen anbieten zu können. Daher sind Kunststoffkomponenten an den Wagen auf ein Minimum reduziert. Beheimatet ist easywalker im niederländischen Weesp. Mit zehn Mitarbeitern vertreibt die Firma von dort aus ihre kultigen Kinderwagen in 22 Ländern. Funktional, innovativ, wunderschön – das sind die Kriterien, mit denen easywalker 1998 und 1999 den französischen Designpreis „La Timbale de l'innovation" gewann. Dank ihres modernen Designs haben sich die Produkte außerdem einen Platz im Museum Boymans von Beuningen erkämpft. Bis heute ist der easywalker ein Phänomen der Gegensätze: robust und leicht; groß und zusammengeklappt klein; ein Designobjekt, das im Museum steht, und trotzdem alltagstauglich. Kurzum: Ein Kinderwagen, mit dem Eltern und Kinder sämtliche Abenteuer des Lebens genießen können!

ADRESSEN

PAMPER 24 GMBH & CO. KG
Gewerbestraße 33
79227 Schallstadt
www.pamper24.de

EASY WALKER bv
Flevolaan 15 c, 1382 JX
PO Box 138, 1380 AC
NL-Weesp
www.easywalker.nl

ELEFANTEN

Der Elefant als Symbol für Robustheit und Verlässlichkeit – und als Markenzeichen für Kinderschuhe, die diese Erwartungen erfüllen: Robust überstehen sie alle Erkundungsgänge der Kleinen, und gleich einer dicken Elefantenhaut schützen sie den zarten Kinderfuß vor Schmutz, Kälte oder Unwegsamkeiten, ohne dabei jedoch den zur Kräftigung der Muskulatur so wichtigen Bewegungsfreiraum zu beeinträchtigen. Denn getreu der Elefanten-Schuhphilosophie „So viel Schutz wie nötig, so viel Freiheit wie möglich" soll das Laufen in den Kinderschuhen dem Barfußlaufen möglichst ähnlich sein, um eine optimale Entwicklung zu gewährleisten. Dies ist ein wichtiger Beitrag zur Gesundheit, auch des später Erwachsenen, bedenkt man, dass 98 Prozent der Kinder mit gesunden Füßchen auf die Welt kommen, aber zwei Drittel der Füße Erwachsener krankhafte Veränderungen aufweisen. Und diese Verantwortung übernimmt Elefanten nun schon seit über 100 Jahren. Die Wurzeln der Marke reichen allerdings noch weiter zurück: Im Jahre 1896 gründete der 24-jährige Gustav Hoffmann zusammen mit seinem Schwager im rheinischen Kleve die Kinderschuhfabrik „Pannier & Hoffmann". Vier Jahre später führte diese Fabrik eine Neuheit in der Kinderschuhproduktion ein: Erstmalig wurden serienmäßig linke und rechte Schuhe hergestellt. Vorher blieb es dem Kinderfuß selbst überlassen, sich den Schuh „zurechtzubiegen". Nach der beruflichen Trennung der beiden Gründer eröffnete Gustav Hoffmann 1908 unter seinem Namen eine eigene Fabrik und legte so den Grundstein für das heutige Unternehmen. Hoffmann zeigte großen Einsatz für kleine Füße und forschte beständig daran, Schuhe und Tragekomfort weiter zu optimieren. 1935 starb der verdienstvolle Firmengründer und sein Unternehmen ging in den Freudenberg Konzern über. Die Marke hatte sich zwischenzeitlich als Europas führender Hersteller für Kinderschuhe etabliert und ist es bis heute geblieben: Gehört doch der 1964 erstmalig produzierte Lauflernschuh „Elefanten el chico" zu den weltweit meistverkauften. Zehn Jahre später wurde zudem unter maßgeblicher Mitwirkung von Elefanten das WMS – Weiten-Maß-System eingeführt. Dieses System ermöglicht eine Herstellung von Kinderschuhen in drei Weiten. Heute gehört die Marke Elefanten der Deichmann-Gruppe, die sie ganz im Sinne der Gründerväter weiterführt. Das Ergebnis von mehr als 100-jähriger Forschung ist heute eine herausragende Kompetenz bei Kinderschuhen. Darüber hinaus bietet Elefanten vom Lauflern- über das Kindergarten- bis zum Schulalter für jede Entwicklungsstufe den passenden Schuh an. Innovative, flexible Sohlenkonstruktionen, hochwertige Leder und eine optimale Passform unterstützen die natürlichen Bewegungsabläufe und die gesunde Entwicklung des Fußes. Diese Ausstattungselemente sind die Mindestanforderungen, die Elefanten an Kinderschuhe stellt. Weitere Spezialsysteme wie z. B. „elefanten IQ" bieten dem Kinderfuß weitere Vorteile. Dass die Schuhe nicht nur bei gesundheitsbewussten Eltern beliebt sind, sondern auch bei den Kids, ist der fortschrittlichen Einstellung bei Elefanten zu verdanken: Man ist sich dort durchaus bewusst, dass Kinder schon früh ein ausgeprägtes Bewusstsein für modische Aktualität haben. Aus diesem Grund beschäftigen sich die Designer der Traditionsmarke intensiv mit jungem Design, um so die Wünsche der kleinen Kunden erfüllen zu können. Elefanten Schuhe unterstützen ab den ersten eigenen Schritten die körperliche Entwicklung der Kinder. Die eigene Welt entdecken – Schritt für Schritt seinen Radius erweitern und sich seinen Alltag aktiv, bunt und positiv gestalten. Mit Schuhen von Elefanten ausgestattet, geht der kleine Mensch auf eigenen – noch wachsenden – Füßen in jeder Form einer gesunden Entwicklung entgegen.

ADRESSE

DEICHMANN SE
Deichmannweg 9
45359 Essen
www.deichmann.com

ERGOBABY

In den ersten Lebensjahren begreift das Kind die Welt. Vom ersten Tag an entdeckt es Neues und Spannendes und will sich immer wieder der Nähe und Liebe seiner Eltern versichern. Längst ist es erwiesen, dass diese ersten Jahre den Grundstein legen für Vertrauen und Stärke, für Gefühl und Intelligenz. Und längst sind sich Experten aus Medizin, Psychologie und Pädagogik einig, dass Eltern viel dazu beitragen können, diese Chancen zu nutzen, und zwar mit dem natürlichsten Verhalten, das rund um den Erdball Eltern und Babys in allen Kulturen gleichsam pflegen: dem körpernahen Tragen des Kindes. Schon nach der Geburt wünscht sich das Baby nur eines, nämlich den vertrauten Herzschlag der Mutter zu spüren und umhüllt zu werden von Körpernähe und Stimme. Und wenn diese Sehnsucht erfüllt und darüber hinaus die natürliche Haltung des Babys – nämlich runder Rücken und Anhock-Spreiz-Haltung – beachtet werden, dann sind das beste Voraussetzungen für eine gesunde frühkindliche Entwicklung. Ebendiese Synthese aus Geborgenheit und Gesundheit vereint die Idee von ERGObaby – dem Erfinder der ergonomischen Komforttrage.

Seit 2002 entwickelt die ERGObaby Carrier Inc. mit Sitz auf Maui, Hawaii, ergonomische Babytragen, damit Babys sich von Anfang an getragen, geschützt, behütet fühlen und damit sie ihre Welt mit elterlicher Nähe erforschen können – von Null bis vier Jahren. Mit hochwertigen Materialien, aufwendiger Verarbeitung, mit nützlichem Zubehör und ansprechendem Design setzen die ERGObaby Komforttragen Maßstäbe – seit rund zehn Jahren und in 50 Ländern.

Hochwertige kbA-Baumwolle bei den Modellen der Organic-Linie, ausgeklügelte Polsterungen und innovativer Materialmix bei den neuen Performance-Modellen ermöglichen eine für verschiedenste Bedürfnisse passgenaue Auswahl. Zu diesem Anspruch summiert sich die medizinische Komponente: Denn Experten sind sich einig, dass das Tragen in der natürlichen Anhock-Spreiz-Haltung eine gesunde Entwicklung der Hüften und der Wirbelsäule fördert: Mit jedem Tragen des Babys verbessert sich der Tast-, Geruchs- und Gleichgewichtssinn, verknüpfen sich Synapsen im Gehirn, stärkt sich das gesunde (Selbst-)Vertrauen in die Welt. Um diese gesamte Bandbreite der Trage-Vorteile von der ersten Stunde an zu nutzen, erweitert ERGObaby ständig das Portfolio, um den wissenschaftlichen Anforderungen gerecht zu werden und immer wieder neue Standards zu setzen: Eine verkleinerte Sitzfläche gibt dem Rücken Halt, das softe Tragegewebe unterstützt die natürliche Rundung des Rückens, die integrierte Kopfstütze schützt das Baby und ein Sichtschutz ermöglicht ungestörtes Stillen, auch unterwegs – für eine liebevolle Rundumversorgung.

Dass die Erfolgsgeschichte, die mit dem Modell Original Carrier begann, sich stetig fortsetzt, dass immer mehr Eltern von der Natürlichkeit und Sinnhaftigkeit des Tragens überzeugt sind, dafür arbeiten die Mitarbeiter von ERGObaby mit Passion und Engagement. ERGObaby legt als Mitglied der Fair Labor Association Wert auf eine gesunde Work-Life-Balance und betont mit dieser Haltung die Unternehmenskultur, die aus der Kompetenz und Lebenszufriedenheit der Mitarbeiter hervorgeht. Beste Produkte entstehen durch Leidenschaft und Forschung. Beides vereint sich in der Philosophie von ERGObaby. Die frühkindliche Entwicklung zu fördern, das ist ein Kernanliegen des Unternehmens. Dafür investiert ERGObaby viel, in Forschungen, in Projekte, in einen regen Austausch mit Experten und dadurch in wieder neue Innovationen. Vielfach zertifiziert und ausgezeichnet ist ERGObaby heute weltweit erfolgreich: Egal in welchem Land dieser Erde ein Kind geboren wird, wichtig für einen gesunden Start ins Leben sind Liebe, Zuwendung, Körperkontakt – und das ergonomisch richtige Tragen.

ADRESSE | AUSZEICHNUNGEN

ERGObaby Europe GmbH
Gotenstraße 12
20097 Hamburg
www.ergobaby.eu

Zertifikat TÜV/GS geprüfte Sicherheit
Organic Cotton Fair Labor certified für alle Produkte, Fair Labor Organization, 2011
„Empfehlung" für Original Carrier von kidsgo (Familienmagazin), Oktober 2010

ERGOBAG

„Jetzt fängt der Ernst des Lebens an!", sagten die Leute früher gerne zu den 6-Jährigen mit den Schultüten in der Hand. Heute geht die moderne Grundschule zwar viel spielerischer und behutsamer mit den neu Eingeschulten um, doch eines ist immer noch wahr: Das Leben eines Kindergartenkinds ändert sich drastisch. Früher aufstehen, pünktlich da sein und an Hefte, Bücher, Pausenbrot und die Hausaufgaben denken – das alles wird jetzt gefordert. Liebevolle Eltern versuchen natürlich, ihren Nachwuchs in die neue Ära zu begleiten, auf die neue Zeit vorzubereiten und dementsprechend auszustatten.

Dazu gehört die Wahl der richtigen Schultasche. Und für so manche Eltern-Kind-Kombination stellt diese Aufgabe eine große Herausforderung dar. Schließlich prallen hier manchmal unterschiedlichste Ansprüche aufeinander: Möglichst ergonomisch, rückenschonend und sicher wollen es die Eltern, während für die Kinder eindeutig die Ästhetik im Vordergrund steht. Und hier kommt der ergobag ins Spiel. Der neuartige Schulrucksack kombiniert das Ergonomiekonzept innovativer Wanderrucksäcke mit all dem, was eine Schultasche leisten muss: Hefte und Bücher sind geschützt und alles hat seinen Platz und seine Ordnung. Entwickelt wurde der ergobag in Zusammenarbeit mit Orthopäden sowie Physiotherapeuten der Universität Marburg. Ein wesentlicher Bestandteil sind sein Brust- und Hüftgurt sowie die breiten Hüftstützen, außerdem die an die Länge des Kinderrückens anpassbare Trägeraufhängung. Dies ist enorm wichtig für eine optimale Gewichtsverteilung. So sorgt der rückenfreundliche ergobag für eine Verlagerung des Gewichts von der Schulter- und der oberen Rückenpartie auf das stabile Kreuzbein. Dieses ergonomische Konzept wird zusätzlich durch einen Tunnelzug unterstützt, mit dem der Rucksack geschlossen wird. Dieser schiebt die Bücher und Hefte eng am Rücken zusammen, platziert das Gewicht nah an der Wirbelsäule und reduziert so die Hebelwirkung. Eine Aluminiumschiene stabilisiert und verleiht der Rückenpolsterung die ergonomische Passform. So viel zu den wichtigsten Wünschen der Eltern. Um den ergobag aber auch für Kinder attraktiv zu machen, haben sich seine Erfinder noch etwas Besonderes einfallen lassen: Jeder Rucksack kann mit individuellen Stickern mit Klett-Verschluss, den sogenannten Kletties, verziert werden. Derzeit gibt es zwölf Sets mit jeweils sechs Motiven von Dinos oder Autos bis zu Prinzessinnen, die ganz nach Laune auf dem ergobag verteilt werden können. Wer es noch individueller mag, kann sich sogar eigene Kletties über einen internetbasierten Service selber gestalten und nach Hause schicken lassen.

Entwickelt und vertrieben wird der innovative Rucksack von der ergobag GmbH mit Sitz in Köln, einem jungen Start-up, das erst seit März 2010 auf dem Markt vertreten ist. Seine Gründer Sven-Oliver Pink und Florian Michajlezko konnten dank eines überzeugenden Business-Plans ein Existenzgründerstipendium des Bundeswirtschaftsministeriums und der EU gewinnen – der Grundstock für ihr Unternehmen. Heute hat ergobag schon 12 Mitarbeiter und konnte bislang rund 600 Fachhandelsgeschäfte in Deutschland, Österreich und der Schweiz überzeugen, den neuen Rucksack ins Programm zu nehmen. Die Auszeichnung mit dem renommierten reddot design award 2011 in der Kategorie Produktdesign hilft hier gewiss auch bei der Argumentation.

Neben der durchdachten Ergonomie und dem ausgezeichneten Design des Produkts besticht es auch durch seine Nachhaltigkeit. So werden alle ergobag-Stoffe aus gebrauchten PET-Flaschen hergestellt. Das verringert die Umweltbelastungen im Herstellungsprozess enorm. Im Vergleich zu herkömmlichen Produktionsweisen werden die Abwassermenge um 20 Prozent, der Energieverbrauch um 50 Prozent und die Schadstoffemissionen um 60 Prozent gesenkt. Alle Bestandteile wurden vom TÜV Rheinland als unbedenklich getestet. So vereint der ergobag die Wünsche aller Familienmitglieder – und lässt die stolzen Schulkinder mit gesundem Rücken in eine aufregende neue Zeit gehen.

ADRESSE | AUSZEICHNUNGEN

ERGOBAG GMBH
Subbelrather Straße 186
50823 Köln
www.ergobag.de

„reddot design award" für ergobag, 2011

FALKE

F A L K E Wer wüsste neben den Müttern besser darüber Bescheid, was für Kinder gut ist, als ein Familienunternehmen? Dessen Zukunft hängt immer von der Zukunft der Kinder ab. So war und ist es auch bei FALKE, einem Familienunternehmen, das in vierter Generation von Mitgliedern der Familie geführt wird. Franz Peter Falke und Paul Falke stehen für diese Kontinuität und für das Bewusstsein, dass bereits Kinder erfahren müssen, was Qualität bedeutet, dass Kinder langsam, aber beständig lernen, woran man Qualität erkennt.

Das Familienunternehmen FALKE, inzwischen mehr als 115 Jahre alt, hat sich schon lange zu einer Marke entwickelt. „Wir stehen für Qualität um ihrer selbst willen und wir stehen für Zeitlosigkeit, Modernität und ständige Innovation!" Das ist die Kernbotschaft der FALKE Familie, eine Botschaft, die immer wieder neu mit Inhalt gefüllt wird. FALKE in vierter Generation, das heißt Entwicklung vom Handwerk zur Manufaktur, von der Manufaktur zur Industrie, vom nationalen Unternehmen zum internationalen. FALKE ist ein weltweiter Garant für Hochwertigkeit und für hohe Ansprüche an die Ästhetik der Beinbekleidung. Socken und Kniestrümpfe, Fein- und Strickstrumpfhosen und viele andere Accessoires sind unverzichtbarer Bestandteil eines hochwertigen Bekleidungsstils. Daran arbeiten bei FALKE mehr als 3000 Mitarbeiterinnen und Mitarbeiter, mehr als 1000 von ihnen in Deutschland. Eigene Flagship-Stores am Berliner Kudamm und in Ascona, rund 100 Shop-in-Shops im hochwertigen Fachhandel, das zeichnet eine Marke aus, die für Damen, Herren, Sportler und die Kinder unverzichtbar ist. Hinzugekommen ist die Marke Burlington, ein Klassiker, der wegen seiner zeitlosen Muster nun auch zum Klassiker für Kinder werden kann.

Brauchen Kinder Marken? Welche Frage! Kinder lernen durch Markenprodukte ganz früh, welche Einzelheiten Qualität ausmacht: Fühlen sich Socken oder Kniestrümpfe gut an, erfüllen sie ihre Funktion, wärmen sie, helfen sie, schwitzige Füße zu vermeiden, rutschen sie oder passen sie ganz einfach? Aber auch: Sehen sie gut aus, stimmen Farben und Muster, passen sie zu anderer Kleidung, haben sie keine störende Naht am dicken Zeh, lösen Sie Freude aus und Fröhlichkeit, ein Lachen – schlicht und einfach gute Gefühle? Merken das Kinder überhaupt? Kinder finden sich wieder in der FALKE Welt, ob als „Flower Girls", als „Little Bandits" als „Romantic Country Girls" oder im „Junior Race Club". Eine Welt froher Farben und eine Welt der Zeichen und Bilder, witzig, pfiffig, frech, verspielt und träumerisch. Eine Welt mit Anspruch, die sich trotzdem schnell erschließt. Eine kindgerechte Welt, in der es dazugehört, zu toben und zu matschen, mal wild zu sein und mal ganz ruhig.

Kindgerechte Produkte, deren Nutzen nicht aufdringlich mitgeteilt werden muss, sondern der sich selbst erschließt: FALKE Stopper-Socken, sie stoppen eben und Kinder rutschen nicht weg. FALKE „kids active" unterstützt Kinder in Bewegung, durch ergonomische Produkte, die sich Bewegungsabläufen anpassen und sie aktiv unterstützen, die Feuchtigkeit vom Körper wegführen und dafür sorgen, dass Kinder sich im Spiel ganz einfach wohlfühlen.

Das Beste ist auch und gerade für Kinder gut genug. Produkte müssen höchste ökologische Standards erfüllen, nicht weil es „im Trend liegt", sondern weil nur so höchste Qualitätsansprüche erfüllt werden können. Diese Ansprüche verlangen ganzheitliches Denken: naturnahe Materialien, schonenden Umgang mit diesen Materialien, Denken in Kreisläufen als Ausdruck verantwortlichen Umgangs mit der Natur. Diese Philosophie hat in der FALKE Kinderwelt einen Namen: FALKE „Natural Steps": Die ersten und alle weiteren Schritte werden in Söckchen aus Baumwolle zurückgelegt, die nach dem strengen Global Organic Textile Standard (GOTS) zertifiziert sind: Er garantiert die Einhaltung höchster ökologischer Standards in der gesamten Produktionskette und ist Voraussetzung für eine Zukunft, die nach neuen Maßstäben gestaltet wird. Es gilt achtsam zu sein gegenüber den Kindern und der Umwelt, in der sie aufwachsen.

ADRESSE | AUSZEICHNUNGEN

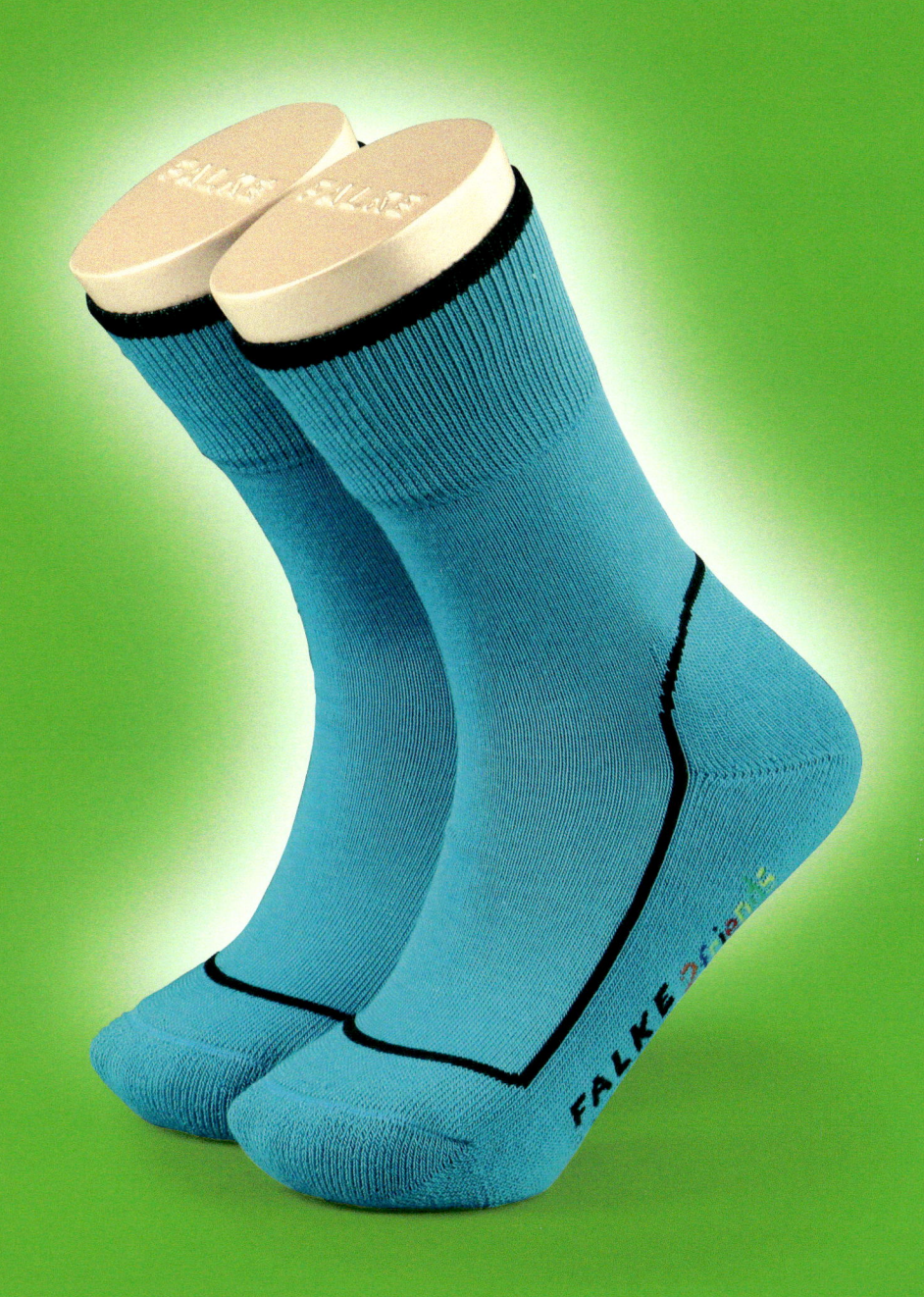

FALKE KGAA
Oststraße 5
57392 Schmallenberg
www.falke.com

Oeko-Tex® Standard 100 für alle Falke-Produkte

FEM* – ONE2STAY

Kinder wollen dabei sein. Immer – und natürlich am besten auf Augen- oder zumindest Tischhöhe mit den Großen. Zu Hause ist das meist kein Problem, unterwegs aber schon. So sind Reisende in Restaurants, Hotels oder Ferienwohnungen auf die Gnade des Angebots angewiesen – oder müssen die lieben Kleinen doch wieder die ganze Zeit auf dem Schoß haben. Die große Frage beim Betreten eines jeden Etablissements: Gibt es hier überhaupt Hochstühle? Und wenn ja, ist noch einer frei und in annehmbarem Zustand? Solche Erfahrungen machte die Niederländerin Femmy Weppelman auch, als ihr Sohn mit Enkelkind sie an ihrer Urlaubsadresse besuchte. Anders als die meisten Reisenden beließ sie es aber nicht dabei, sich über den Mangel zu beklagen. Erst recherchierte sie lang, ausführlich und letztendlich erfolglos im Internet. Dann wurde ihr klar, dass sie ihre Idee selbst umsetzen musste. Das tat sie mit Unternehmergeist und Engagement. Das Ergebnis einer ausdauernden Suche nach einem geeigneten Produzenten und einem darauf folgenden ausführlichen Design- und Optimierungsprozess von verschiedenen Prototypen wurde erstmals im Oktober 2008 präsentiert. Sein Name ist One2Stay: ein faltbarer Hochstuhl für Babys und Kleinkinder ab einem halben Jahr. Er ist nur rund zwei Kilogramm leicht, er ist schnell ein- und auszuklappen und er bietet stabilen, komfortablen Halt für kleine Be-Sitzer bis zu einem Gewicht von 15 Kilogramm. Sein Rahmen und Gestell sind aus leichtgewichtigem und pflegeleichtem Aluminium und binnen Sekunden zusammengefaltet und im dazugehörigen Tragesack verstaut. Ideal nicht nur zum Mitnehmen, auch können beispielsweise Großeltern den One2Stay bei Bedarf schnell hervorzaubern und nach Besuchsende wieder staubsicher und platzsparend verstauen. Der Sitz des Hochstuhls ist aus Polyester. Von daher ist er wasserfest und mit einem feuchten Tuch leicht abzuwischen. Bei hartnäckigeren Verschmutzungen – die seine kleinen Benutzer gelegentlich gerne verursachen – lässt sich der Sitz bequem abnehmen und kann dann unter fließendem Wasser mit einer weichen Bürste gereinigt werden. Schon sieht er wieder frisch und einladend aus. Die Interessenten für den One2Stay können zwischen vier trendgemäßen Farben wählen, nämlich den beiden Klassikern Aqua Blue und Pink und daneben auch Silver Metallic oder Black. Seit dem Vertriebsstart im Oktober wurde der One2Stay noch zweimal weiter verbessert. Die aktuelle Version ist seit Februar erhältlich und hat schon den „Oscar der niederländischen Babybranche", den Baby Innovation Award in der Kategorie Travel & Safety auf der niederländischen Fachmesse „Negenmaandenbeurs", gewonnen. Die Erfinderin Femmy Weppelman gründete für die Herstellung und den Vertrieb des One2Stay ihre eigene Firma mit dem Namen Fem*, oder in der Langform Fem Star. Als junges Unternehmen mit einem Fokus auf Innovationen im Kleinkind- und Babybereich beobachtet Fem* aufmerksam das tägliche Leben von und mit der jungen Zielgruppe. Der One2Stay steht als Paradebeispiel für eine Produktentwicklung, die sich eng am Bedarf orientiert. Er soll nicht nur jungen Familien oder etwa deren Großeltern das Leben erleichtern, indem er sie überallhin begleitet. Er bietet sich auch als effiziente Alternative für Restaurants, Hotels oder Ferienanlagen an. Gäste können den One2Stay schnell und unkompliziert ausleihen oder in ihr Zimmer oder Haus gebracht bekommen. Wird er nicht benötigt, nimmt er dank seiner Faltbarkeit deutlich weniger Lagerraum in Anspruch als seine hölzernen Vorreiter. Auch das Personal bedankt sich für weniger Anstrengung beim Bewegen der Stühle. So ist es Femmy Weppelman zu verdanken, wenn der Familiennachwuchs von nun an auch auswärts immer im eigenen Stuhl mit am Tisch sitzen kann und am gemeinsamen Essen sowie – mindestens genauso wichtig – der gemeinsamen Kommunikation teilnimmt. Ob er oder sie überhaupt schon sprechen kann, ist zweitrangig. Hauptsache, man ist als vollwertiges Familienmitglied mit dabei – und garantiert im Zentrum der Aufmerksamkeit.

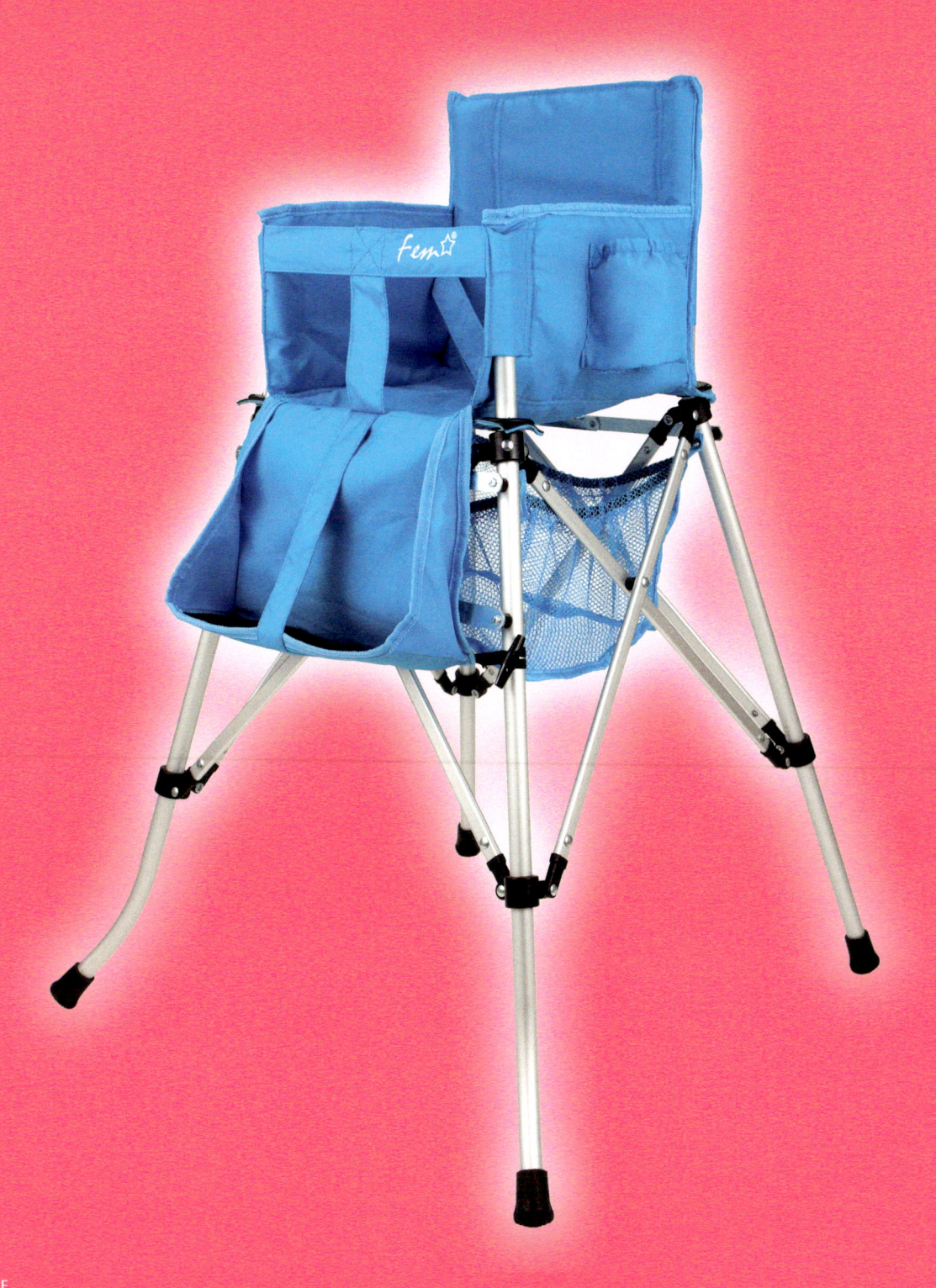

ADRESSE

FEMSTAR INNOVATING IDEAS
Magnolia 10
NL-3904 LL Veenendaal
www.fem-star.com

FINKID

Raus in den Wald, ab ans Wasser und quer durch den Matsch. Das sollte die Tagesaufgabe für Kinder sein, am besten jeden Tag. Denn draußen in der Natur zu sein, hält nicht nur gesund und aktiv, sondern fördert auch Kreativität und Selbstbewusstsein, so die einhellige Meinung vieler Pädagogen. Für Zehntausende von Jahren war es selbstverständlich, dass der Nachwuchs im Freien spielte – und sogar wir selbst waren vermutlich mehr draußen, als viele Kinder es heute sind. Weniger grüner Freiraum in der Nähe und gleichzeitig mehr organisierte Freizeitangebote sind hier einige der Ursachen. Und doch – wenn wir wollten, könnten wir auch unsere Kinder mehr nach draußen schicken.

Wer uns dabei hilft? Die Finnen. Oder genauer: finkid. Inspiriert von ihrem Heimatland Finnland, seiner großen Naturverbundenheit und Weite, gründete Annika Rendel mit ihrem Partner Tobias Voigt im Jahr 2002 ihr Label für Outdoor-Mode ausschließlich für Kinder. Der Grundgedanke macht finkid einzigartig: Denn hier werden keine Erwachsenen-Kollektionen auf Kinder heruntergebrochen, wie es bei anderen Outdoor-Firmen üblich ist. Die finkid-Kleidung wird speziell auf die Bedürfnisse von Kindern und ihren Eltern zugeschnitten. Sie ist fröhlich und zeitlos, sie spielt mit und unterstützt Kinder in ihrer Entwicklung und Bewegungsfreude. So fühlen sich Kinder beim Tragen und Erwachsene beim Zugucken wohl.

Die Kollektionen der Marke mit dem Bärenlogo zeichnen sich durch schlichtes, aber freundliches Design und große Funktionalität aus. Das gilt für die knieverstärkte Zip-Hose, die schnell von der langen Hose zur Bermuda oder Shorts, wird ebenso wie für den wasserfesten Mädchenparka mit der Konturkapuze und dem geringelten Jerseyfutter und auch für den Zwergen-Schlupfoverall mit dem niedlichen Namen Nukupuku. Nur drei Beispiele aus der umfangreichen Produktpalette, die sich an Kinder zwischen 6 Monaten und 10 Jahren richtet. Als Kernzielgruppe gelten die Zwei- bis Siebenjährigen, denn sie sind für finkid die eigentlichen Outdoor-Aktiven, die ihre Kleidung aufs Härteste beanspruchen. Für jede neue Kollektion begibt sich das finkid-Team auf Augenhöhe mit der Zielgruppe. Praktischerweise sind die Firmengründer auch privat ein Paar und haben drei eigene Kinder als Beobachtungsobjekte, die für ein garantiert authentisches Feedback sorgen. Ihre Erfahrungen im Spiel in der Natur und im urbanen Lebensraum fließen direkt in die Kleidungsstücke ein. Deren Materialien werden entsprechend nach Griff, Optik und vor allem Funktionalität ausgewählt, natürlich immer mit dem neuesten Stand der Entwicklung im Blick. Unkomplizierte Stoffe, die waschbar, schnell trocknend sowie schmutz- und wasserabweisend sind, werden bevorzugt. Grundsätzlich werden alle finkid-Produkte von international anerkannten und unabhängigen Instituten nach definierten Verfahren auf Schadstoffe geprüft. Bei der Vergabe von Produktionsaufträgen hat finkid aber nicht nur Qualitäts-, sondern auch Sozial- und Moralstandards im Blick und überprüft die Einhaltung durch Kontrollen durch eigene Mitarbeiter vor Ort.. Bislang vertreibt finkid seine Outdoor-Mode in Deutschland, Österreich, der Schweiz, Belgien und den Niederlanden über eigene finkid-Stores, in Outdoor-Fachgeschäften und Kinderläden sowie über diverse Onlineplattformen und den eigenen Onlineshop.

Dass das Unternehmen Wald- und Waldorfkindergärten mit einem Schwerpunkt auf das Spielen in der Natur bei Wind und Wetter unterstützt, ist für beide Seiten sinnvoll. Die Kindergärten bekommen finkid-Bekleidung gratis zur Verfügung gestellt, um sie Kindern bei Bedarf als Wechselsachen anbieten zu können. finkid bekommt im Gegenzug wertvolles Feedback von Einrichtungen, deren Kinder garantiert fünf Tage in der Woche für extreme Testbedingungen sorgen. Bessere Erfahrungsberichte für die Produktoptimierung kann man als Outdoor-Spezialist für Kinder kaum bekommen. Und den Eltern bleibt die Gewissheit, dass die von außen völlig verdreckten Sprösslinge, die sie nachmittags zurückbekommen, innen gut geschützt, trocken und warm sind. Und glücklich und zufrieden sowieso.

ADRESSE

FINKID GMBH
Berliner Straße 46
10713 Berlin
www.finkid.de

FISHER-PRICE

Wer könnte ein besserer Experte für ein zu testendes Spielzeug sein als ein Kind? Folgerichtig setzten die beiden Gründer eines kleinen Unternehmens in East Aurora, New York, von Anfang an auf diese geniale Strategie. Herman G. Fisher und Irving L. Price gaben ihren Mitarbeitern Spielzeug für Praxistexts mit nach Hause. 1961 systematisierten sie diese Methode und eröffneten das weltweit erste Spielzeug-Forschungscenter – einen Ort, an dem die Alltagstauglichkeit neuer Produktideen überprüft werden konnte, während die Kinder mit den Produkten spielten. Auf diese Weise nahm Fisher-Price eine weltweite Vorreiterrolle in der Spielzeugindustrie ein.

Was 1931 angefangen hatte mit der bahnbrechenden Idee, mit in Formen, Farben und Funktionen neuartigen Spielzeugen Kindern zu ermöglichen, die Welt zu begreifen, wurde zur Erfolgsgeschichte. Heute sind pro Jahr rund 2.000 Kinder an den Entscheidungsprozessen für neue Produkte beteiligt. Getreu dem Motto „das richtige Spielzeug zur richtigen Zeit" entwickelte Fisher-Price für die verschiedenen Entwicklungsstufen Spielzeugklassiker, die oftmals sogar von Generation zu Generation weitergegeben wurden.

Nachdem man 1931 mit den „16 Hopefuls" auf einer Spielzeugmesse erschienen war – die damals mit auftretende Ente Dr. Doodle wird heute zu enormen Sammlerpreisen gehandelt –, kam mit Snoopy Sniffer (1938) ein bahnbrechender Erfolg. Der Nachzieh-Hund mit dem authentischen Aussehen wurde trotz Wirtschaftskrise so gut verkauft, dass man mit der Produktion kaum nachkam. In den 50er-Jahren setzte Fisher-Price auf das innovative Material Plastik, mit dem sich buntere und langlebigere Produkte gestalten ließen. Legendär ist etwa das freundliche Plapper-Telefon, ein Spielzeug ganz nach dem Leitspruch „spielen, lachen, wachsen" und das perfekte Vorschulspielzeug – ein Begriff, den die Mutter von Herman G. Fisher in den Anfängen benutzte und der bis heute die Zielgruppe für die Produkte von Fisher-Price deutlich beschreibt.

Besonders erfolgreich wurde auch der Safety School Bus von 1959, dessen herausnehmbare Figuren eine ganze Reihe weiterer Spielsets nach sich zogen, die alltagsrealistische Szenarien vom Bauernhof über die Schule bis hin zur Werkstatt abbildeten. Dieses Konzept ging in den 80er-Jahren in die beliebte Serie der „Little People" über. Gerade hier zeigt sich die Kreativität der Spielzeuge des Unternehmens, die Raum bieten für die Entwicklung der Fantasie ebenso wie der kognitiven Fähigkeiten und so den Kleinen spielerisch die Eroberung ihres Platzes in der Welt ermöglichen. In den 80er-Jahren entschloss sich Fisher-Price zur Portfolioerweiterung: Hochstühle, Wippen oder Babyschaukeln stellten nunmehr auch auf die Eltern als Zielgruppe ab, und das rasante Wachstum der Firma im darauf folgenden Jahrzehnt bestätigte diese Strategie.

Zum großen Erfolg beigetragen hat auch die Fusion mit dem Weltkonzern Mattel. So nimmt es angesichts dieser Erfolgsmeldungen nicht wunder, dass Fisher-Price im Jahr 2000 durch Equitrend Surveys als „eine der Top-Ten-Marken der 90er Jahre" ermittelt wurde. Fisher-Price steht als Marke zwischen Tradition und Fortschritt. Nicht nur der 1949 eingeführte Brauch, jedem Mitarbeiter zum Thanksgiving-Fest einen Truthahn zu schenken, zeugt davon. Auch die meisten Produkte sind häufig – mit einigen kleinen Designveränderungen – über Generationen hinweg im Sortiment erhalten. Wie zum Beispiel die beliebte Farbring-Pyramide, die 1962 entworfen wurde und zu einem der meistverkauften Produkte der Kollektion zählt.

Die zukunftsorientierte Entwicklung der Firma wird von mehreren tausend Ideen und Vorschlägen begleitet, die sowohl von externen Erfinderteams als auch von den eigenen Kreativen jährlich hervorgebracht werden. Dass davon am Ende nur ein Bruchteil für neue Produktlinien übernommen wird, liegt wiederum daran, dass die Kinder selbst das letzte Wort haben, was schlussendlich im Regal landet. Dieses Verfahren ist ein Paradebeispiel der Kundenorientierung.

ADRESSE | AUSZEICHNUNGEN

MATTEL GMBH
An der Trift 75
63303 Dreieich
www.fisher-price.de

„100 besten Unternehmen für Arbeitnehmer" für Mattel, FORTUNE Magazin (2008, 2009, 2010, 2011)
„100 gesellschaftlich meistengagierten Unternehmen" für Mattel, Ethisphere Institute in New York (2009)
„100 weltweit ethischsten Unternehmen" für Mattel, Ethisphere Institute in New York (2009)
„gut" für Fisher-Price Mein Bauernhof Spielbuch, ÖKOTEST (11/2009)
„sehr gut" für Fisher-Price Perlenspaß Beißring, ÖKOTEST (03/2007)

FRANCK & FISCHER

Schon die Kleinsten bekommen leuchtende Augen beim Anblick der bunten, kuscheligen Tiere, die sie am liebsten gar nicht mehr loslassen würden. Stofftiere können das Baby nicht nur trösten, sie können ihm auch zuhören, es beschützen und als treuer Spielkamerad dienen. Diese Partnerschaft erlebt das kleine Kind als einzigartig, und es ist wohl unbestritten, wie wichtig ein Kuscheltier für die Entwicklung des Babys ist.

Das weiß auch das dänische Unternehmen Franck & Fischer, das jedes seiner Produkte sorgfältig und mit viel Liebe zum Detail fertigt. Dabei stechen vor allem die fröhlichen Farb- und Musterkombinationen ins Auge, die die neue Generation des klassischen dänischen Designs verkörpern – stets angereichert mit einem augenzwinkernden Schuss Humor. Und so zaubern Kaj der Elefant, Asta die Eule, Ludwig der Affe oder Irma das Schwein nicht nur ein fröhliches Lächeln auf das Gesicht des Kindes, sondern hinterlassen auch bei den Eltern ein gutes Gefühl.

Doch das Sortiment von Franck & Fischer umfasst nicht nur Stofftiere. Die Marke steht außerdem für Kinderspielzeug, Baby-Accessoires und Einrichtungsgegenstände, die Funktionalität und hohen Spielspaß vereinen. Ob Rasseln, Holzspielzeug, Taschen oder Bettbezüge, bei Franck & Fischer werden immer alle Sinne angesprochen und so die Entwicklung des Kindes gefördert. Jedes einzelne Produkt wird dabei von Hand produziert, Franck & Fischer verzichtet vollständig auf die maschinelle Fertigung. Das Unternehmen arbeitet dafür mit Zulieferfirmen in China, Indien und Thailand zusammen, die nicht nach günstigen Preisen, sondern guten Arbeitsbedingungen für die Mitarbeiter ausgesucht werden. Es zählt zu den Prinzipien von Franck & Fischer, die Arbeit, die die Produktion moderner Kinderspielzeugs und hochwertiger Stofftiere ermöglicht, entsprechend zu fördern. Dazu gehört auch die Integration von lokalen Traditionen in den Produktionsprozess. Zum Beispiel arbeitet Franck & Fischer in Indien mit Baumwollfarmern zusammen, die auf den traditionellen organischen Baumwollanbau setzen. Dieser verzichtet auf den Einsatz von chemischen Mitteln, erfordert dafür aber mehr Arbeitsaufwand von den Farmern. Da das Unternehmen gleichzeitig dafür sorgt, dass die Farmer für diesen Mehraufwand entsprechend entlohnt werden, wurden die Baumwollprodukte von Franck & Fischer mit dem Label der Organisation Fairtrade ausgezeichnet.

Das Unternehmen ist aber nicht nur um das menschliche Wohlergehen besorgt, sondern auch um das der Umwelt. Neben der Textilproduktion setzt man daher auch bei der Herstellung der Holzspielzeuge auf natürliche Anbaumethoden. Die Gummibäume, aus denen später die bunten Holzfiguren entstehen, werden nach hohen ökologischen Standards aufgezogen. Sobald diese gefällt und weiterverarbeitet werden, wird die gerodete Fläche umgehend mit neuen Bäumen bepflanzt. Die mitunter langen Transportwege von den Produktionsstandorten in Fernost zu den Kunden rund um den Globus werden fast ausnahmslos mit dem Schiff zurückgelegt, was im Vergleich zur Luftfracht nur einen Bruchteil an klimaschädlichen Gasen verursacht. Außerdem verzichtet Franck & Fischer weitgehend auf die Benutzung von PVC-Klebeband und verwendet sämtliche Kartons wieder, die beim Unternehmen angeliefert werden.

Gegründet wurde Franck & Fischer im Jahr 2004. Der Firmenname setzt sich aus den Nachnamen der beiden Gründerinnen Annemarie Franck und Charlotte Fischer zusammen. Franck, die 1988 ihren Abschluss als Modedesignerin an der Danish Design Academy absolvierte, kümmert sich nun um das kreative Konzept des Labels. Dazu bildet Fischer mit ihrem wirtschaftswissenschaftlichen Hintergrund die ideale Ergänzung. Heute liefert das Unternehmen seine Produkte in mehr als zehn europäische Länder sowie in die USA und nach Japan. Und spätestens, wenn die Babys das fertige Kuscheltier im Arm halten und ihre Eltern glücklich und zufrieden anlächeln, wissen nicht nur Franck & Fischer, wofür der ganze Arbeitsaufwand gut war.

ADRESSE | AUSZEICHNUNGEN

FRANCK & FISCHER
Grusbakken 18
DK-Gentofte
www.franck-fischer.com

"Fairtrade certified cotton" für fast alle textilen Produkte

FREDDY LECK

Nichts ist reiner als die zarte Haut eines Babys und jeder kennt ihren unverwechselbaren und unwiderstehlichen Duft. Über die Haut nimmt das Neugeborene Kontakt auf mit seinen Eltern und seiner Umwelt, sucht Wärme und Nähe. Sie ist in den ersten Lebenswochen das wichtigste und größte Sinnesorgan eines Kindes und bedarf eines besonderen Schutzes. Schließlich ist die sensible Haut eines Säuglings bei der Geburt noch nicht vollständig entwickelt und nur ein Zehntel so dick wie die Haut eines Erwachsenen. Sie besitzt noch keinen vollständigen Säureschutzmantel und reagiert anfällig auf Reizstoffe, die leicht über die Haut eindringen können. Deswegen ist es wichtig, dass Babytextilien genauso rein und zart wie die Haut selbst sind.

Die Marke Freddy Leck hat als erste auf dem deutschen Markt speziell für Babys ein Waschpulver entwickelt, das all diese Bedürfnisse erfüllt. Es verzichtet auf optische Aufheller, Enzyme, Bleiche, Farb- und Duftstoffe und auf Phosphate. Die Rezeptur für „Freddy Leck sein Baby Waschpulver" wurde in Zusammenarbeit mit einem großen, traditionsreichen Unternehmen entwickelt, den dreco Werken in Düsseldorf. Das Institut Dermatest vergab dafür das Siegel „sehr gut hautverträglich". So ist es nicht nur für Babys, sondern auch für erwachsene Menschen mit empfindlicher Haut sowie für sensible Textilien geeignet.

Angefangen hatte diese Erfolgsgeschichte von Reinheit und Vergnügen mit „Freddy Leck sein Waschsalon" in Berlin Moabit. Dirk Martens eröffnete dort im Jahr 2008 unter dem Pseudonym Freddy Leck einen Waschsalon der besonderen Art. Ausgestattet mit Miele-Waschmaschinen, Kronleuchtern und Kaffee- und Teeausschank sowie freundlicher Bedienung wurde der im 50er-Jahre-Design gestaltete Retro-Salon zum kultigen Treffpunkt der waschwilligen Berliner. Dort wird man bei klassischer Musik nicht nur freundlich und kompetent bedient, sondern kann z. B. auch das kostenlose WLAN-Netz nutzen. Bald nach der Gründung kam hier die Idee auf, ein eigenes Waschmittel zu kreieren, das nicht nur hautverträglich und textilschonend ist, sondern auch den nostalgischen 50er-Jahre-Charme versprühen sollte, der dem Salon zu seinem Erfolg verhalf. 2009 kam dann „Freddy Leck sein Baby Waschpulver" im zartblauen Pappkarton mit Blubberblasen auf den Markt und Freddy Leck seine Vertriebsgesellschaft belieferte die ersten Geschäftskunden. Und da alles Kultige auch in Japan Aufsehen erregt, kaufte im selben Jahr die japanische Firma Fujiei Co. die Rechte an der Berliner Marke und vertreibt nun von Tokio aus Haushaltsprodukte unter dem Namen Freddy Leck in japanischen Einzelhandelsketten. Hierzulande wurde 2010 ebenfalls der Außendienst ausgebaut und so wird Freddy Leck sein Waschpulver nun auch in großen deutschen Drogeriemarktketten wie z. B. ROSSMANN und MÜLLER, in Babyfachmärkten wie BabyOne, Baby Walz, Happy Baby und bei vielen Einzelhändlern angeboten. Die kleine, weiterhin in Berlin ansässige Firma beschäftigt nur zwei Mitarbeiter und einen Auszubildenden und kann durch diesen geringen Personalaufwand einen Großteil seines Gewinnes in Werbung und Marketing stecken. Auf der Messe Kind & Jugend wurden dann auch erstmalig die neuen Produkte „Freddy Leck sein Waschpulver für Mädels & Frauen" und „für Jungs & Männer" vorgestellt, die in rosa und königsblau gestylten Verpackungen aufwarten und speziell abgestimmte und unwiderstehliche Duftnoten für beide Geschlechter versprechen. Unter dem Slogan „Der Fleck muss weg – nimm Freddy Leck" soll der deutsche Markt nun weiter erobert werden. So träumt Freddy Leck schon jetzt von dem Augenblick, an dem jeder Deutsche diese Worte kennt. Ob das Ziel, mit den großen und berühmten deutschen Waschmittelmarken mitzuhalten, jemals wahr wird, bleibt abzuwarten. Aber Freddy Leck verspricht den Kunden seines Salons kein größeres Vergnügen auf dieser Welt, als beim Warten in das drehende Trommelfenster seiner Waschmaschinen zu gucken und sich fortzuträumen in eine duftend reine Zukunft.

Freddy Leck SEIN

keine Bleiche - keine Phosphate - keine Farbstoffe - keine optischen Aufheller - keine Duftstoffe - keine Enzyme

BABY WASCHPULVER

SCHONENDE PFLEGE FÜR BABYWÄSCHE

SEHR GUT dermatest® Medical Research Company HAUTVERTRÄGLICH

HERGESTELLT IN DEUTSCHLAND / MADE IN GERMANY
20° | 30° | 40° | 60° | 95°

20

ADRESSE

FREDDY LECK SEINE VERTRIEBSGESELLSCHAFT MBH
Gotzkowskystraße 11
10555 Berlin
www.freddy-leck.de

GEOX

Kinderfüße sind etwas ganz Besonderes. Kaum etwas hat für Eltern und Großeltern eine so symbolische Bedeutung wie der Kauf der ersten Schühchen. Die ersten selbstständigen Schritte in die Welt hinaus sind ein Meilenstein der kindlichen Entwicklung und ihr Zeitpunkt meist bis ins Erwachsenenalter bei Familie und Verwandtschaft unvergessen. So wichtig dieser Schritt, so wichtig ist auch das Schuhwerk. Denn: Wussten Sie, dass 98 Prozent aller Kinder mit gesunden Füßen zur Welt kommen, aber nur 38 Prozent von selbigen auch noch im Erwachsenenalter gesund sind?

Vor allem für die Kleinen ist daher von den ersten Schritten bis zum Heranwachsen das passende Schuhwerk gefragt – schließlich sind Kinderfüße weich wie Gummi und durch falsche und nicht passende Schuhe leicht dauerhaft zu beschädigen. Zum Laufenlernen muss die Sohle zum besseren Abrollen weich und biegsam sein und der Knöchel vom Fußschaft gestützt werden. Aber auch wenn die Kleinen sicher laufen, sollten Kinderschuhe aus hochwertigem Material bestehen und rundherum perfekt passen. Sind sie zu klein oder zu groß, verformen sich die Füße, und Fehlstellungen und Haltungsschäden können die Spätfolgen sein. Kurzum: Der kleine Fuß braucht reichlich Platz, Bewegungsfreiheit und Luft – auch wenn er immer größer wird. Womit wir bei der Marke GEOX wären. Die ursprüngliche, innovative Idee des Unternehmens besteht in einer perforierten Schuhsohle, die die Füße atmen lässt. Die Geburtsstunde von GEOX ist die wirtschaftliche Nutzung dieser Innovation, die bis dato durch Patente auf nationaler und internationaler Ebene geschützt ist. Die patentierten Technologien zur Atmungsaktivität spielen denn auch bis heute eine zentrale Rolle in der Erfolgsgeschichte des Unternehmens. Aktuell entwickelte GEOX die neue Schuhtechnologie AMPHIBIOX, die den Fuß rundum vor dem Eindringen von Nässe schützt und gleichzeitig die Fußtranspiration nach außen abtransportiert. Eine wahre Wohltat besonders für Kinder, die oft Stunden beim Spielen oder Spazieren draußen in ihren Schuhen verbringen und dabei für gewöhnlich Pfützen und Matsch ungern meiden. Gegen all diese Eventualitäten gut gerüstet zu sein, dafür sind GEOX Kinderschuhe eine wahre Idealbesetzung.

GEOX ist eben nicht einfach nur ein Schuh, sondern eine ganze Palette Ideen verpackt in ein breit gefächertes Produktsortiment. Der Gründer des Labels heißt Mario Moretti Polegato – und die Idee zum Produkt entsprang einer spontanen Eingebung am Rande eines Weinkongresses in Reno in den USA. Polegato, heute Chairman des Unternehmens, verschaffte bei einem Spaziergang seinen erhitzten Füßen Abhilfe, indem er Löcher in die Sohlen seiner Schuhe bohrte. Die Idee vom „Schuh, der atmet" war geboren. Nach den ersten großen Erfolgen im Heimatland Italien expandiert GEOX rasch auf internationaler Ebene. GEOX Monomarken-Shops finden sich heute in allen wichtigen Einkaufsmeilen großer Städte – und auch im Facheinzelhandel ist das GEOX Sortiment präsent und allseits vertreten. Heute reicht der Erfolg des Unternehmens GEOX quer durch aller Herren Länder. In über 103 Ländern werden die GEOX Schuhe vertrieben und der Gesamtumsatz im Jahr 2010 betrug 850 Millionen Euro – Tendenz steigend. Die Marke für die ganze Familie bietet in ihrem breiten Sortiment Damen-, Herren- und Kinderschuhe im oberen Bereich des mittleren Preissegments. Der Markenname GEOX steht sinnbildlich für die zentralen Werte der Unternehmensphilosophie – der griechische Wortteil „geo" symbolisiert die Erde, auf der wir alle laufen, und das „x" die integrierten modernen Technologien. Diese Symbiose von Natürlichkeit, Gesundheit und einem trotzdem ausgesprochen trendbewussten Auftritt prägt jedes einzelne Paar, das diesen Namen trägt – und genau das ist es, was den Unterschied macht. GEOX Schuhe sind nicht nur gesund, bequem und wie gemacht für Kinderfüße – sie sehen noch dazu gut aus. Damit werden die ersten Schritte der Kleinen erst recht unvergesslich schön!

ADRESSE

GEOX DEUTSCHLAND GMBH
Wilhelm-Wagenfeld-Straße 26
80807 München
www.geox.com

GESSLEIN

Was man braucht, um den perfekten Kinderwagen zu bauen? Gute Ideen, jahrzehntelange Erfahrung und großes Einfühlungsvermögen in junge Eltern und ihre Kleinkinder. Dieser Dreiklang ist das Geheimnis für den Erfolg auf einem Markt, dessen Kunden höchst anspruchsvoll sind. Schließlich haben sie gerade Nachwuchs bekommen, und das wahrscheinlich zum ersten Mal, sonst würden sie keinen neuen Kinderwagen kaufen. Sie wissen trotzdem ziemlich genau, was sie für ihren kleinen Schatz wollen – nämlich das Beste. Beim Familienunternehmen Gesslein weiß man das. Und man hat beste Voraussetzungen, für völlige Zufriedenheit bei seinen Kunden zu sorgen – schon aus Tradition seit 1950. Damals stellte der Korbmacher und Erfinder Georg Gesslein geflochtene Kinderwagen aus Korbweiden her und gründete dafür seine Firma. Bereits wenige Jahre später meldete er seinen ersten Kombi-Kinderwagen zum Patent an. Spätestens, als er in den 60er-Jahren den legendären Panorama-Kinderwagen erfand, durch dessen abdeckbare Fenster die Babys in Bauch- und Rückenlage ihre Umwelt sehen und auch gesehen werden konnten, war auch die Innovationsstärke von Gesslein offenbar. Heute sind Georg Gessleins Enkelkinder die Geschäftsführer der Firma und seine Urenkel sind die Testpersonen für die Erfindungen der letzten 8 Jahre. So ist man garantiert nah dran, an der Zielgruppe. Das Grundprinzip der heutigen Gesslein-Produkte: Jedes Modell bietet mindestens einen Premiumvorteil, der es einzigartig macht und von den Mitbewerbern abhebt. Die Palette besteht aus Kinderwagen, Kinderwagen-Kombis, Sportwagen, Buggys und allem Zubehör rund um die Kinderwagen. Auch handgefertigte, exklusive Kindermöbel und die Schlafsack-Reihe Bubou werden angeboten. Letztere sorgt durch die sogenannte Comfortempâ-Technologie aus der Weltraumforschung für einen einzigartigen Temperaturausgleich. Der Einsatz der Produkte beginnt mit dem Tag der Geburt und begleitet die Babys 3 bis 4 Jahre, das Möbelprogramm „Linie Jeannine" sogar bis ins Jugendalter. Dabei stehen die Wünsche der Kunden immer ganz im Vordergrund – auch bei der Gestaltung. So können die Kinderwagen ohne Aufpreis mit einem Buggy-Einhang ausgestattet werden, auch sind verschiedene Radvarianten wie Schwenk- oder Geländeräder zum Wechseln im Preis enthalten. Alle Kinderwagengestelle besitzen eingearbeitete Babyschalen-Adapter, so muss etwa der schlafende Nachwuchs nicht geweckt werden, wenn es vom Auto in den Kinderwagen geht. Grundsätzlich sind durch die einzigartige Modulbauweise der Gesslein-Kinderwagen alle Teile kombinierbar.

Der Hauptsitz von Gesslein befindet sich seit jeher im oberfränkischen Redwitz-Mannsgereuth, weitere Produktionsstätten befinden sich an mehreren Standorten in Oberfranken und Thüringen. Die Materialien für die Produkte stammen überwiegend aus Europa, alle Stoffe entsprechen dem Oeko-Tex® Standard 100. Dank der Fertigung aller Nähteile in Deutschland ist es möglich, mehr als 1.000 Farbwünsche bei Kinderwagen ohne Aufpreis zu erfüllen. Dieser Schwerpunkt auf gestalterischer Vielfalt ist gewiss auch der Übernahme und Fortführung des Unternehmens durch Georg Gessleins Tochter Waltraud Popp im Jahr 1981 geschuldet. Als Designerin machte sie sich in den folgenden Jahren einen Namen für modische Kinderwagen. Inzwischen ist schon die dritte Generation am Steuer des Kinderwagenherstellers. Jeannine Merkl und Alexander Popp leiten die Geschicke des Unternehmens, das kontinuierlich zu den Top 5 der deutschen Kinderwagenhersteller gehört. Durchschnittlich zweistellige Umsatzsteigerungen pro Jahr werden auch durch die ständig aktuelle Produktpalette erreicht: Alle Gesslein-Produkte wurden in den letzten fünf Jahren entwickelt. Dass Gesslein dabei auch an andere Kinder denkt, ist selbstverständlich. So verfügt das Unternehmen über eine Lizenz der „Peanuts" und verkauft entsprechend gebrandete Kinderwagen. Je verkauftem Exemplar geht ein fester Betrag an „Ein Herz für Kinder". So wird soziales Engagement zum vierten Erfolgsfaktor für Gesslein – neben Tradition, Innovation und Intuition.

ADRESSE

GESSLEIN GMBH
Redwitzer Straße 33
96257 Mannsgereuth
www.gesslein.de

HAPE

Ökologisch wertvolles Spielzeug – wer dabei an etwas ungeschlachte Bauklötze oder farblose Schnitzfiguren in grobem Sackleinen denkt, könnte falscher kaum liegen. Ein bloßer Blick auf die bunten Rennautos Monza, Le Mans oder Suzuka reicht aus, um sich vom Gegenteil zu überzeugen. Leichtgängige Räder laden zu spannenden Wettrennen ein, leuchtende Farben und viele liebevolle Karosserie-Details machen sie zur Augenweide mit Sammlerwert. Nur ein Beispiel aus der umfangreichen Palette von Hape, einem Spielwarenhersteller mit einem Erfolgsrezept: Bambus. Die sensationell schnell wachsende Pflanze eignet sich hervorragend für die Herstellung von Spielzeug, vom Auto über den Hubschrauber bis zum kompletten Puppenhaus, das dann mit einer bunten Bemalung auf Wasser- und Soja-Basis fröhlich und vollständig gemacht wird. Damit hat Hape als erster Spielzeughersteller eine Bambuslinie auf den Markt gebracht. Sie richtet sich an Kinder ab drei Jahren und soll soziale, motorische, kommunikative und kreative Fähigkeiten auf verschiedenste Weise fördern. Dafür ging das Unternehmen, das 1986 von Peter Handstein als HaPe Kindergarten Service in Groß-Eichen gegründet wurde, in die Heimat des Bambus, nach China. Im Jahr 2002 wurde die Hape International Ltd. in Ningbo gegründet. Rund zwei Jahre später veranstaltete sie einen UNESCO Workshop zum Thema Bambus-Spielzeug in der Stadt Anji in dessen Rahmen auch die eigene Bambus-Produktlinie ins Leben gerufen wurde. Heute produzieren die insgesamt 1.500 Mitarbeiter Spielwaren, die an Händler in über 50 Länder vertrieben werden. Allein mehr als 50 Mitarbeiter des Hape-Teams sorgen in der Qualitätssicherung für gleichbleibende Hochwertigkeit. Weil Bambus binnen weniger Monate vollständig regeneriert und dabei ungefähr doppelt so viel Kohlendioxid bindet wie europäische Hölzer, ist er ungeschlagen klima- und umweltfreundlich. Auch seine Materialeigenschaften überzeugen: Er ist belastbar und widerstandsfähig, aber gleichzeitig sehr flexibel. Und nicht zuletzt: Bambus ist schön. In vielen Spielzeugen erkennt man die charakteristische Röhrenform in einzelnen Bauteilen wieder. Gefertigt werden die Spielzeuge in China, wo einheimische Arbeiter nach internationalen Standards und zu fairen Löhnen beschäftigt werden. Neben hohen ethischen und sozialen Standards stehen die Zeichen in der Produktion auch auf Nachhaltigkeit. In diesem Sinne versucht Hape den Einfluss auf die Umwelt so positiv wie möglich zu gestalten. Die Fabrik hat daher eine eigene Kläranlage, Auffangbecken für Farben und ein eigenes Wiederverwertungssystem: All dies trägt zu einer „grünen Produktion" bei. Auch lobt Hape Preise für diejenigen Mitarbeiter aus, die durch ihren Input dazu beitragen, die Produktion noch umweltfreundlicher zu gestalten. In der Nähe der Fabrik entsteht außerdem ein ökologisches Bambus-Erlebniszentrum für Kinder und Eltern. In einem Bambuswald außerhalb Ningbos können Gäste die chinesische Natur erleben. Auch wird es einen Kindergarten für permanente und besuchende Gruppen geben, in dem sich westliche und chinesische Erziehungsphilosophien verbinden. In China sind edukative Spielzeuge und Lernen durch freies Spiel in und mit der Natur nicht sehr verbreitet. Hape hofft, gemeinsam mit lokalen Organisationen die Methoden der Früherziehung in China positiv zu beeinflussen. Auch ein benachbartes Dorf wird einbezogen, sei es beim Einkauf von lokalen Produkten, der Schaffung von Arbeitsplätzen oder der Bewahrung der natürlichen Schönheit des Ortes. In einer anderen Region Chinas, der armen Provinz Guizhou, eröffnet Hape im Herbst 2011 eine berufsbildende Schule für Holzmechaniker. Orientiert am dualen System Deutschlands wird sie Jugendlichen vor Ort eine gute Ausbildung gewährleisten. Und wenn sie diese bewältigt haben, werden sie vielleicht selbst auch für Kinder in Deutschland und der ganzen Welt ökologisch wertvolles Spielzeug herstellen – aus dem klimafreundlichsten Material und mit garantiert hohem Spielwert.

ADRESSE | AUSZEICHNUNGEN

HAPE HOLDING AG
Hallwilerweg 2
CH-6003 Luzern
www.hape-international.com

„Dr. Toy Best Green Toy Award" für E-Moto und Mini Vehicles & Best Green Company, 2011
„Toy Innovation Award", Kategorie „Kreativität & Design" für Organeco Blocks, Spielwarenmesse Nürnberg, 2010
ISO-Zertifizierung nach DIN 9001
ICTI-Zertifizierung

HARTAN

Mit einem Hartan Kinderwagen ist es wie mit einem tollen Auto – wer einmal den Komfort und die Vorzüge bester Qualität genossen hat, will beides nicht mehr missen. Die Gründe dafür sind so gut wie zahlreich – von A wie Ausstattung bis Z wie Zwillingswagen. Schadstofffreiheit, Sicherheit und Komfort stehen im Hause Hartan an erster Stelle und sind von der Konstruktion bis zur Endfertigung das Fundament, auf dem der Erfolg der Kinderwagen-Marke gebaut ist. Unter dem heutigen Credo „Damit sich Ihr Baby sicher und geborgen fühlt!" hat man die Herzen junger Mütter und Väter erobert – und das mit gutem Grund. Aufwendige Materialprüfverfahren und Fertigungsqualität auf höchstem Niveau bieten Kindern und Eltern genau das, was in den ersten Jahren mit neuem Nachwuchs so wichtig ist: Verlässlichkeit, Sicherheit und jede Menge Komfort im Alltag mit den Allerkleinsten. Herausfallschutz, 5-Punkte-Sicherheitsgurt oder die Feststellbremse „Wippmatic" sind nur einige der innovativen Details, die die Kleinen auf ihren Entdeckungstouren durch die Welt schützen. Zudem hat Hartan an alles gedacht, was man im Alltag mit Kindern schnell mal vergisst. So schützen die ausgewählten Materialien aller Verdecke und Sonnenschirme kleine Passagiere im Sommer vor schädlicher UV-Strahlung, und auch die Sicherheitsreflektoren, die den Kinderwagen im Straßenverkehr bestens sichtbar machen, bieten ein Extra an Sicherheit. Am Ende ist es die Summe der innovativen Details und die punktgenaue Umsetzung all dessen, was junge Eltern unterwegs mit ihren Kleinen bewegt, die überzeugt. Und egal, ob man mit einem Baby durch die City spaziert oder mit einem Kleinkind durch Wald und Wiesen – das Produktsortiment lässt keine Wünsche offen und passt sich jedem Bedarf junger Eltern an. Vom sportlichen und ultraleichten Alu-Buggy über den flexiblen 3-Rad-Sportwagen, der durch eine Soft-, Kombi- oder Falttragetasche zum vollwertigen Kinderwagen ergänzt werden kann, bis zum platzsparenden, extrem wendigen Zwillingswagen ist alles dabei. Jedes Detail und jede Funktion ist auf die Bedürfnisse der Kleinen und ihrer Eltern abgestimmt. Das Modell Racer S beispielsweise wurde mit seinen wendigen Doppelschwenkrädern und der optimalen Federung für seine gute Alltagstauglichkeit als Testsieger ausgezeichnet. Seine praktische Klapptechnik und sein leichtes Gewicht waren genauso ein Kriterium wie der hohe Liegekomfort der Tragetaschen und die problemlose Umrüstung eines vollwertigen Kombi-Kinderwagens in einen robusten Sportwagen. Erfahrung und Innovation finden im Hause Hartan auf einzigartige Weise zusammen, denn die Wurzeln des familiengeführten Unternehmens, das bereits an die 4. Generation weitergegeben wurde, reichen mehr als 100 Jahre zurück. Im Jahr 1892 wurde der Grundstein mit der Herstellung von Korbwaren gelegt, 1920 folgte die Produktion von Korbmöbeln und dreißig Jahre später begann das, was heute in aller Welt bekannt ist – die Kinderwagen-Produktion des Hauses Hartan. Als einer der wenigen Hersteller im hochwertigen Segment produziert Hartan seine Kinderwagen in Deutschland. Regelmäßige TÜV-Kontrollen und strapaziöse Testläufe der einzelnen Modelle auf speziellen Prüfanlagen sorgen dabei für ein Höchstmaß an Sicherheit der Hartan-Modelle. Das GS-Siegel gewährleistet zudem eine einwandfreie Qualität und Schadstofffreiheit. Höhenverstellbare Fußstützen, individuell einstellbare Federung oder die platzsparenden Faltsysteme machen Groß und Klein das Leben leichter. Somit werden die Wünsche der Großen und der Kleinsten erfüllt.

ADRESSE

HARTAN® KINDERWAGENWERK E.K.
Mühlenweg 1
96242 Sonnefeld/Gestungshausen
www.hartan.de

HERDING HEIMTEXTIL

HERDING Jedes Baby ist anders. Jedes ist ein ganz individueller Schatz, den die frischgebackenen Eltern hüten, pflegen und nicht aus den Augen lassen. Es wird nur mit dem Besten gefüttert, dem Schönsten gekleidet und mit dem Weichsten gebettet. Und am allerliebsten ist die gesamte Babyausstattung auch ebenso individuell wie das Kind selbst. Ein Musterbeispiel sind einzigartige Decken, auf die der Name des kleinen Lieblings gewebt ist. Gestatten, Unicade aus dem Hause Herding Heimtextil. Die Baby Unicade-Decken sind aus einem hochwertigen und kuscheligen Mix aus 60 Prozent Baumwolle und 40 Prozent Dralon hergestellt und wurden speziell für die Taufe oder den Geburtstag entwickelt. Sie haben eine Größe von 75 x 100 Zentimetern und sind in fünf niedlichen Motiven erhältlich. Die Kunden können diese dann mit eigenem Text ergänzen, also beispielsweise dem Namen oder dem Geburtsdatum des Kindes. Mittels einer speziellen, patentierten Jacquard-Webtechnik werden die Vorlagen in ein einzigartiges Kuschel-Accessoire verwandelt. Im Unterschied zu bedruckten Produkten behalten die Unicade-Decken ihr ursprüngliches Aussehen ein Leben lang. Sie werden bei Herding in Bocholt gewebt und bei deutschen Partnerunternehmen geraut und konfektioniert. Es handelt sich also um ein komplett in Deutschland gefertigtes Produkt, das wegen seiner Individualität und Hochwertigkeit im Heimtextilbereich einzigartig ist. Natürlich sind alle Unicade vollwaschbar und trocknergeeignet. Die Herstellerfirma Klaus Herding GmbH ist ein traditionelles Familienunternehmen, das sich seinem hundertjährigen Jubiläum nähert und noch immer ihren ursprünglichen Firmensitz an der Industriestraße 1 in Bocholt im westlichen Münsterland hat. Neben Produktion und Verkauf der individuellen Einzelprodukte hat sich Herding noch auf einen zweiten Produktbereich spezialisiert: Bett-Textilien mit lizenzierten Motiven für junge Zielgruppen. Dieser Bereich begann mit der ersten Lizenz von Walt Disney im Jahr 1957 für die Herstellung von Micky-Mouse-Bettwäsche. Durch die über nunmehr ein halbes Jahrhundert aufgebaute Expertise gilt Herding als das führende Unternehmen in der Vermarktung von Lizenzthemen im Bereich der Heimtextilien. Nach dem Erwerb der Lizenz werden die Produkte im Haus designt und entwickelt. Zur aktuellen Kollektion gehören etwa Motive wie Barbie, Justin Bieber, Raupe Nimmersatt, das Sandmännchen oder Yakari, die allesamt einen Weg auf Bettwäsche, aber auch Frottierware, Bademäntel und Schlafsäcke finden. Bei allen Produkten achtet Herding auf höchste Qualität. Alle Produkte der Firma Herding lassen sich auch im Onlineshop bestellen unter: www.herding24.de. Mit einem eigenen Spielzimmer für Mitarbeiterkinder im Firmengebäude setzt die Firma Herding auf Familienfreundlichkeit. Ende Mai gewann Herding für seine familienfreundliche Personalpolitik das Qualitätssiegel Familienfreundlicher Mittelstand. Regional engagiert man sich für verschiedene Bocholter Institutionen wie den Fußballverein der Stadt, die Musikschule oder das Textilmuseum, und unterstützt deutschlandweit karitative Organisationen. Patenschaften für Kinder in Pakistan und Bangladesh runden das Bild ab. Ungeachtet seiner Lebensumstände und seines Aufenthaltsortes ist schließlich jedes Kind das wertvollste Unikat der Welt.

ADRESSE | AUSZEICHNUNGEN

KLAUS HERDING GMBH
Industriestraße 1
46395 Bocholt
www.herding-heimtextil.de

Oeko-Tex® 100 Klasse 1, Unicade, 22.07.2010 (Frankfurt am Main)
Oeko-Tex® 100 Klasse 2, Unicade, 16.09.2010 (Frankfurt am Main)

HEUNEC

Kuscheln ist für Babys das schönste Gefühl. Und für Kinder. Und für Erwachsene. Vom ersten Tag des Lebens an werden dabei Glückshormone ausgeschüttet und die erfüllen das Baby mit Freude, Zuversicht und einem grundlegenden Vertrauen in diese Welt. Das bestätigen Mediziner und Psychologen und das wissen Eltern längst. Und deshalb ist Heunec, das traditionelle Familienunternehmen in dritter Generation, zur Zeit die aktuelle Nummer zwei, laut EPOS Panel Eurotoys, der Hersteller/Vertreiber von Plüschspielwaren in Deutschland. Seit 1973 ist Heunec unterwegs in kuscheliger Mission, entwirft Schmusetiere aus besonders weichen Materialien, die allesamt die Sicherheitsstandards erfüllen. Die Hülle ist plüschig und anschmiegsam, die Füllung besteht aus hochwertigem Polyester-Fibre und die Farben sind ohne toxische Beimischungen. Jedes Kuscheltier ist waschbar, und all diese Kriterien machen die lustigen Gesellen von Heunec zu einem gesunden Spielzeug, das die frühkindliche Entwicklung fördert und darüber hinaus das kindliche Bedürfnis nach Spiel, nach Begleitung, nach Träumen weckt. Heunec weiß, was Kinder wünschen, seit vielen Jahrzehnten. Die Wurzeln der Unternehmensgeschichte reichen weit zurück bis in das Jahr 1891, als sich die Geschäftsidee mit Erfolg um Christbaumschmuck drehte. Später, 1952, legte das Unternehmen seinen Schwerpunkt auf die Verlegertätigkeit, nannte sich um in Heunec, und als die heutige Geschäftsführerin, Barbara Fehn-Dransfeld, die Leitung übernahm, da standen Kuscheltiere im Mittelpunkt und der Erfolg nahm stetig zu. Heute verfügt das Unternehmen über weitreichende Lizenzen aus Film & TV, die eine ganze Kinderwelt eröffnen. Viele Accessoires wie Koffer, Taschen, Decken, Hefte, Bücher lassen die Kinder eintauchen ins Spiel und geben den Kuscheltieren eine ganz besondere Bedeutung. Dafür arbeitet das Heunec-Kreativ-Team. Denn zu den Kuscheltieren gehören Geschichten, die das Kinderleben schreibt. Die kleinen Helden nehmen die Kinder an die Hand und lassen sie auf Entdeckungsreise gehen, begleiten sie hinaus aus den Kinderzimmern und bringen ihnen die Welt da draußen ein wenig näher. Und dieses Programm lieben Kinder. Es lässt die Kuscheltiere von Matou und Les Petites zu einem jahrelangen Begleiter werden, zu guten Freunden an so manchen Tagen. So laden die neuen Kreationen, das kleine Kätzchen Mademoiselle Minou und der kleine Kater Monsieur Matou, nach Frankreich ein. Hier geboren und zu Hause bestehen die beiden Schmusekatzen so manches Abenteuer, das die Kinder nachlesen, nachhören und nachspielen können. Das fördert die Phantasie und das Interesse an dem Land, den Sehenswürdigkeiten, den Gepflogenheiten; gleichzeitig kitzelt es die Neugierde heraus auf Reisen und Abenteuer. Für dieses Kinderprogramm, das weit über das Spiel hinausgeht und Verständnis und Fantasie gleichermaßen anregt, wird das Unternehmen aus Neustadt-Coburg auf der Nürnberger Messe von Experten und Kunden viel beachtet, hoch geschätzt und oftmals ausgezeichnet, zum Beispiel dafür, dass die Kuscheltiere fair produziert werden. Aus diesem Grund erhielt das Unternehmen jüngst das „Nürnberger Sprachrohr". Darauf ist Heunec stolz. Denn es bestätigt, dass in den Produktionsstätten in China alle Arbeitsbedingungen nach internationalen Maßstäben eingehalten werden, dass Heunec für ein sicheres und angenehmes Arbeitsumfeld sorgt. Und diese Achtsamkeit ist in jedem Produkt erkennbar. Das Glück und die Gesundheit der Kinder sind Barbara Fehn-Dransfeld und ihren Mitarbeitern eine Herzensangelegenheit. So unterstützt das Unternehmen die Neustädter Tschernobyl-Hilfe, beteiligt sich an der Initiative zum Bau des Gartens der Erinnerung für Demenzkranke. Und Heunec unterstützt die Coburger Kinderkrebshilfe. Dafür erfährt das Unternehmen viel Dank und Anerkennung. Dieser Einsatz für krebskranke Kinder unterstreicht die Philosophie von Heunec, nämlich sich einzusetzen für eine gesunde Entwicklung der Kinder, ihnen eine Themenwelt zu eröffnen, die Lust macht auf Spielen, auf Träumen, auf Kuscheln.

ADRESSE

HEUNEC PLÜSCHSPIELWARENFABRIK GMBH & CO. KG
Am Moos 11 — Mörikestraße 2 + 6
96465 Neustadt bei Coburg
www.heunec.de

HEVEABABY

Schnuller sind in fast aller Munde. Die meisten Babys mögen und brauchen die nützlichen Sauger zum Beruhigen und Einschlafen. Da dieses Utensil den unmittelbarsten Kontakt zum Baby hat und dazu noch viele Stunden am Tag und in der Nacht in Gebrauch ist, möchte man als Mutter natürlich wissen, was man seinem Säugling täglich anvertraut. Doch die Informationsflut in diesem Bereich verwirrt oft eher, als dass sie eine Orientierung bietet. Die Frage nach dem „richtigen" Schnuller für ihr Kind stellte sich auch Terese Hoffeldt, als ihre erste Tochter auf die Welt kam. Sicher und hygienisch sollte der Schnuller sein und ohne synthetische Zusatzstoffe auskommen. Auf ihrer Suche fand sie allerdings kein Produkt, was zusätzlich auch noch ihren ethischen Grundsätzen und ihren ästhetischen Ansprüchen entsprach. So kam der in Kopenhagen lebenden Dänin die Idee, selbst einen solchen Schnuller zu entwickeln. Sie begann mit einer umfangreichen Recherche, die über ein Jahr dauerte. Terese Hoffeldt studierte das Verbraucherverhalten, machte sich mit den hohen Sicherheitsanforderungen vertraut und suchte vor allem nach umweltfreundlichen und nachhaltigen Produktionsmöglichkeiten. Die Arbeit hatte sich bald gelohnt, im Jahr 2009 wurde ihre Firma Heveababy aus der Taufe gehoben. Der ungewöhnlich erscheinende Name wurde ihr Programm: Hevea ist der lateinische Name des Naturkautschukbaumes, der in der Natur und in nachhaltiger Forstwirtschaft wächst, wie im Falle von Heveababy auf Plantagen in Malaysia. Aus diesem Latex-Saft werden alle Produkte von Heveababy zu 100 Prozent gefertigt. Der Schnuller ist somit frei von Weichmachern und anderen Kunststoffen, dabei aber sehr flexibel und angenehm auf der Haut. Die Besonderheit ist, dass er aus einem Stück ohne Nahtstellen gegossen wird. Somit ist er leicht zu reinigen und bietet kaum Angriffsflächen, auf denen sich Bakterien ablagern können. Das Design made in Dänemark ist schlicht und modern und setzt sich wohltuend von anderen ökologischen Schnullern ab. Er wurde ergonomisch geformt und besitzt Aussparungen für Nase und Kinn. Das weiche Schild verhindert Schlafabdrücke auf der weichen Babyhaut rund um den Mund. Für die optimale Ventilation besitzt der umweltfreundliche Sauger Luftlöcher, die ausgestanzt sind mit den Motiven Stern & Mond, Krone, Blume und Auto. Erhältlich sind alle Schnuller in zwei Größen, außerdem kann man auch noch zwischen der anatomischen und der runden Saugerform wählen. Alle Schnuller werden in aufwendigen und hochwertig designten Geschenkverpackungen verkauft, die dem Umweltgedanken von Heveababy entsprechend aus recyceltem Karton sind und mit Naturfarben bedruckt werden. Vertrieben werden alle Produkte des kleinen Unternehmens mit Sitz in Kopenhagen vor allem über das Internet, aber auch in zahlreichen Shops: In Dänemark sind es allein über 400. Darüber hinaus sind die Heveababy-Produkte in über 20 Ländern erhältlich. Neben den Saugern hat Heveababy auch andere Produkte aus Naturkautschuk im Programm. Für ein ungetrübtes Badevergnügen finden wir bei der dänischen Firma auch Badeenten und andere wasserfreundliche Gummitiere, die ohne das typische „Spritzloch" produziert werden, um auch hier dem Hygienegedanken Rechnung zu tragen. Erwähnenswert ist aber vor allem der Beißring „Panda". Auch er ist aus einem Stück gegossen und besitzt kleine Rillen, die beim Kauen sanft das Zahnfleisch massieren. In Dänemark arbeitet die Erfinderin und Firmeninhaberin Hoffeldt mit dem WWF zusammen und spendet umgerechnet über einen Euro für jeden verkauften Panda-Beißring an die Umweltschutzorganisation. So weitet Terese Hoffeldt ihr Konzept des „sustainable baby business" immer weiter aus und animiert mit ihren wohldurchdachten Produkten ihre Kunden, das Beste für ihr Kind zu wählen und gleichzeitig einen Beitrag für unsere Umwelt zu leisten.

ADRESSE

ELEMENTS FOR KIDS, INH. SILVIA PANKONIN
Schweidnitzer Straße 6
10709 Berlin
www.efk-berlin.com
www.heveababy.com

HiPP

HiPP
Das Beste aus der Natur.
Das Beste für die Natur.

„Dafür stehe ich mit meinem Namen." - Das freundlich lächelnde und vertrauenerweckende Gesicht von Professor Dr. Claus Hipp ist wahrscheinlich allen jungen Eltern von heute noch aus ihrer eigenen Kindheit bekannt. Und auch der zitierte Satz hat sich tief eingebrannt in das Gedächtnis all derer, die jetzt vor den Regalen stehen und die beste Babynahrung für ihr Kind kaufen wollen. Gerade bei den ersten Löffeln Brei möchten Eltern sicher sein, dass sie nur beste Bio-Qualität bekommen.

Für diese verbürgt sich seit vielen Jahren Firmenchef Claus Hipp persönlich, der das Familienunternehmen nun schon in der dritten Generation führt, nachdem sein Großvater Joseph Hipp als Konditor im Jahr 1899 eher aus der Not heraus Zwiebackmehl mit Milch und Wasser anrührte, um seine kleinen Zwillinge durchzubringen. So nahm eine Erfolgsgeschichte ihren Anfang. Einer dieser Jungen, Georg Hipp, gründete 1932 seine eigene Firma und entwickelte ein Verfahren für die industrielle Herstellung des beliebt gewordenen Babybreis. Er war es auch, der bereits im Jahr 1956 mit dem Anbau von Obst und Gemüse auf naturbelassenen Böden ohne Chemikalien begann. Sein Freund, der Schweizer Dr. Hans Müller, hatte ihn mit seiner Idee vom organisch-biologischen Landbau inspiriert. Der familieneigene Bauernhof wurde also komplett auf Bio-Erzeugung umgestellt. Nach dem Tod Georg Hipps übernahm Sohn Claus 1967 die Firma und konnte in mühevoller Überzeugungsarbeit Vertrags-Landwirte für die Idee des biologischen Landbaus gewinnen. „Bio" war somit ein Markenzeichen von HiPP, schon lange, bevor diese Produktionsform überhaupt zu einem Marktfaktor in Deutschland wurde. Heute ist das Unternehmen der weltweit größte Verarbeiter organisch-biologischer Rohwaren. Und das HiPP Bio-Siegel bedeutet für die Käufer eine weitaus größere und strengere Kontrolle der Rohwaren und ihrer Herstellung, als es der Gesetzgeber vorschreibt. Der Inhalt eines HiPP Gläschens durchläuft ein Qualitätssicherungssystem von über 260 Kontrollen, ehe es das Werk verlässt. HiPP achtet darauf, dass Anbauflächen weitab von jeglicher Umweltbelastung liegen, und setzt auf natürliche Schädlingsbekämpfung, z. B. durch die Bereitstellung von Nistplätzen für Vögel als natürliche Feinde der Schädlinge. Das Fleisch stammt aus natürlicher Weidehaltung mit artgerechter pflanzlicher Fütterung.

Das Sortiment umfasst nicht nur Säuglings- und Babynahrung, sondern auch komplette Menüs für Kleinkinder bis drei Jahren. Stufe für Stufe wird ein abwechslungsreicher Speiseplan geboten.

HiPP bietet dazu einen umfassenden Elternservice an. Am Elterntelefon geben Ernährungswissenschaftler und erfahrene Mütter kompetent Auskunft bei allen Fragen rund um die Ernährung und Gesundheit der Babys. Der enge Kontakt zu den Eltern ist für das Unternehmen sehr wichtig, denn hier werden nicht nur praktische Empfehlungen weitergegeben, sondern auch Anregungen entgegengenommen. Durch den stetigen Austausch ist über die Jahre ein Klima des Vertrauens entstanden, das für Claus Hipp von höchster Bedeutung ist, denn es geht schließlich um unser höchstes Gut: Babys und Kinder.

Ethisches Handeln im Einklang mit der Natur ist ein Leitsatz der Unternehmensphilosophie. So ist es eigentlich nur selbstverständlich, dass bei HiPP auch stark in das Nachhaltigkeitsmanagement und den Umweltschutz investiert wird. Und dieses Anliegen tragen die über 2.000 Mitarbeiter mit, indem sie sich schon in ihrem Arbeitsvertrag verpflichten, die Umwelt zu schützen. Dass dieses Konzept aufgeht, beweisen die vielen Eltern, die den Worten Claus Hipps vertrauen und im Handel zu den HiPP Gläschen, der meistgekauften Babynahrung, greifen.

ADRESSE | AUSZEICHNUNGEN

HIPP-WERK GEORG HIPP OHG
Georg-Hipp-Straße 7
85276 Pfaffenhofen/Ilm
www.hipp.de

„Entrepreneur des Jahres 2010" für Prof. Dr. Claus Hipp, Ernst & Young, 2010
„Deutscher Nachhaltigkeitspreis" für die Verdienste im Bereich „Nachhaltigster Einkauf", 2009
„Deutscher Gründerpreis", Kategorie „Lebenswerk" an Prof. Dr. Claus Hipp, 2005
„Millennium Business Award for Environmental Archievements", International Chamber of Commerce aus dem United Nations Environment Programme, 2000
„Ökomanager des Jahres" für Prof. Dr. Claus Hipp, Capital und WWF Deutschland, 1997

HOT WHEELS

Die besten Spielzeuge erfinden immer noch Eltern oder Großeltern. Und ganz besonders dann, wenn es um solche geht, mit denen sie auch selbst gerne spielen wollen. Zum Beispiel Autos. Der Kalifornier Elliott Handler ist ein Musterbeispiel für dieses Phänomen. Beim Spielen mit seinen Enkeln befand er Mitte der 60er-Jahre herkömmliche Modellautos wegen mangelnder Wendigkeit, schlecht laufender Achsen und einer eingeschränkten Vielfalt für langweilig. Seine Idee war geboren, neue Spritzguss-Modellautos im Maßstab 1:64 zu produzieren, die vor allem für eines stehen: Geschwindigkeit und Nervenkitzel.

Nun war Elliott Handler auch nicht einfach irgendjemand. Im Gegenteil, gemeinsam mit seinem ehemaligen Geschäftspartner Harold „Matt" Matson hatte er rund 20 Jahre früher, im Jahr 1945, ein ganzes Unternehmen gegründet. Dessen Name setzte sich aus den beiden Kürzeln seiner Gründer zusammen: „Matt" und „El". Schon damals war das Unternehmen der typischen kalifornischen Garage, in der es startete, längst entwachsen und schickte sich an, einer der ganz Großen auf dem internationalen Spielzeugmarkt zu werden. So bekam Handler für sein Autovorhaben leicht namhafte Unterstützung. Mithilfe von Jack Ryan, einem ehemaligen Raketentechniker der US-Marine, und Chevrolet-Top-Designer Harry Bentley Bradley rollte im Jahr 1968 das erste Hot Wheels-Auto in die US-amerikanischen Kinderzimmer. Das erste Sortiment bestand aus 16 Fahrzeugen, die schon damals an einem besonderen Markenzeichen zu erkennen waren: die an den Karosserieseiten angebrachten leuchtenden Flammen. Diese machten die Miniflitzer zu unverwechselbaren Hinguckern. Das allererste Hot Wheels-Modell, der dunkelblaue Custom Camaro, gilt unter Sammlern noch heute als absoluter Kult.

Eine Vielzahl weiterer Design-Highlights zeichnete die Hot Wheels außerdem aus. Etwa ihr bis dahin völlig unbekanntes Metallic-Finish, das von hoher Qualität zeugte. Auch ihre Räder waren besonders: Um sie aus der Menge herkömmlicher Modellautos abzuheben, wurden sie bei jedem Auto mit roten Linien versehen. So gelangten die neuen Flitzer vom Start weg auf die Überholspur. Ihre Umsätze übertrafen die Erwartungen des ersten Jahres um das Zehnfache und machten Mattel mit den neuen Stars der Rennstrecke innerhalb nur eines Jahres zum Branchenführer. Seitdem ist Hot Wheels nicht mehr aus der Welt der Autofans wegzudenken. Mehr als vier Milliarden Spielzeugfahrzeuge wurden seit der Gründung der Marke 1968 bereits produziert. Hintereinander aufgestellt, würden sie die Erde mehr als viermal umrunden. Neben den Hot Wheels-Autos stellt Mattel auch passende Rennstrecken und Spielesets her. Bei den ersten Bahnen wurden die Autos einfach auf einer schrägen Ebene auf Tempo gebracht, mittlerweile sind viele Sets auch mit batteriebetriebenen Beschleunigern ausgestattet. Außerdem werden für die Hobbypiloten mit jeder Bahn neue Kurven und schnellere Pisten angeboten. Neben dem ursprünglichen Ziel von Elliott Handler, Fahrzeuge mit mehr Spielwert auf den Markt zu bringen, trägt noch ein weiterer Aspekt zum Erfolg von Hot Wheels bei: der Sammlerwert. Auch dank der Unterstützung prominenter Partner wie Ferrari, Aston Martin, Bugatti oder BMW sind mehr als 800 Modelle in 11.000 verschiedenen Varianten entstanden. Regelmäßig kreieren international bekannte Designer Modelle der beliebten Autos, die besonders für die zahlreichen Sammler der Marke schnell zu echten Liebhaberstücken werden. Wie etwa der pinkfarbene Volkswagen Beach Bomb aus dem Jahr 1969, der mit 72.000 US-Dollar den höchsten Preis erzielte, der jemals für ein Hot Wheels-Auto bezahlt wurde. Sammler treffen sich heute bei Fantreffen auf der ganzen Welt und halten sich regelmäßig auf dem neuesten Stand. Auf www.hotwheelscollector.com, der größten Internet-Community für Liebhaber von Modellautos, sind mehr als 275.000 Autofans registriert. Die meisten davon dürften Erwachsene sein – aber mit sehr großer Wahrscheinlichkeit haben sie ihre Leidenschaft für die heißen Reifen schon in der Kindheit entdeckt.

ADRESSE | AUSZEICHNUNGEN

MATTEL GMBH
An der Trift 75
63303 Dreieich
www.hotwheels.com

„100 besten Unternehmen für Arbeitnehmer" für Mattel, Fortune Magazin (2008, 2009, 2010, 2011)
„100 gesellschaftlich meistengagierten Unternehmen" für Mattel, Ethisphere Institute in New York (2009)
„100 weltweit ethischsten Unternehmen" für Mattel, Ethisphere Institute in New York (2009)

HUDORA

Mobilität beginnt bereits mit dem ersten Krabbeln – sich fortbewegend die Welt zu eigen machen ist sicherlich ein menschliches Grundbedürfnis. Mit den ersten Schritten wird die Welt dann schon ganz anders erkundet als aus der Froschperspektive und natürlich will man genauso wie die großen Leute alles entdecken und „erfahren". Mit dem One2Run-Laufrad des Sportgeräteherstellers HUDORA bekommt Mobilität für Kleinkinder eine ganz neue Dimension: Heute können sich schon Zwei- oder Dreijährige genauso wie die „Großen" auf den Weg machen – dem Laufrad sei Dank. Durch das One2Run sind auch schon die Kleinen mobil und wendig und trainieren dabei gleichzeitig Motorik, Koordination und Gleichgewichtssinn.

Mit der Entscheidung, ein neues Laufrad zu entwickeln und auf den Markt zu bringen, entschloss sich HUDORA für eine grundlegende Überarbeitung der vorhandenen Konstruktionsmuster: Das Unternehmen hat eine Vielzahl auf dem Markt erhältlicher Produkte analysiert und untersucht, wie Kinder mit diesen Fahrgeräten umgehen. Das Resultat: Ein Großteil der gängigen Produkte wird analog der Körperproportionen von Erwachsenen konstruiert. Doch deren Proportionen lassen sich nicht einfach auf Kinder übertragen. Eine grundlegende Neukonstruktion war dringend nötig. In Zusammenarbeit mit dem Bergischen An-Institut für Produktentwicklung und Innovationsmanagement Wuppertal wurde ein Laufrad entwickelt, das wirklich auf die ergonomischen Bedürfnisse von kleinen Kindern abgestimmt ist – das HUDORA One2Run.

Für dieses Fahrzeug wurden die Abstände und Winkel von Sattel zu Lenker und Sattel zu Boden neu vermessen, Lenker und Sattel individuell verstellbar gemacht. So wird nicht nur den ständig wachsenden, sondern sich auch ständig verändernden Proportionen von Armen und Beinen der Kinder Rechnung getragen. Das One2Run verfügt neben einer horizontalen Sattelverstellung und einer verdrehfesten Sattelstütze über eine Luftbereifung. Ihr nylonverstärkter Gummimantel und Schlauch fangen Schläge ab und sind auch bei Nässe sicher. Das HUDORA-Laufrad ist damit besonders für Kinder zwischen zwei und fünf Jahren geeignet, natürlich genauso für Mädchen wie für Jungen. Die Belastungsobergrenze liegt bei einem Körpergewicht von 35 Kilogramm.

Im Jahre 1919 von Hugo Dornseif in Radevormwald gegründet, stellte die Firma ursprünglich Schlittschuhe her. Heute führen Evelyn Dornseif und ihr Sohn Dr. Maximilian Dornseif das Unternehmen gemeinsam in dritter und vierter Generation. Die 60 Mitarbeiter am Standort Remscheid vertreiben eine sehr breite Produktpalette rund um Aktivität und Bewegung – und das sehr erfolgreich. Laut Eurotoys-Zahlen ist HUDORA auf Platz eins im Bereich der Hersteller von Scootern oder Skateboards; auch im Bereich Laufräder, Inline- und Iceskates und Trampoline ist HUDORA Marktführer. Die Produktion wurde 1984 von Deutschland nach Asien verlagert, eigene Niederlassungen in Hongkong und Shenzhen sorgen für Produktions- und Qualitätskontrolle.

Als international produzierendes Unternehmen steht HUDORA für ein umfassendes Engagement im Bereich der Nachhaltigkeit. So ist das Unternehmen Mitglied der BSCI, der Business Social Compliance Initiative, die sich für die Einhaltung von Sozialstandards in Risikoländern engagiert. Daneben gründet sich die Firmenphilosophie von HUDORA auf einem gleichbleibend hohen Maß an Innovation, verbunden mit der Bereitschaft, sich ständig neu zu erfinden und weiterzuentwickeln. Tradition aus dem Bergischen Land trifft Innovation weltweit – das beweist HUDORA seit fast einem Jahrhundert. Eines ist in der ganzen Zeit aber gleich geblieben: der Anspruch, Spiel-, Sport- und Freizeitprodukte zu einer dauerhaft guten Qualität und familienfreundlichen Preisen anzubieten. So wie das One2Run – das mitwachsende Laufrad, das speziell für Kinderkörper entwickelt wurde und – nicht zu vergessen – wirklich Fahrspaß bringt.

ADRESSE

HUDORA GMBH
Jägerwald 13
42897 Remscheid
www.hudora.de

JACKY

JACKY Mütter und Väter dieser Welt kennen den kleinen, aber feinen Unterschied zwischen einfacher und hochwertiger Babykleidung. Hübsch anzusehen sind nicht selten beide Varianten – die wahre Qualität von Baby-Jacken, -Hosen, -Bodys und Co. zeigt sich aber oft meist beim ersten Tragen. Und da Babymode vor dem Praxistest vom neugeborenen Probanden nicht anprobiert wird, sind verlässlicher Tragekomfort und ein Höchstmaß an Qualität umso wichtiger. Wer hat sich nicht schon geärgert über neu gekaufte Kleidung, die bei Bewegung, Spaß und Spiel eher einengte, statt perfekt zu passen? Dort ist ein Hosenbund zu eng, da das Material so hart, dass Krabbeln und Klettern unmöglich wird. Das genaue Gegenteil finden junge Eltern in den Kollektionen des Labels JACKY – hier passt sich jedes Teil den Bedürfnissen und dem Alltag der Kleinen an und schafft dort Bewegungsfreiheit und Wohlbefinden, wo es wichtig ist. Das Erfolgsrezept des Bekleidungsunternehmens heißt auch Erfahrung. Über 45 Jahre in der Herstellung und Entwicklung von Babykleidung stehen im Hause JACKY zu Buche – die Liebe zum Detail, die hohe Qualität und der Komfort der Bekleidung sind die wichtigsten Bausteine des Erfolgs. Weiche, babygerechte Materialien prägen sämtliche Stücke jeder Kollektion – Hosen mit verstellbarem Hosenbund sind genauso ein Markenzeichen der Bekleidungslinien wie die Lycra-Softbündchen bei Hosen in Babygrößen. Reißverschlüsse und Knopfleisten sind durchgehend abgedeckt, und auch die süßeste Stickerei ist beim Label JACKY rückseitig abgeklebt, damit die zarte Babyhaut so zart bleibt, wie sie ist. 1965 erblickte die Marke JACKY das Licht der Modewelt. Am Firmenstandort Metzingen entwerfen seit über 45 Jahren hauseigene Designer die Kollektionen des beliebten Labels und begleiten jedes einzelne Teil vom Entwurf bis zum fertigen Endprodukt. Strenge Produktionskontrollen garantieren die fortlaufend hohe Qualität. Ob Strampler, Kapuzenjacken, Bodys, Mützen oder Schlafanzüge – von den allerkleinsten Babygrößen ab 44 bis zur Mode für Kleinkinder in Größe 116 findet man bei JACKY wirklich alles, was das Elternherz begehrt. Das hervorragende Preis-Leistungs-Verhältnis ist da nur einer von vielen guten Gründen, den eigenen Nachwuchs mit JACKY Mode einzukleiden. Die in jeder Kollektion vorhandenen Kombinationssets bieten passend aufeinander abgestimmte Teile, zu denen auch Accessoires wie Babymützen oder Babyschuhe gehören. Und weil Babykleidung nicht nur bequem, sondern auch schön sein soll, zieren als Aufdruck oder Stickerei niedliche Tiermotive und ansprechende bunte Farben die Hosen, Strampler und Oberteile. Die 100%ige Baumwollqualität macht aus der Mode für Jungen und Mädchen ein Wohlfühlerlebnis für jeden Tag. Wen wundert es bei so viel Qualität und Trendbewusstsein, dass die Geschichte des Unternehmens seit jeher eine Erfolgsgeschichte ist: Mehr als 1.200 Händler in aller Welt zählen zu den Kunden der Firma JACKY – und das zum Teil schon seit Jahrzehnten. Im Ausland wird die Ware hauptsächlich über Generalimporteure und Distributeure vertrieben. Qualität setzt sich eben durch – so einfach könnte man die Erfolgsformel zusammenfassen. Und weil Erfolg im Hause JACKY auch bedeutet, ebendiesen weiterzugeben, beteiligt sich der Babymodenhersteller an regelmäßigen Aktionstagen oder Tombolen zu wohltätigen Zwecken. Insbesondere die Unterstützung bedürftiger Kinder ist dem Unternehmen aus Metzingen, das mitten im Zentrum der deutschen Maschenindustrie liegt, ein Anliegen. Heute wird JACKY in zweiter Generation von den Söhnen des Gründers geführt, und an dem anfangs genannten kleinen, aber feinen Unterschied, den Eltern und Kinder so sehr lieben, hat sich auch nach (fast) fünfzig Jahren nichts geändert!

ADRESSE

JACKY BABY- UND KINDERMODEN GMBH
Ulmer Straße 99
72555 Metzingen
www.jacky.de

JANOSCHIK

Welches Mädchen und welcher Junge wünscht sich nicht zum Spielen einen treuen Begleiter, mit dem man durch dick und dünn durch das aufregende Kinder-Leben gehen kann? Manch Spielzeug begleitet seinen Besitzer noch bis ins hohe Erwachsenenalter. Die Firma Janoschik Holz-Spiel-Design hütet einen wahren Kinderschatz an hölzernen Freunden, die als Rutschtier oder Schaukeltier in Groß und als Ziehtier, Spardose oder Spitzer in Klein daherkommen. Die lustigen Löwen, Kängurus, Elche, Kamele, Elefanten, Mäuse und mehr sind liebenswerte Weggefährten, die so manchen nicht umsonst an tschechische Zeichentrickfilme erinnern. Ihre Erfinder Ivan Vanecko und Tomas Svoboda haben eigene Comics und den Spaß an witzigen Charakteren als Vorlage für ihre Kreaturen genommen und ganz bewusst Holz als altbewährtes und doch nie aus der Mode kommendes Arbeitsmaterial eingesetzt. Ihre Freude und Begeisterung für die Sache spricht aus allen Produkten, die die Firma herstellt. Seit 15 Jahren gibt es das kleine Familienunternehmen, das seitdem mit dem Wandel der Zeit geht, indem es Qualität, Liebe zum Design und den Spaß am Spielen vereint und trotzdem sich selbst und dem Material Holz treu bleibt. Janoschik verwendet ausschließlich einheimische Kiefern-, Buchen- und Eichenhölzer in bester Qualität, die größtenteils in präziser Handarbeit in der Tschechischen Republik zu den einzigartigen Tieren verarbeitet werden. Dabei strahlt das Material nicht nur Schönheit und Haltbarkeit aus, sondern beflügelt durch seine Einzigartigkeit in Farbe und Maserung auch die Fantasie. Auf dem Rücken eines Elefanten oder Kamels lassen sich tolle Reisen unternehmen, so werden Motorik und Imagination gefördert. Die beweglichen Verbindungen der Rutschtiere sind aus Leder, so dass sie flexibel und gut lenkbar über den Boden flitzen können. Dieser wird durch Gummiriemen an den Rädern der Spielzeuge vor Kratzern oder Verschmutzungen geschützt. Einige Modelle weisen sogar noch ein spezielles Gimmick auf: Schaf und Elefant zum Beispiel tragen eine Miniaturausgabe auf kleinen Rollen in ihrem Bauch und das Känguru hat in seinem hölzernen Beutel ein kleines Baby dabei. Diese feinen Spielerweiterungen machen nicht nur Freude, sie trainieren auch die Feinmotorik. Für die Liebhaber der kleinen Dinge gibt es die bunte Kinderzimmerbevölkerung auch als Ziehtiere, die mit den verschiedensten Arm-, Flügel- und Bein-Bewegungen beim Fortbewegen ein Lachen auf die Gesichter zaubern. Spardosen, Schraubdosen und Anspitzer vervollständigen das Angebot. So findet man hier für jeden Geldbeutel das passende Präsent. Dabei bestechen alle Janoschik-Tiere durch ihre einmalige Ausstrahlung und begeistern durch ihren Witz und Humor auch Erwachsene. Neben dem Spielzeug stellt das Unternehmen auch sogenannte Märchenmöbel her, die z. B. als Thronstuhl jedem Kind einen wunderbaren Platz bieten, auf dem man herrlich Geschichten lauschen oder sie erfinden kann. Große Erfolge feierten diese außergewöhnlichen Kindermöbel auch schon in Norwegen, wo sie in Grundschulen eingesetzt werden, um das eigene Erzählen anzuregen. Geliefert werden alle diese Möbel zusammen mit einem Märchen, das die Kinder in Gestalt von Fuchs und Elch lehrt, Rücksicht auf andere zu nehmen und großzügig mit seinem Besitz zu sein. So finden sich Elchgeweih und Fuchs dann auch als Designelement auf Schiefertafeln oder Kleiderhaken. Kleine Schränkchen in den Thronstühlen bieten Platz und Versteck für Kinderschätze. Noch besser kann man die vielen kleinen Dinge aber in den Kindertruhen verstauen, die mit Tierfiguren versehen in verschiedenen Größen das Aufräumen im Kinderzimmer erleichtern. Mit Rollen bestückt, können die Truhen von kleinen Kinderhänden wunderbar abtransportiert und auf jede Kinderzimmerpirateninsel mitgenommen werden. So wird jedes Produkt von Janoschik Holz-Spiel-Design für viele Jahre oder auch Jahrzehnte das Leben an der Seite eines Kindes ein Stück begleiten.

ADRESSE

JANOSCHIK HOLZ-SPIEL-DESIGN
Südend 8
77966 Kappel-Grafenhausen
www.janoschik.de

JOOLZ

JOOLZ Fahren oder gefahren werden – das ist hier die Frage. Beides, lautet die Antwort – wenn es sich beim fahrbaren Untersatz um einen Joolz Kinderwagen handelt. Da ist nämlich das eine so schön wie das andere. Der Kinderwagen-Hersteller mit Hauptsitz in Amsterdam ist unter dem Claim „Der erste Kinderwagen, der Qualität, Design und Ergonomie vereint" vom Newcomer in nur vier Jahren zum Selbstläufer avanciert. Die Gründe dafür sind so gut wie zahlreich. Denn in Sachen Komfort und Benutzerfreundlichkeit hat Joolz viel zu bieten. Die extragroße Liegeschale für die Neugeborenen oder die extrahohe Sitzposition des Modells Joolz Day, die das Herausheben der Kleinen für die Großen einfach und rückenfreundlich macht, sind nur zwei von vielen Details, die die Joolz Modelle so besonders machen. Die Wurzeln des Unternehmens reichen nicht weit zurück, umso erstaunlicher ist sein Werdegang. Ende 2007 kamen die ersten Kinderwagen made by Joolz auf den Markt. Emile Kuenen, Gründer, Inhaber und Kreativdirektor des Newcomer-Labels, ist noch heute zuweilen überrascht, wie schnell der Aufstieg zum etablierten Kinderwagen-Hersteller gelang. Eine Bootstour durch die Kanäle in Amsterdam gilt als die Geburtsstunde des Unternehmens Joolz. Ein Gespräch über das Thema Kinderwagen führte zu der Erkenntnis, dass nur wenige Kinderwagen den Ansprüchen von Eltern und Kindern an Funktionalität, Style und Ergonomie entsprechen. Diese Lücke zu füllen war und ist der Anspruch des Herstellers Joolz. Echte Juwelen sind die Modelle heute im breiten Angebot des Kinderwagensegments – so lautet das Selbstverständnis des Unternehmens Joolz und daher rührt auch sein Name: Joolz heißt nicht mehr und nicht weniger als „Juwelen" auf Englisch. Und der Erfolg gibt Joolz und der Idee hinter dem Namen recht. Vom Headquarter in Amsterdam aus werden die modernen Modelle mittlerweile in über 20 Länder vertrieben. Kein Wunder, schließlich verbringen Kinder, Eltern und Großeltern für Jahre viel Zeit im und hinterm Kinderwagen – da möchte man bequem unterwegs sein. Genau aus diesem Grund wurde der Joolz Day ergonomisch um den menschlichen Körper herum konzipiert und der Dutch Ergonomicz – wie Joolz diesen Ansatz nennt – eine Schlüsselrolle in der Designphilosophie zugewiesen. Die Überzeugungskraft der Joolz Kinderwagen liegt dabei im Detail. Ob nun der Sicherheitsbügel, der sich im Alltag, bei dem die Eltern stets schwer bepackt und selten freihändig sind, mit nur einer Hand öffnen lässt oder der höhenverstellbare Schiebebügel, den Mamas und Papas frei nach Körpergröße einstellen können – wer Joolz fährt, kommt um Unbequemes und Umständliches locker herum. Das Gleiche gilt für die kleinen Insassen: Individuell einstellbare Fußstützen und voll verstellbare Sicherheitsgurte beispielsweise wachsen mit dem Kind und lassen ihm immer genau so viel Bewegungsspielraum, wie ein Höchstmaß an Sicherheit zulässt. Die qualitativ hochwertigen Materialien und Bezüge, die Joolz durchgehend bei der Herstellung verwendet, sind zudem auf Langlebigkeit und Komfort ausgelegt. Und auch die Designs sind außergewöhnlich. Die „Joolz Day Earth Edition" z. B. ist inspiriert von der schlichten Schönheit unserer Erde – die Farbtöne Cactus green und Elephant grey oder das braune Lederimitat am Sicherheitsbügel sind Blickfänge, die im Betrachter auf Anhieb Assoziationen zum Thema Natur wecken. Und damit man schon mal vor dem Besuch im Babymarkt anfangen kann zu träumen, kann man seinen Traum-Kinderwagen Marke Joolz – im Stile eines Traumautos – online selbst zusammenstellen. Dieser Anspruch, ein Höchstmaß an Individualität zu verwirklichen, steht in der Unternehmenskultur ganz weit oben. Rahmengestell und Materialien lassen hier viel Spielraum für die eigene Kreativität – und das kommt an, schließlich ist nichts individueller auf dieser Welt als der kleine Passagier im Innenraum des Kinderwagens. Der wiederum würde, wenn er denn könnte, wohl nur eines zu all dem sagen: „Weiterfahren!"

ADRESSE

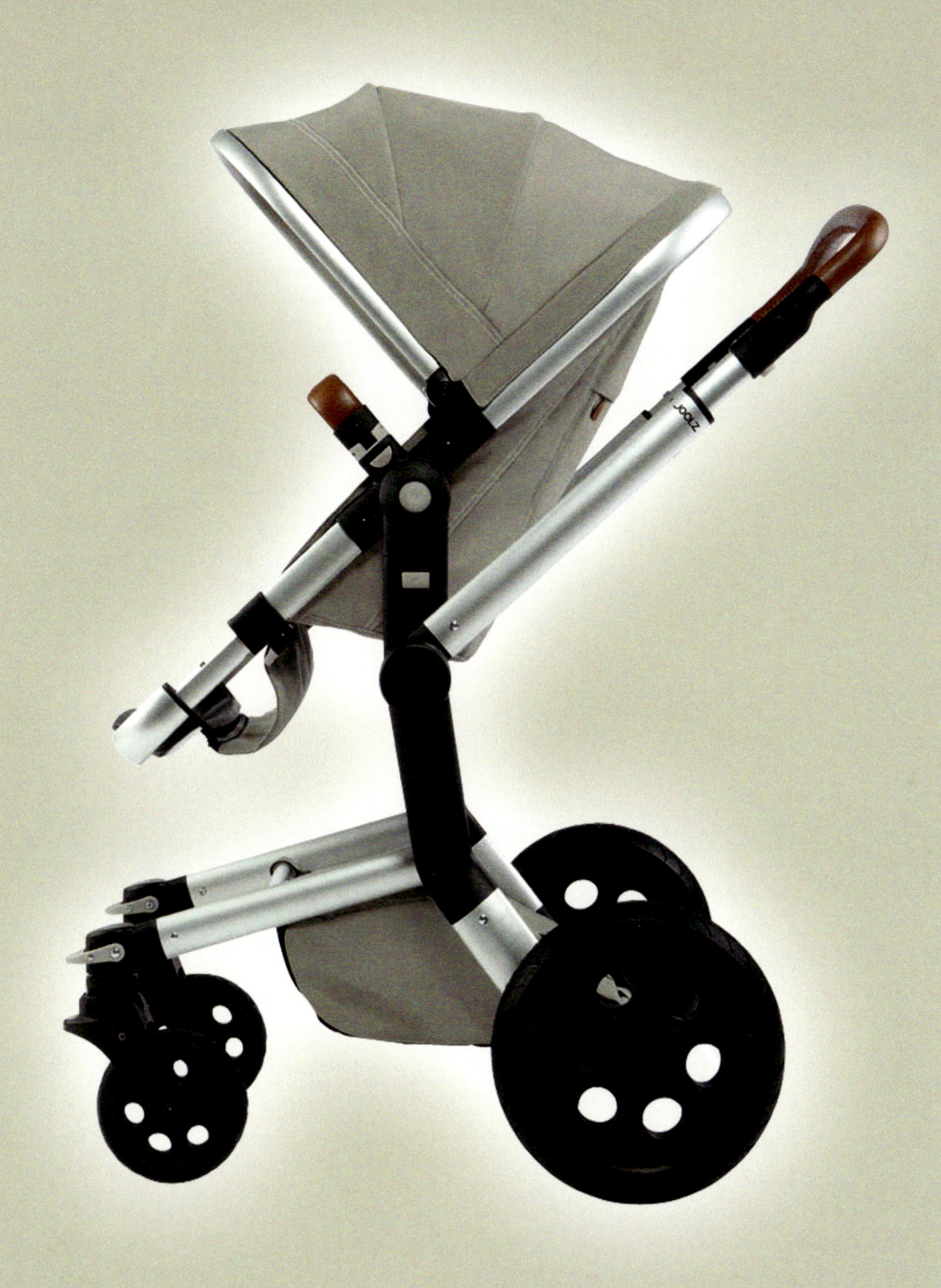

MILK DESIGN BV
Nieuwe Herengracht 51-53
NL-1011 RN Amsterdam
www.my-joolz.de

KANZ

KANZ® Das Baby einzuhüllen mit Liebe und Zärtlichkeit und mit Stoffen, die seiner empfindlichen Haut schmeicheln und die ein Wohlgefühl versprechen von der ersten Stunde des Lebens an, das war die Idee von Josef Kanz. Er legte 1949 mit nur zwei Strickmaschinen den Grundstein für die Philosophie, der das Unternehmen noch heute folgt – einer Philosophie, die von Verantwortung, Verlässlichkeit und Nachhaltigkeit erzählt. Seither sind mehr als 60 Jahre vergangen, seither gab es viele Meilensteine und Erfolge in der Geschichte der Josef Kanz GmbH. Kanz ist heute ein international tätiges Unternehmen aus Baden-Württemberg, das sein Markenportfolio stetig erweitert, seinen Anspruch klar formuliert und seine Kernkompetenz in Kleidung für Neugeborene immer wieder und eindrucksvoll beweist. Kanz steht für eine modische Liebeserklärung an alle Kinder, von der Geburt bis zum Schulalter und darüber hinaus bis in die Jugendzeit. Jedes Kleidungsstück ist ein besonderes. Neben harmonischen Farbthemen und aufwendigen Details bestimmt die Stoffwahl jene Qualität, auf die sich Eltern und Großeltern beim Kauf eines Kanz-Produktes verlassen. Die Stoffe sind funktional und vor allem frei von jeglichen toxischen Zusatzstoffen. Kanz wählt sie aus nach Öko-Standard 100, Klasse 1. Diese Zertifikation garantiert sowohl in Natur- wie auch in Funktionsstoffen ein gesundes und schmeichelndes Tragen, frei von Nickel oder anderen belastenden Zusätzen und keinesfalls sandgeplastet. Mit diesem Versprechen übernimmt Kanz die Verantwortung für Natur und Umwelt sowie für soziale Entwicklungen in den Baumwollgebieten dieser Welt. Beim Anbau organischer Baumwolle wird auf den Einsatz von chemischem Dünger und von Pestiziden gänzlich verzichtet und ein Augenmerk auf die Arbeitsbedingungen der Baumwollpflücker gelegt. Kanz verpflichtet sich mit der Herstellung all seiner Produkte, die ethischen Ansprüche und Herstellungsstandards im Sinne einer internationalen sozialen Verantwortung zu erfüllen. Diese Gewissheit macht jede Kollektion zu einem Glanzstück. Passform und Funktionalität sind hierbei die verlässlichen Kriterien einer jeden Kreation. Kanz zeigt mit seinen Moden für Neugeborene, für Minis, Kids und Teens, was Kinder lieben. Nämlich eine Mode, die einzigartig ist, wie das Kind selbst. Die Mode von Kanz bietet seinen kleinen Kunden eine freche, sportliche Note. Die Marke Whoopi bildet hierbei den Preiseinstieg. Sons & Daughters bietet Fashion für Kids und Teens, Premium-Fashion unter der Lizenzmarke Steiff, Strumpfmoden unter der Marke Melton, und neuerdings runden die Tochterfirmen Döll und Pampolina das Repertoire an Kinderbekleidung ab. So wuchs Kanz zu einem der bedeutendsten Unternehmen im Markt der Kinderbekleidung heran: der „Kids Fashion Group". Diese Entwicklung vom inhabergeführten Unternehmen hin zu einem weltweit agierenden Modespitzenreiter der Kinderbekleidung vollzog sich schrittweise. Und immer blieb der Fokus auf die Gesundheit und die Bedürfnisse der Kinder gerichtet. So ist es nicht verwunderlich, dass Kanz durch diese Konsequenz und durch die Verlässlichkeit und Nachhaltigkeit zu einem Synonym für eine hochwertige Mode geworden ist, die sich an kleine Persönlichkeiten richtet – und das von der ersten Lebensstunde an. Der enge Kontakt zu den Eltern und Großeltern gibt dem Unternehmen immer wieder Anregungen und Ideen, und diese Aufmerksamkeit zahlt sich aus: Kanz als führender Kindermodenhersteller wird auch weiterhin sein Wirken am Zeitgeist ausrichten und dabei eine funktionale Kinderkleidung präsentieren, die passt, die auffällt, die bezahlbar ist. Dafür arbeiten mehr als 150 Mitarbeiter im Unternehmen, das in Pliezhausen seinen Hauptsitz hat, nahe Stuttgart, ganz im Sinne des Gründers Josef Kanz. Denn seine Idee von Wohlgefühl und Zärtlichkeit, von Liebe und Umhüllung für Kinder von Anfang an besitzt eine Strahlkraft, die auch in Zukunft für das Unternehmen leitend sein wird und die in puncto Mode das Beste fürs Kind verspricht.

ADRESSE

JOSEF KANZ GMBH & CO. KG
Wilhelm-Schickard-Straße 7
72124 Pliezhausen
www.kanz.com

KÄTHE KRUSE

Käthe Kruse Es war das Weihnachtsfest 1905, als Käthe Kruses Tochter Maria, liebevoll „Mimerle" genannt, sich sehnlichst eine Puppe wünschte. Eine Puppe zum Kuscheln, Herumtragen und Umsorgen – genau wie ein echtes Baby sollte sie sein. Doch alle Puppen, die Vater Max Kruse in den Kaufhäusern Berlins sah, waren steif und kalt. Mit ihren zerbrechlichen Porzellanköpfen waren sie mehr für Erwachsene als für Kinder geeignet. Käthe Kruse beschloss, ihrer Tochter selbst eine Puppe zu machen. Sie nahm ein Handtuch, etwas Sand als Füllung und eine Kartoffel als Kopf – schon war das erste Puppenkind geboren und Mimerle liebte es inniglich. Zwar hielt die Puppe nur kurze Zeit, doch Käthe Kruse hatte ihre Berufung gefunden. Alle Kinder sollten mit ihren neuartigen Puppen spielen können. Denn erstmals sahen Puppen aus wie Kinder und nicht wie kleine Erwachsene, waren nicht Vor-, sondern Ebenbild. Dies ging mit der reformpädagogischen Bewegung der Jahrhundertwende Hand in Hand.

Im Jahr 1911 gründete Käthe Kruse ihre Werkstatt in Berlin, nur ein Jahr später folgte die Einrichtung einer großen Manufaktur in Bad Kösen. Nach dem 2. Weltkrieg wurde der Betrieb in Donauwörth weitergeführt. Wie damals schon zeichnet sich die klassische Käthe Kruse-Puppe auch heute durch hochwertige Materialien aus und wird detailreich von Hand gefertigt. Aufgrund ihres Preises hat sie sich immer mehr vom Spielzeug zum Sammlerstück entwickelt und war zwischenzeitlich fast aus den Kinderzimmern verschwunden. Durch das Engagement von Käthe Kruses Tochter und Nachfolgerin Hanne Adler-Kruse wurden auch Puppen aus neuen Materialien wie etwa Schaumstoff in das Produktsortiment aufgenommen. 1963 brachte Hanne Adler-Kruse das „Badebaby" auf den Markt – eine echte Baby-Spielpuppe, die auch gebadet werden konnte. Als Hanne Adler-Kruse wiederum die Manufaktur 1990 in die Hände von Andrea Kathrin und Stephen Christenson übergab, war eines ganz klar: Käthe Kruses Tradition sollte unbedingt gewahrt bleiben, Hanne Adler-Kruses innovative Ideen im Bereich Kinder- und Babyspielzeug sollten ausgebaut werden und Käthe Kruse sollte unbedingt zurück in die Kinderzimmer.

So wurde das Angebot deutlich erweitert: Es entstanden vielfältige Produkte für Babys und Kleinkinder. Dazu gehört etwa das Schmusetuch, das an Käthe Kruses allerersten Puppenversuch erinnert. Der Kopf ist natürlich nicht mit einer Kartoffel, sondern mit Watte befüllt, doch die Enden der weichen Schmusetücher sind noch heute mit den charakteristischen Knoten versehen. Das Schmusetuch ist ein Klassiker und aus den Bettchen der Neugeborenen nicht mehr wegzudenken. Auch der Bereich der Spielpuppen bekam Zuwachs von verschiedenen Puppen für verschiedene Altersstufen. Zum Beispiel „Planscherle" für Kinder ab 18 Monaten. Alles, was Kinder selbst lernen und erleben, etwa Waschen, Baden, An- und Umziehen, Spazierengehen oder Kuscheln, kann mit „Planscherle" nachgespielt werden. Die Puppe wird zum idealen Partner für ausgedehnte Rollenspiele. So lernen und üben die Kleinen Sozialverhalten und lernen spielerisch den Umgang miteinander. Oft unterstützt die Puppe auch den Ausdruck von Emotionen, fördert Sprache und Kommunikation. Sie wird zum unverzichtbaren Begleiter, darf überallhin mit und spendet Trost. Und im erwachsenen Leben erinnert die Lieblingspuppe an die geborgene Kindheit und die vielen schönen Stunden des Schmusens und Spielens.

Neben Puppen, Babyspielwaren und Accessoires fertigt Käthe Kruse heute auch Kindermode an – die natürlich ebenso liebevoll hergestellt wird. Derzeit findet die Produktion an zwei Standorten statt: Im Hauptwerk in Donauwörth arbeiten rund 70 Beschäftigte in der Verwaltung, im Vertrieb, in der Qualitätskontrolle, im Design und in der Produktion der klassischen Käthe Kruse-Puppe. Im Zweigwerk im lettischen Jelgava sind rund 320 Mitarbeiterinnen und Mitarbeiter in Verwaltung und Produktion tätig, die überwiegend den Bereich Stoffverarbeitung abdeckt: Zuschnitt, Näherei, Befüllung, Malerei, Handarbeitsabteilung. Mit vereinten Kräften sorgen sie alle dafür, dass die 100-jährige Erfolgsgeschichte von Käthe Kruse weitergeht – und Generation um Generation von Kindern mit heiß ersehnten, kuscheligen Spielgefährten versorgt wird.

ADRESSE | AUSZEICHNUNGEN

KÄTHE KRUSE MANUFAKTUR
Alte Augsburger Straße 9
86609 Donauwörth
www.kaethe-kruse.com

„sehr gut" für Handpuppe Hexe, ÖKO-TEST (12/2009)
„spiel gut" für Waldorf Puppe Max, Arbeitsausschuss Kinderspiel + Spielzeug e.V., 2007
„sehr gut" für Sitzsack Bär, ÖKO-TEST Kleinkinder Jahrbuch 2007
„spiel gut" für Nickibabys, Arbeitsausschuss Kinderspiel + Spielzeug e.V., 2006
„Grand Prix" für Schaufensterfiguren, Weltausstellung Paris, 1937
„Goldene Medaille" für Puppe !, Internationale Puppenausstellung Florenz, 1911

KIDDY

Sicherheit, Komfort und Design: Diese drei Merkmale zeichnen einen Kindersitz aus, und die kiddy-Kindersitze erfüllen diese Kriterien im Hochleistungsformat. Seit nun mehr als dreißig Jahren erklärt das Unternehmen kiddy den Schutz der Kinder im Auto zur Chefsache und beweist, was Qualitätsstandards made in Germany bewirken. Forschung, Entwicklung und der Einsatz von Hightech-Materialen bilden die Kernthese einer Unternehmensstrategie, deren ethischer Anspruch sich in einem Satz formulieren lässt: Im Mittelpunkt steht die kompromisslose Sicherheit des Kindes.

Dazu leistet sich kiddy eine eigene Crash-Simulationsstation, erforscht mittels spezieller Software in Testreihen immer wieder neu die Sicherheit der Produkte und optimiert sie mit dem gesamten Know-how der Ingenieure und Designer. Die Prozesse sind aufwendig und die Ergebnisse überzeugend: Die Sitze schützen die Kinder und geben den Eltern das gute Gefühl, das Beste für ihr Kind zu tun. Und so birgt jeder Kindersitz von kiddy eine Technologie, die sich kaum erahnen lässt, blickt man auf die lustigen, geschmackvollen Muster und Stoffe, an die sich die Kinder während der Autofahrt oder während des Fluges vergnügt kuscheln.

Den Grundstein für die kiddy Philosophie, mit jedem Kindersitz ein Maximum an Sicherheit zu garantieren, legte 1978 der Ur-kiddy. Dieser erste Autokindersitz des Unternehmens, das sich bis dahin mit der Herstellung von Fußmatten und Sitzbezügen für die Automobilindustrie einen Namen gemacht hatte, landete auf Anhieb auf Platz 1 beim Kindersitztest der Stiftung Warentest. Und so entstand bereits 1978 die Idee von exklusiven Kindersitzen, von der Synthese aus Spitzentechnologie und Design. Seitdem verfolgt kiddy diese klare und anspruchsvolle Strategie. Und das mit stetem Erfolg: Heute ist kiddy weltweit in 40 Ländern präsent, ist einer der Trendsetter in Sachen Sicherheit und vereint Tradition mit Innovation in seinen Produkten.

kiddy ist zudem der Pionier im Bereich der Fangkörpertechnologie und stattet seine Gruppe-1-Kindersitze (9 kg – 18 kg) wie auch seine Mehrbereichssitze mit einem Fangkörper aus: eine Technologie, die im Falle eines Frontalaufpralls die Verletzungsgefahr des Kopfes und der Halswirbelsäule vermindert. Dieser Fangkörper besteht aus energieabsorbierenden und stoßdämpfenden Hochleistungsmaterialien, welche die Aufprallenergie in den Fangkörper umleitet und damit ein abruptes Schleudern des Kopfes nach vorne verhindert – eine Gefahr, die beim Fünfpunktgurt droht.

Mit dem kiddy Fangkörper sind Schutz, Bewegungsfreiheit und Geborgenheit garantiert. Auch für den Seitenaufprallschutz hat kiddy eine optimale Lösung entwickelt. Das im Kopf- und Seitenbereich der kiddy Kindersitze verwendete Hightech-Material findet sein Vorbild in der Natur und ist nach dem Prinzip der stabilen Bienenwaben gefertigt.

Ein neues Sicherheitselement ist der kiddy Shock-Absorber (KSA) – dieser kommt bei kiddy Sitzen in der Gruppe 2/3 (15 kg - 36 kg) zum Einsatz. Der KSA nimmt im Falle eines Aufpralls die auf den Gurt wirkende Energie auf und wirkt wie eine Knautschzone am Kindersitz.

Seine sicherheitstechnisch ausgefeilten Sitze überspannt kiddy mit feuchtigkeitsregulierenden, atmungsaktiven Stoffen, die Eltern wie Kindern gleichermaßen gefallen. Die Kollektionen entstehen in Zusammenarbeit mit Käthe Kruse, mit Coppenrath, mit Ravensburger oder sind ein Blickfang durch das japanische Hanami-Design. Dass sich die Sitze mit wenigen Handgriffen verstellen oder ausbauen lassen, ist ein weiterer Pluspunkt für das mobile Leben mit dem Kind.

Der Umsatz des Unternehmens wächst jährlich. Die Nachfrage steigt – auch auf dem internationalen Markt. Dennoch legt kiddy Wert auf die regionale Verankerung, auf die Verantwortung für die Region. Und diese nimmt das Unternehmen gerne und in großem Umfang wahr. Kiddy unterstützt seit vielen Jahren karitative Einrichtungen und Aktionen durch Spenden von Kindersitzen und zeigt mit diesem Engagement, dass die Sicherheit der Kinder für kiddy eine Herzensangelegenheit ist.

ADRESSE | AUSZEICHNUNGEN

kiddy GmbH
Schaumbergstraße 8
95032 Hof
www.kiddy.de

„Gut" und „bester mitwachsender Sitz für Kinder ab 9 Kilogramm" für kiddy guardian pro, Stiftung Warentest (6/2010)
„Gut" für kiddy guardian pro, ADAC Motorwelt (06/2010)
Flugzeugzulassung für kiddy guardian pro, Zertifikat vom TÜV Rheinland

KIDIZOOM PRO

„Noch ein Foto, noch ein Foto!" – Fast alle Kinder lieben es, die Welt auf dem kleinen Display einer Digitalkamera einzufangen. Sie amüsieren sich königlich über die eigenen Grimassen und freuen sich über das Bild, das Papa vom süßen kleinen Hund im Urlaub gemacht hat. Selber fotografieren mit der elterlichen Kamera ist aber gar nicht so einfach: Einerseits gibt es viel zu viele unübersichtliche Knöpfe, andererseits werden Mama und Papa ziemlich nervös, wenn der Sprössling mit dem teuren Gerät hantiert.

Alles kein Problem mehr – dank der Kidizoom Pro von VTech, dem Spezialist für elektronisches Lernen. Die Kidizoom Pro Digitalkamera wurde 2009 im Markt eingeführt und ist wie das Vorgängermodell Kidizoom speziell für die Bedürfnisse von Kindern ab vier Jahren entwickelt worden. Sie ist sehr robust und aufgrund ihrer großen Tasten kinderleicht zu bedienen. Ein integrierter Doppelsucher sorgt für den vollen Durchblick. Die Kamera, die es in den Farben Blau und Pink gibt, ist aber viel mehr als nur ein Fotoapparat.

Sie ist ein wahres Multifunktionstalent: Mit ihr können Kinder auch Videos aufnehmen, Musik hören und sich sogar die Zeit mit fünf Spielen vertreiben. Das 1,8 Zoll große LCD-Farbdisplay der Kidizoom Pro macht sie zudem zum idealen Begleiter für alle Ausflüge und Urlaubsreisen. Ihr Speicherplatz kann nachträglich mit einer SD- oder SDHC-Karte aufgerüstet werden. Außerdem gehört ein AV-Kabel zum Lieferumfang, mit dem die Kamera an einen Fernseher angeschlossen werden kann – für die große Bildershow vor der ganzen Familie. Wer schon an den Computer der Eltern darf, kann die Aufnahmen auch nachbearbeiten: Der USB-Anschluss und eine spezielle Software machen es möglich. In nur wenigen Schritten können die kleinen Hobbyfotografen die selbst gemachten Kunstwerke verschönern, etwa die fotografierten Freunde digital vor tolle Bildhintergründe platzieren oder ihnen mit einer lustigen Stempelfunktion Tierohren aufsetzen.

Übrigens hilft VTech mit der Kidizoom Pro den kleinen Fotografinnen und Fotografen nicht nur, sich spielerisch mit digitalen Medien zu beschäftigen, sondern schärft ganz automatisch ihren Blick für die Umwelt und fördert eine kreative Auseinandersetzung mit ihr. Und wer weiß, vielleicht wird dank frühem Training aus den kleinen Knipsern auch der nächste preisgekrönte Reportagefotograf.

Die Kidizoom Digitalkamera war im Jahr 2010 zum dritten Mal in Folge der umsatzstärkste Spielzeugartikel im gesamten Spielwarenmarkt. Das hat eine Veröffentlichung der Eurotoys-Zahlen durch die Marktforschungsgesellschaft NPD Group Deutschland ergeben. Damit stellt VTech zum sechsten Mal in Folge das erfolgreichste Produkt der Branche, was bislang keinem anderen Hersteller gelang. Der Muttersitz des international tätigen Konzerns ist Hongkong. In den Bereichen Telekommunikation und Lernspielzeug beschäftigt das Unternehmen rund 20.000 Mitarbeiter in elf Niederlassungen rund um den Globus. 1992 wurde die deutsche Niederlassung in Filderstadt gegründet. Hier entwickelt das Unternehmen elektronische Lernspielprodukte für Kinder im Alter von 0 bis 10 Jahren. Darunter sind Produktreihen wie „VTech Baby", „Ready, Set, School", „MobiGo", „Kiditronics" und vieles mehr zu finden. In der Kategorie Electronic Entertainment, zu der die Kidizoom Pro Digitalkamera gehört, konnte VTech im Jahr 2010 ein Wachstum von 35,2 Prozent verzeichnen, während das Gesamtwachstum der Branche in diesem Segment lediglich 7,3 Prozent betrug.[*] Damit stieg der Marktanteil des Unternehmens in diesem Bereich von 39,1 Prozent auf 49,2 Prozent, so dass die in 2009 eroberte Marktführerschaft ausgebaut werden konnte.[*] Zum Wachstum in dieser Kategorie hat neben der Kidizoom Pro Digitalkamera und dem Kididog auch das im Jahr 2010 neu eingeführte elektronische Tagebuch Kidisecrets beigetragen.

(*Quelle: Eurotoys Handelspanel, 2007-2010, 70 Prozent Marktabdeckung)

ADRESSE | AUSZEICHNUNGEN

VTECH ELECTRONICS EUROPE GMBH
Martinstraße 5
70794 Filderstadt (Bernhausen)
www.vtech.de

Top 1 Produkt im Gesamtspielwarenmarkt für Kidizoom Pro (zum 3. Mal in Folge), Eurotoys Handelspanel 2008–2010

KIDS2SIT

Zwei kleine Kinder und nur ein Kinderwagen, hier ist die Lösung: Das Baby liegt sicher und wohlbehütet im Kinderwagen. Es strampelt und plappert vor sich hin, spielt mit den Händchen und möchte dabei den Eltern in die Augen sehen, sich unterhalten und Zuwendung spüren. Gerne würden die Eltern diese Bedürfnisse erfüllen, gerne würden sie diese Momente genießen, doch das ist oft schwierig, wenn das Geschwisterkind ebenfalls noch klein und ein wenig wackelig auf den eigenen Füßen ist. Es will neugierig seine Welt erkunden, will sich einlassen auf spannende Ereignisse am Wegesrand und wird dabei so schnell müde und ruft nach Ruhe. Unterwegs mit zwei kleinen Kindern – das ist eine Herausforderung der besonderen Art. Das erfuhr auch Birgit Kostner. Sie suchte nach einer Lösung am Markt und fand keine. Ideenreich und tatkräftig kreierte sie ihre eigene Antwort auf das Problem und heraus kam ein Produkt, das mit vielen durchdachten Details, mit einem Augenmerk auf Sicherheit und mit einem Gespür dafür, was Kinder und Eltern wollen, seither Kunden und Experten gleichermaßen überzeugt: Kids2sit heißt der zusammenklappbare Kunststoffsitz. Entwickelt und vertrieben im familieneigenen Unternehmen der Sagemüller GmbH in Gütersloh, ermöglicht dieser Sitz die Fahrt im Doppelpack. Und das System ist so einfach wie genial, TÜV-geprüft und aus hochwertigem Material hergestellt. Kids2sit besteht aus einem geformten Kunststoffsitz mit zwei stabilen Seitenwänden, die sich leicht auseinander- und zusammenfalten lassen, und aus einer Gürtelfädelung, die den Sitz flexibel an die Breite eines jeden Kinderwagens anpasst. Der Sitz wird ans Ende der Wagenwanne positioniert und kann mit dem Bezug der Softtasche bzw. Hartschale verdeckt werden. Auf diese Weise wird er zu einem gepolsterten und unsichtbaren Aufsatz - und auf ihm thront das Geschwisterkind gerne. Von hier aus kann es dem Baby nahe sein und mit Blickkontakt zur Mutter und zum Vater die Welt beobachten. Von hier aus kann es seine Gedanken mitteilen und 1000 Fragen stellen, so wie Kinder das im Alter von 18 bis 36 Monaten lieben. Dieser innige Kontakt zu den Eltern während der Fahrt gibt ihm das Gefühl, genauso geborgen zu sein wie das kleine Geschwisterchen im Wageninneren.

Und wenn sich wieder Bewegungsdrang und Abenteuerlust melden, dann lässt sich der kids2sit schnell und unkompliziert zusammenfalten und in die Ablagefläche des Kinderwagens verstauen. Derart ausgestattet können Eltern beiden Kindern gerecht werden, kann jede Kinderwagenfahrt im Doppelpack zu einem besonderen Erlebnis werden. Durch die Tunnelform des kids2sit bleibt die Beinfreiheit des Babys im Wagen erhalten. Das Baby kann munter weiterstrampeln, auch wenn das Geschwisterkind auf dem Wagen sitzt und sich am Schiebegriff des Kinderwagens oder am zusätzlich lieferbaren Haltegriff festhält. Dieser lässt sich schnell an unterschiedlichen Profilformen montieren, passt sich verschiedensten Kinderwagenbreiten an und ist mit einem einfachen Knopfdruck wieder zu entfernen. Und damit der Kunststoffsitz auf jeden Kinderwagen passt, egal ob das Modell aus einer Hartschale oder einer Kombitasche besteht, bietet das Unternehmen einen zusätzlichen Stabilitätsgurt an, der am Schiebegriff des Wagens befestigt wird und unter der Wanne entlang läuft. Somit entlastet der Gurt die Adapter bzw. die Befestigung der Wanne und verteilt das Gewicht des Geschwisterkindes gleichmäßig auf das gesamte Kinderwagengestell.

Der kids2sit samt Zubehör ist eine sinnvolle Lösung für alle Eltern, die mit kleinen Kindern unterwegs sind und nach flexiblen Möglichkeiten suchen, um auf die Lust und Launen der Kinder einzugehen. Und die wechseln bei kleinen Kindern schnell. Nach kurzer Pause hoch oben auf dem kids2sit locken wieder neue Ereignisse am Wegesrand, die ganz schnell erforscht werden müssen, weil ein Marienkäfer auf dem Rücken liegt oder ein Stein besonders glitzert. Das alles weckt Neugierde. Bis zur nächsten Pause. Auf dem Kids2sit.

ADRESSE

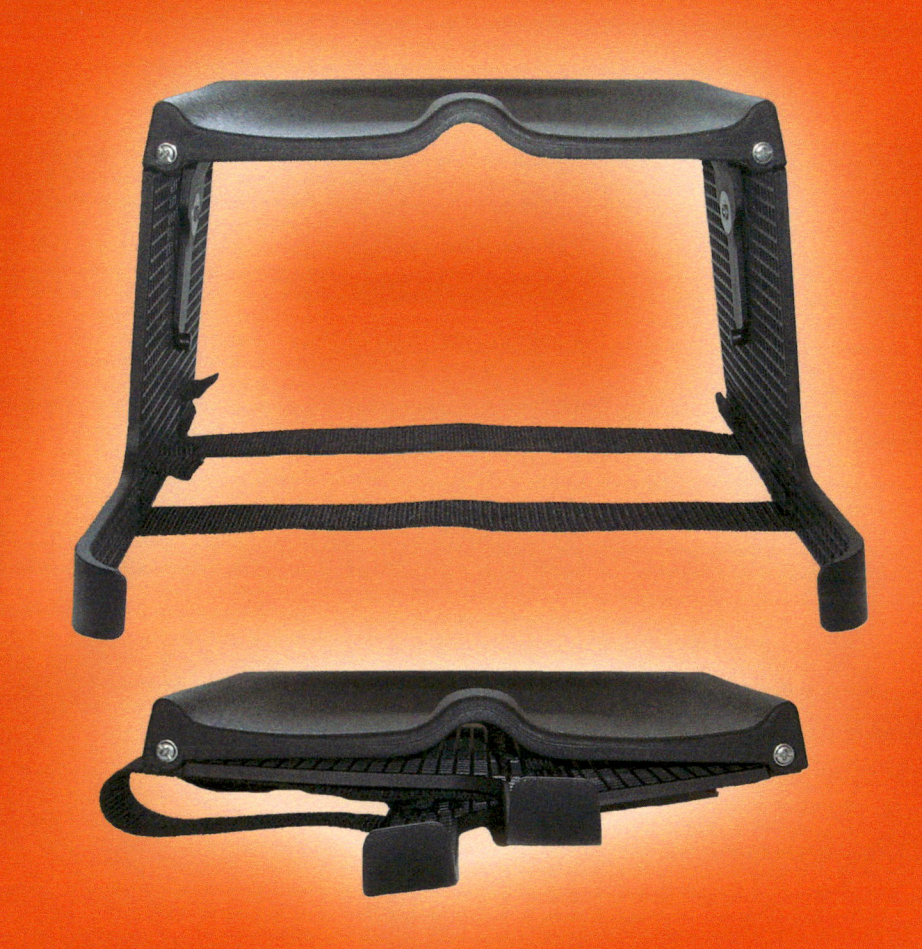

SAGEMÜLLER GMBH
Immelstraße 173
33335 Gütersloh
www.kids2sit.eu

KJOMIZO

kjomizo

Wer kennt diese Situation nicht? Wenn im Freundes- und Familienkreis Nachwuchs naht, stellt sich spätestens am Tag der Geburt, aber für gewöhnlich auch in den Jahren danach, immer wieder die Frage: „Was schenken?" Die Antwort darauf ist meist schwer zu finden, schließlich möchte man in der Flut der Geburtsgeschenke nicht unbedingt untergehen. Was also tun? Seit August 2010 gibt es eine ziemlich erlösende Anwort: kjomizo, ein junges Hamburger Label für Kinder- und Babysachen. Simona Albers und Nadine Gehrmann heißen die Erfinderinnen der neuen Marke, die sich bereits jetzt einen Namen gemacht hat. Die eine ihres Zeichens Architektin, die andere Grafikdesignerin und beide zusammen sehr kreative Köpfe, wollten sie dem Einheitslook des Kinderproduktdesigns ein Ende machen. Gesagt, getan. Im Jahr 2010 erblickt das Label kjomizo das Licht der Welt, und mit seinem Anliegen liegt es seither mehr als im Trend. Die Idee ist so einfach wie intelligent: schöne Dinge für Babys und Kinder, die nicht von der Stange kommen, sondern individuell und besonders sind. Bestes Beispiel ist die dottybag – eine Tasche, die so einzigartig ist wie jeder ihrer Eigentümer. Ob sie als Windeltasche dem Nachwuchs dient oder als Kulturtasche den Größeren – die austauschbaren dottys, per Klettverschluss an der Tasche befestigt, lassen kreativen Spielraum, den eigenen Namen in bunten Lettern als Schriftzug auf seiner Tasche zu verewigen.

Das reduzierte Design von kjomizo mit den poppigen Farbakzenten in Blau, Pink, Grün und Lila sorgt für Sympathie und Wiedererkennungswert. Absoluter Verkaufshit unter den kreativen Baby- und Kinderprodukten ist die fröhliche kjomizo Melamin-Geschirrserie. Auf den Tellern erwarten uns liebevoll gezeichnete und kindlich inszenierte Geschichten, die das Teller-leer-Essen vom ungeliebten Procedere zu einer lustigen Entdeckungsreise machen – selbst für die Allerkleinsten. Ob Enno, der Erbsenelefant, oder Dr. Grünfutter – bei jeder Mahlzeit erfreuen fantasievolle Figuren die kleinen Gourmets. Apropos Gourmets: Neben den tollen Geschirrstücken sind da noch die lustigen kjomizo Lätzchen, die nicht nur schön aussehen, sondern jedes für sich den anwesenden Erwachsenen per Garantie ein Schmunzeln entlocken. Ob Ihr Kind am Ende der „Brei-Society" angehört oder zu Tisch als „Schmause-Maus" durchgeht, bleibt Ihnen überlassen – nur um den Spaß kommt mit diesen Produkten niemand herum. Das gilt auch für die Baby-Bodys, die ähnlich witzige Wortspiele präsentieren: „Wachstumsbranche", „Rohdiamant" und „Schreien oder nicht schreien" sind nur einige der unverwechselbaren Botschaften. Und genau das gibt den kjomizo Produkten neben der unbestrittenen Nützlichkeit ihren unwiderstehlichen Charme – und macht sie zu tollen Mitbringseln zu vielen Anlässen wie Geburtstag, Geburt oder einfach nur so. kjomizo investiert viel Zeit, Liebe und elterliche Erfahrung in jedes seiner Produkte – von der Idee bis zur fertigen Kollektion und bis ins kleinste Detail. Höchste Ansprüche an Qualität und Verarbeitung waren für die Gründerinnen Simona Albers und Nadine Gehrmann von Anfang an eine Selbstverständlichkeit. So ist denn auch jedes Textil Ökotex-qualifiziert und jede Geschirrserie von einem unabhängigen deutschen Prüfinstitut getestet.

Und wem das an Besonderheiten noch nicht genug ist, der greife aus dem ansehnlichen kjomizo Sortiment das Eigenschaften-Shirt heraus. Dieses einzigartige Kinder-Shirt bietet die Möglichkeit, verschiedene Merkmale und Eigenschaften des Kindes den Müttern bzw. Vätern desselben zuzuordnen. Von wem hat es die blauen Augen? Und von wem sein hitziges Temperament? Antworten auf diese und andere Fragen können per beiliegendem Textilmarker direkt auf dem Shirt verewigt werden und bieten Familie und Verwandten lustigen Diskussionsstoff. Wer also noch auf der Suche ist nach einem ganz besonderen Geschenk für den Nachwuchs von Freunden und Familie, der ist bei kjomizo an der richtigen Adresse. Mehr Individualität geht nicht.

ADRESSE

KJOMIZO, SIMONA ALBERS & NADINE GEHRMANN GBR
Quittenweg 38c
22175 Hamburg
www.kjomizo.de

KNATTER-KINDERLÖFFEL

Im ersten Lebensjahr lernen Babys und Kleinkinder in kürzester Zeit so viel wie im ganzen Leben nicht mehr. Das Thema Essen steht als eines der wichtigsten auf dem kindlichen Lernprogramm. Sich von der gemütlichen Mutterbrust an das Fläschchen zu gewöhnen ist schon ein erster großer Schritt, die Umstellung von flüssiger zu fester Nahrung dann ein weiterer auf dem Weg zum „Mitesser" am Familientisch. Mit der komischen Konsistenz von pürierter Karotte im Mund umzugehen, finden viele Babys nicht einfach, und sie wissen anfangs nicht, was sie mit dem klebrigen Brei anfangen sollen. Und bei manch kleinem Genießer ändert sich das auch nicht, wenn er schon in der Lage wäre, selbst den Löffel zu halten. Jedes betroffene Elternteil kann sich sicherlich an die Verzweiflung erinnern, wenn die mit Liebe selbst gekochte Nahrung zu 90 Prozent auf dem Boden landet. Listig und ideenreich beginnt man zu diesem Zeitpunkt mit dem Küchentheater: Das Repertoire reicht von „Ein Löffelchen für Oma …" bis zum vollmundig dröhnenden LKW, der nichts dringender will, als das weit geöffnete Garagentor zu erreichen, um seine leckere Ladung loszuwerden. Der Klassiker hierbei ist aber wahrscheinlich immer noch das Flugzeug, das in weiten Kurven durch die Küche fliegt und sich dann in immer engeren Spiralen mit knatterndem Motor dem Ziel Mund nähert, bis das Hangartor quietschend vor Vergnügen aufgeht. Und an dieser Stelle kann man beobachten, dass Mama und Papa mindestens genauso viel Spaß an der Sache entwickeln wie das gefütterte Kind. Und das ist gut und wichtig, denn mit Verbissenheit und Wut kann man den Kleinen das Essen auch gänzlich verleiden. Der Knatterlöffel der Firma Donkey Products verknüpft die pädagogische Bedeutung und den Spaß des Essenlernens und schafft mit ihm eine charmante neue Dimension des Fliegerglücks in der Küche. Das individuelle Designstück aus Holz und Edelstahl wird in Deutschland hergestellt, in Werkstätten für Menschen mit Behinderungen, und hat bisher nicht nur Kinder in Begeisterung versetzt. Der Löffel bekam auch den Form 2008 Designpreis in Frankfurt, der vom Bundesverband für Kunsthandwerk e.V. für innovative Produkte aus Industrie und Handwerk vergeben wird, die in ihrer Gesamtkonzeption überzeugen. Der Erfolg des Knatter-Kinderlöffels zog weitere Flugobjekte nach sich. Heute kann das hungrige Mäulchen auswählen zwischen dem Quak-Quak-Löffel mit Ente, dem Schnapp-Schnapp-Löffel mit Krokodil oder dem Modell Zoom mit rotem Rennauto. Polizei und Krankenwagen vervollständigen den beräderten Löffelbereich.

Die Firma Donkey Products wurde 2008 in Hamburg als Agentur für Produktdesign von Florian Berger gegründet und zählt heute 14 Mitarbeiter. In ihrem umfangreichen Portfolio bietet sie konsequent immer 100 Prozent Design aus Deutschland, wobei der Qualität des Materials und der Verarbeitung ihr besonderes Augenmerk gilt. Und alle Produkte zaubern ein Schmunzeln auf des Käufers Lippen. Lächeln kann dieser auch mit gutem Gewissen, denn nahezu alle Donkey Produkte werden in Deutschland und Europa hergestellt. Sehr oft sind daran Werkstätten für Menschen mit Behinderungen beteiligt. Zudem wird ein Teil des Erlöses an die Bethanien Kinderdörfer GmbH gespendet. Wer sich auf der Website des international tätigen Designlabels umsieht oder eine der zahlreichen Messen in der ganzen Welt besucht, auf denen die Hamburger vertreten sind, kann dort aber nicht nur Produkte für Kinder entdecken, sondern auch eine Menge humorvoller Dinge für Erwachsene – wie z. B. die beliebten Teebeutel-Grußkarten mit Royals, die ihre Füße im Tee baden. Bei so einer ausgefallenen Tasse Tee lässt sich vorzüglich ein Stück Torte genießen, am besten auf einem Knatterlöffel.

ADRESSE | AUSZEICHNUNGEN

DONKEY PRODUCTS GMBH & CO. KG
Eppendorfer Weg 87A
20259 Hamburg
www.donkey-products.com

„Form Award" für Knatter-Kinderlöffel, Bundesverband Kunsthandwerk e.V., Frankfurt, 2008

KOSMOS EXPERIMENTIERKÄSTEN

KOSMOS

Kann Wasser leuchten? Können Metalle brennen? Woraus wird Seife hergestellt und in welchem Gemüse befindet sich Eisen? Gerade für Kinder ist unsere Welt voller Fragen und Wunder. Sie wollen alles verstehen, untersuchen und von allen Seiten betrachten. Und idealerweise alles auch selbst hautnah ausprobieren und nachmachen. So gesehen war das Ergebnis der Zusammenarbeit des Kosmos Verlags und des Schweizers Dr. Wilhelm Fröhlich längst überfällig. Als der Lehrer an einer Sekundarschule in Kreuzlingen, auf der Schweizer Seite des Bodensees, Anfang des 20. Jahrhunderts Kontakt mit dem Kosmos Verlag in Stuttgart aufnahm, hatte er eine Idee: ein Experimentierkasten für Schüler. Der Verlag wollte gemäß seinem populärwissenschaftlichen Ansatz Wissenschaft breit vermitteln und arbeitete an entsprechenden Konzepten. Fröhlich kannte aus eigener Erfahrung den Experimentierhunger von 12- bis 15-Jährigen und hatte für seinen Unterricht Versuche und Materialien entwickelt, die sich auch in Preis und Verwendbarkeit für Schülerversuche eigneten. In Zusammenarbeit mit der Lehrmittelabteilung des Verlags, die bereits didaktische Anleitungen für Experimente entwickelt hatte, fasste er seine Geräte in Kästen zusammen. Seine Ziele hatte er klar definiert: Er wollte abstrakte Inhalte durch eigene Experimente greifbar machen und sie auch für Landschulen in einfachsten Verhältnissen bezahlbar anbieten. So entwickelte Kosmos Experimentierkästen zu verschiedenen Themengebieten und Schulfächern. Schnell stellte sich heraus, dass die Kästen nicht nur von Schulen, sondern auch von begüterten Familien nachgefragt wurden. Diesem Trend kam man mit vereinfachten Versionen in bebilderten Kartonschachteln nach. Die ersten erlangten unter ihren Namen „Elektromann", „Technikus" oder „All-Chemist" große Bekanntheit. „Alles, was im Hause ist, untersucht der All-Chemist" lautete der Slogan auf einer der ersten Verpackungen. Die populären Experimentierkästen wurden schließlich sogar auf der Weltausstellung in Paris 1937 preisgekrönt – ein echter Dauerbrenner für deutsche und europäische Kinder- und Jugendzimmer war geboren. Ein Jahrhundert nach ihrer Erfindung hat das Prinzip nichts von seinem Reiz verloren. Jährlich über 30 Neuheiten vor allem zu beliebten Themen wie „Kristalle züchten" und „Triops" begeistern Mädchen wie Jungen auf spielerische Weise für naturwissenschaftliche Phänomene. Damals wie heute steht KOSMOS dabei für Innovation, Qualität und vor allem Sicherheit in der Durchführung der Experimente. Der Franckh-Kosmos Verlag in Stuttgart ist eine echte Größe im Bereich der Kinder- und Jugendmedien, steht er doch als führender Anbieter von Kinderliteratur etwa für die Krimireihe „Die drei ???" oder von renommierten Gesellschaftsspielen wie das mehrfach ausgezeichnete „Die Siedler von Catan". Doch viel länger ist er schon in der Naturwissenschaft aktiv. Mit Naturführern wie etwa der seit 1935 erscheinenden „Was blüht denn da?"-Reihe etablierte sich Kosmos auch als Marktführer in der Naturführer- und Ratgeberliteratur. Heute beschäftigt der Verlag 140 Mitarbeiter, die ein umfangreiches Programm aus Sach- und Kochbüchern, DVDs, digitalen Medien, Kinder- und Jugendbüchern, Spielen und eben auch Experimentierkästen betreuen. Derzeit sind Experimentierkästen unter anderem aus den Themengebieten Chemie, Elektronik und Physik, aber auch aus dem Zukunftsfeld der erneuerbaren Energien erhältlich. Hier entdecken Neugierige ab acht Jahren beispielsweise, wie ein Generator funktioniert, wie man ein Windkraftwerk baut oder wie sie selbst eine Solaranlage mit Stromspeicherakku konstruieren können. Doch das Interesse an der Wunderwelt der Technik und Natur ist schon bei den Kleinsten sehr groß. So richtet sich die Reihe „Mein erster Experimentierkasten" mit den Themen Technik, Naturgesetze oder Mein Körper explizit an Kinder ab fünf Jahren. Eventuell fehlendes Lesevermögen ist dabei kein Hindernis – erklärt werden die Experimente in bunten, einfach verständlichen Abbildungen. Der Erfüllung kindlicher Entdeckerfreude steht somit nichts im Wege. Und alltägliche Wunder als Herausforderung bietet unsere Welt schließlich genug.

ADRESSE

FRANCKH-KOSMOS VERLAGS-GMBH & CO. KG
Pfizerstraße 5-7
70184 Stuttgart
www.kosmos.de

LÄSSIG

Funktionalität und Mode – diese beiden Aspekte vereint die Wickeltasche von Lässig. Was zunächst wie ein Gegensatz erscheint, wird bei Lässig zum Merkmal von Taschen, die fröhlich, innovativ und multifunktional sind. Hinter diesen Taschen für Kinder, aktive Erwachsene, für alle Individualisten, steht eine nachhaltige Philosophie: nämlich für das Kind alle pflegenden und nährenden Utensilien unterwegs parat zu haben und gleichzeitig die modische, sportliche und feminine Seite der Trägerinnen zu unterstreichen.

Diesen Anspruch hatte die Erfinderin und Inhaberin des Unternehmens, Claudia Lässig, als sie 2007 mit Gespür für Trend und Zeitgeist, mit Gefühl für Kind und Mutter die Wickeltasche entwarf, die eine ganze Branche beeinflusste. Seither kreiert sie zusammen mit den beiden Geschäftsführern Stefan Lässig und Karin Heinrich Taschen für Kinder von 0 bis 10, für Teens und für aktive Eltern in Freizeit und Beruf. Zweimal im Jahr stellt das Unternehmen aus Babenhausen seine neue Kollektion vor, ist damit längst nationaler Marktführer geworden und hat sich auch über die Grenzen Deutschlands hinaus internationale Bekanntheit erworben. Aus gutem Grund, denn die Maxime für jede Produktion lautet: für Kind und Mutter nur das Beste.

Dieser Superlativ fängt bei der Auswahl der Materialen und Stoffe an. Bei Lässig sind sie frei von PVC, Nickel, Phthalaten, Kadmium und AZO und tragen zur Gesundheit, zum Schutz der Umwelt und somit zur Zukunft der Kinder bei. Form und Design summieren sich zu dieser Qualität und ergeben jenen Stil, der die Taschen zum Hingucker macht. Die Förderung der Kinder im Blick und den Geschmack der Frauen im Sinn, entsteht in vielen aufwendigen Arbeitsschritten eine Tasche, die sich mit wenigen Handgriffen an alle Situationen im Alltag wandeln und anpassen lässt.

Dabei geht jedem Kreativgedanken das Wissen um den Spieldrang der Kinder, um das Beflügeln der Fantasie durch Zubehör, Farben und Muster voraus. Wasserdichtes, atmungsaktives Gewebe, geringes Gewicht, sinnvolle Inneneinteilung, verstärkte Trageriemen, isolierte Bottle-Holder und Wickel-einlagen geben den Eltern das Gefühl, bestens ausgestattet zu sein für Aktivitäten im Alltag mit dem Kind. Und zusätzlich schwingt die Freude mit, die Tasche jederzeit nutzen zu können für Shopping oder Business. So wird die Tasche schnell zum Modeaccessoire und zum Lieblingsstück vieler Frauen, die die Vielfalt des mütterlichen Alltags mit Bravour meistern.

Dabei legt das Familienunternehmen besonders in Zeiten der Globalisierung großen Wert auf Fair Trade. Soziale Verantwortung übernimmt Lässig nicht nur für die eigenen Mitarbeiter und Kunden, sondern auch für die Zulieferbetriebe. Jede Produktionsstätte wird unter ethischen Gesichtspunkten ausgewählt und jeder einzelne Fertigungs- und Lieferschritt transparent begleitet. So entsteht eine Produktionskette, die die Mission von Lässig betont, nämlich ein zuverlässiger Partner zu sein und Produkte von höchsten Qualitätsstandards zu garantieren. Die Auswahl der schadstofffreien Materialien setzt ein Zeichen für Vertrauen und für den Schutz der Umwelt. Beides sind für Lässig Herzensangelegenheiten. Das Engagement des Unternehmens geht weit über diese Selbstverpflichtung hinaus. Lässig setzt sich nachhaltig ein, übernimmt Patenschaften für Tiere und betont damit seine Leitlinie, durch umweltbewusste Produktion und verantwortungsbewusstes Handeln einen Beitrag für die Zukunft der Kinder zu leisten.

Die Konsequenz zahlt sich aus: für das Unternehmen mit internationalen Auszeichnungen und Produktsiegeln, für die Kinder mit fröhlichen und schadstofffreien Taschen, für die Mütter und Eltern mit einem trendigen Accessoire. Und heute, wenige Jahre nach der Gründung von Lässig, das aus dem Unternehmen Maxi-Baby entstand, eröffnet sich ein ganzes Sortiment aus multifunktionalen Tüchern, Stillstolas, Bauchbändern für Schwangere und Taschen für Kinder von 0 bis 10 sowie für Teens und Erwachsene. Ein Repertoire, bunt und vielfältig wie das Leben mit Kindern. Dafür arbeitet das Team von Lässig, verkauft seine Taschen weltweit und mit steigendem Erfolg nach dem Motto: „Für jedes Leben eine Tasche".

ADRESSE

LÄSSIG GMBH
Im Riemen 32
64832 Babenhausen
www.laessig-gmbh.de

LAMY

LAMY Was für ein Erlebnis! Strahlende Kinderaugen und offenstehende kleine Münder künden von einem der größten Entwicklungsschritte der ersten Lebensjahre: Lesen und schreiben können. Plötzlich erschließt sich den Mädchen und Jungen eine komplett neue Welt. Aus rätselhaften Zeichen werden Botschaften, aus Unverständlichem wird Sinnvolles. Die neue Fähigkeit muss fortan ständig ausprobiert werden, und Generationen von Eltern haben wohl schon halb stolz und halb schmunzelnd zugehört, wenn ihnen vom Rücksitz des Familienautos Straßenschilder und Reklametafeln vorgelesen wurden. Und erst der erste Brief des Kindes an die Eltern, in krakeligen, aber dennoch vor neuem Selbstbewusstsein nur so strotzenden Lettern – eine tolle Erinnerung, die oft ein Leben lang aufbewahrt wird.

Wie viele dieser Briefe wurden wohl mit einem LAMY geschrieben? Seit den 80er-Jahren gibt es sie schon, die Klassiker unter den Schreiblerngeräten. Das LAMY abc Schreiblernsystem besteht aus einem Schreiblernstift für Druckschrift und einem Schreiblernfüller für die ersten Versuche mit Tinte, die wegen ihrer Materialien Ahornholz und Kunststoff in Spielzeugfarben, aber auch wegen ihrer griffigen Form und ihres Schreibkomforts schnell zu Klassenbesten wurden und bis heute die erklärten Favoriten vieler Grundschulpädagogen sind. Das Heidelberger Unternehmen, das schon 1930 von Carl Josef Lamy gegründet wurde, hatte jahrzehntelange Erfahrung in der Entwicklung von Schreibgeräten für Erwachsene. Aber dennoch gingen die Entwickler bei LAMY die Aufgabe, Schreibgeräte für Kinder zu entwickeln, ganz anders an. „Kinder sind Kinder und keine kleinen Erwachsenen" war der Grundgedanke, mit dem das Unternehmen erstmals den Markt der pädagogischen Schreibgeräte betrat. Es veränderte ihn von Grund auf durch eine neue, kindgerechte Produktidee.

Der LAMY abc ist der erste Füllhalter zum Schreibenlernen und wurde gemeinsam mit erfahrenen Pädagogen für Kinder der Einschulungsstufe und für die ersten Schuljahre entwickelt. Er ist ideal an die Bedürfnisse einer 6- oder 7-jährigen Kinderhand angepasst und hat ein Griffstück, das fast bis an die Feder heranreicht, sowie weiche, rutschfeste Griffmulden für mehr Sicherheit beim Schreiben. Die Zeigefinger und Daumen sind damit parallel über der Feder fixiert. Denn Schreibanfänger führen noch mit Daumen und Zeigefinger, während ältere Schüler den Stift ausschließlich mit dem Zeigefinger bewegen. Das voluminöse Griffstück sorgt für eine entspannte und ergonomische Schreibhaltung und für sicheren Halt an der richtigen Stelle. Vielfältige weitere Ideen ergänzen das Schreibgerät, das in der Farbkombination von hellem Holz und der Signalfarbe Rot zum Dauerbrenner geworden ist. So gibt es ihn mit einer kugeligen Spitze für Rechtshänder, aber auch einer leicht abgeschrägten Spitze für Linkshänder. Der charakteristische Würfel am Ende des Griffs sorgt dafür, dass den kleinen Schreibern ihr Schreibgerät nicht vom Tisch rollt. Und ein Namensschild an der Kappe verhindert ein Vertauschen des Füllers. Falls ein Erwachsener den Clip an der Kappe vermisst: Den gibt es absichtlich nicht. Denn Kinder in diesem Alter haben ihre Schreibgeräte bitteschön im Federmäppchen.

Das Unternehmen LAMY ist heute einer der führenden Hersteller von Markenschreibgeräten in Deutschland und zählt mit über 100 internationalen Designauszeichnungen weltweit zu den führenden Designmarken. Jährlich werden in Heidelberg insgesamt 7 Mio. Schreibgeräte hergestellt, die in über 65 Ländern der Welt vertrieben werden. Doch LAMY unterstützt das Schreibenlernen nicht nur durch seine Produkte. Regelmäßig werden Grundschul- und Kunstlehrer auch mit verschiedenen Unterrichtshilfen und Testgeräten versorgt. Und weil Lesen und Schreiben kein Privileg für Wohlhabende sein darf, spendet LAMY Schreibgeräte an Hilfsorganisationen wie Caritas, den Deutschen Kinderschutzbund, die Heidelberger Tafel und die Organisation Rouge et Noir für hilfsbedürftige Kinder. Damit wirklich überall auf der Welt stolze Eltern die ersten Schriften ihrer Sprösslinge gut lesen und sicher verwahren können.

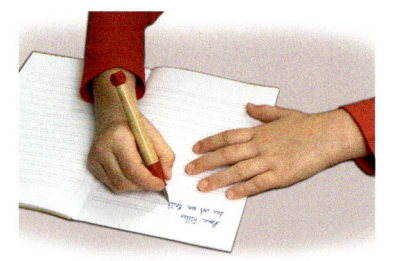

ADRESSE | AUSZEICHNUNGEN

C. JOSEF LAMY GMBH
69111 Heidelberg
www.lamy.com

„spiel gut", für plus-Programm von LAMY, Arbeitsausschuss Kinderspiel + Spielzeug (2010)
„red dot design award", für LAMY abc Schreiblernfüller, Design-Zentrum NRW e.V. (1996)
„iF award", für LAMY abc Schreiblernfüller, International Forum Design Hannover (1989)
„red dot design award", für LAMY abc Schreiblernfüller, Design-Zentrum NRW e.V. (1988)

LEANDER

Leander Auch Kinder haben eine Aufgabe im Leben: Sie müssen wachsen. Damit das reibungslos, gesund und glücklich klappt, helfen wir ihnen, wo und wie es nur geht. Wir richten den frischen Erdenbürgern kuschelige Heimstätten ein und betreuen sie tagein und tagaus. Wir halten Gefahren und Stress fern und unterstützen ihre Entwicklung mit Fürsorge und Voraussicht. Im Idealfall passen wir – dank permanenter und präziser Beobachtung – ihre Umgebung ihren Fortschritten sensibel an. So ein aufmerksamer Beobachter ist der dänische Designer Stig Leander. Er entwickelte unter anderem ein Schlafmöbel, das mitwächst und dennoch seine Grundzüge stets behält: das Leanderbett. Am Anfang ist es ein Babybett, das mit seinen ovalen Formen auf Ecken und Kanten völlig verzichtet und dank hoch liegender Matratze die Eltern vor Rückenschmerzen schützt. Wird das Baby größer und kann stehen, wird die Liegefläche weiter nach unten verlegt. Sobald die Kinder sich selbst fortbewegen können und wollen, wird einfach die Gitterfront entfernt. In Phase Vier entfallen auch die rückwärtige Gittersektion und die hohen Wände an Kopf- und Fußende – das Bett ist jetzt ein richtiges Kinderbett zum Beispiel für Kindergartenkinder. Und sobald der Platz knapp wird, lässt sich die Liegefläche als echtes Juniorbett auf 150 Zentimeter verlängern, passende Matratzenerweiterung inklusive. So können Kinder über viele Jahre im selben Bett schlafen und träumen und werden von Umgebungswechseln verschont, die für die kleine Kinderwelt beunruhigend wirken können. Sein zeitloses, unverkennbares Design wird in formgespannter europäischer Buche umgesetzt, die Oberflächen mit wasserbasiertem Lack behandelt. So ist eine hohe Materialqualität garantiert, die gerade bei einem so langlebigen Produkt verpflichtend ist. Eine Matratze mit Taschenfederkern sorgt für erholsamen Schlaf und gute Ventilation, und dass der Matratzenbezug aus Oeko-Tex®-100 Baumwolle besteht, ist ebenso selbstverständlich wie die Greenguard-Zertifizierung für das komplette Programm.

Leanderform begann 1998 unter der Leitung seines Namensgebers mit der Produktion von Kindermöbeln. Den Anfang machte die Leanderwiege, eine an einem einzigen Punkt aufgehängte Babywiege, die sich gut auch einhändig bedienen ließ. Denn ein Familienmitglied der Leanders hatte Zwillinge bekommen, und mit diesem neuen Möbel konnte ein Baby gewiegt und das andere gleichzeitig gehalten werden. Auch hier war die Grundlage für die Produktentwicklung die genaue Beobachtung des wirklichen Lebens. Heute wird das gesamte Sortiment, zu dem neben der Wiege und dem Leanderbett auch noch ein Hochstuhl, ein Wickeltisch und bald auch ein Hockerset gehören, in rund 40 Länder der Welt exportiert. Leanderform hat gegenwärtig zehn Mitarbeiter und seinen Hauptsitz im dänischen Silkeborg. Das Leander-Design wurde bereits mit mehreren dänischen und internationalen Designpreisen und Nominierungen, etwa für den Dänischen Innovations- und Designpreis 2004 oder den niederländischen Preis „Best Baby Product of the Year" in 2006, ausgezeichnet. Die Grundlage für die Design- und Entwicklungsarbeit Stig Leanders bildet eine solide Handwerksausbildung und eine gute Portion praktischer Verstand. Dass alle Produkte in hoher Qualität und mit Respekt vor gutem Handwerk hergestellt werden, ist für ihn ein Teil seines Wertverständnisses. So wird auch die Designarbeit nicht am Computer erledigt, sondern mit den Händen in der Werkstatt, wo aus Pappe und Bändern die organischen Formen entstehen, die Leander Kindermöbel so einzigartig machen. Ihr Prinzip ist, dass schönes Aussehen immer mit großer Anwendbarkeit einhergehen muss – und dass gutes Design Freude und Lebensqualität erzeugt. Für das Leanderbett bedeutet die besondere Formgebung auch, dass es in allen Entwicklungsphasen eine natürliche und wiedererkennbare Ganzheit ist. Obwohl sich das Bett verändert und entwickelt, ist es immer dasselbe Bett. Genau wie das Kind, das wohlbehütet darin schlummert – und mitunter unmerklich, aber unaufhaltsam wächst.

ADRESSE | AUSZEICHNUNGEN

LEANDERFORM APS
Korshøjvej 1
DK-8600 Silkeborg
www.leanderdesign.com

„Toys for Kids", Internationales Designbuch, TECTUM Publishers (2010)
GREENGUARD Zertifizierung, GREENGUARD Environmental Institute (GEI)

LEGO

Dieses Geräusch kennen vermutlich alle Eltern: Durch die Kinderzimmertür ertönt lautes, rasselndes Scheppern, gefolgt von regelmäßigem leiseren Rasseln. Die Sprösslinge bauen mal wieder – und für die Suche nach den besten Steinen wird die Schublade, Kiste oder Tonne mit den beliebtesten Bausteinen der Welt schnell über dem Fußboden ausgeleert. Die bunten, genoppten Acht-, Sechs- und Vier-Knopf-Steine, die Räder, Fenster und vielfältigen Sondersteine wollen zu Häusern, Bauernhöfen oder Raumstationen zusammengesetzt und mit den kleinen gelben Minifiguren bevölkert werden. LEGO® Steine sind einfach der Spielzeug-Klassiker schlechthin.

Im Januar 2011 wurden sie 53 Jahre alt – und noch heute lassen sich die aktuellen Steine mit denen von 1958 verbauen. Doch die eigentliche Geschichte der LEGO Gruppe beginnt noch früher, nämlich 1932. Der Däne Ole Kirk Christiansen gründete in der kleinen Stadt Billund eine Tischlerei für Holzspielzeug und erfand den markanten Namen: „LEGO"– eine Zusammensetzung aus den dänischen Wörtern „LEg" und „GOdt", zu Deutsch „spiel gut". Knapp 15 Jahre später entdeckte Christiansen Kunststoff als ideales Material für die Spielzeugherstellung, kaufte als erster Däne überhaupt eine Spritzgussmaschine, um 1949 den Prototypen des LEGO Steins zu entwickeln. Seit 1963 werden die Bausteine aus Acrylnitril-Butadien-Styrol-Copolymerisat – kurz ABS – gefertigt. Dieser matt glänzende Kunststoff ist sehr hart, hat eine kratz- und beißfeste Oberfläche und sorgt aufgrund des Noppen-Röhren-Systems für zuverlässige Klemmkraft. Heute gibt es mehr als 2.400 unterschiedliche Formen von LEGO Steinen, die in Spezialfabriken in Dänemark, Tschechien, Ungarn und Mexiko angefertigt werden. Der Kunststoff ABS wird als Granulat angeliefert und bei 232 Grad geschmolzen. Dann pressen Spritzgussmaschinen mit einem Gewicht von bis zu 150 Tonnen die heiße und zähflüssige Kunststoffmasse in LEGO Formen. Diese werden mit größter Präzision gefertigt und unterliegen einer ständigen Kontrolle. Jede Gussform darf lediglich eine Abweichung von einem tausendstel Millimeter haben, damit Steine aller Farben und Größen fest ineinander stecken bleiben – und sich ganze LEGO Städte bauen lassen.

Die bunten Bausteine sind eines der beliebtesten Spielzeuge aller Zeiten. Statistisch gesehen besitzt jeder Mensch auf der Welt 70 Stück davon. Sowohl das US Fortune Magazine als auch die British Association of Toy Retailers wählten den LEGO Stein zum „Spielzeug des Jahrhunderts" – eine der höchsten Auszeichnungen in der Spielwarenindustrie. Der Dauerbrenner verkauft sich ungebrochen gut. So steigerte die LEGO GmbH 2010 ihren Netto-Umsatz im Vergleich zum Vorjahr um 14,7 Prozent auf 304,4 Mio. Euro und blieb damit im Bereich der traditionellen Spielwaren in allen zentraleuropäischen Ländern der unangefochtene Marktführer. Die Ursache dafür liegt zum einen in der zeitlosen Vielseitigkeit der Bausteine, zum anderen in der konsequenten Anpassung an den Zeitgeist. Etwa mit dem Transfer des LEGO Spielerlebnisses in die Onlinewelt: LEGO Universe ist ein Massively-Multiplayer Online Game (MMOG), das sich an Kinder ab zehn Jahren richtet. Darüber hinaus erzeugt ein intelligentes Lizenzmanagement spannende neue Produkte in der LEGO Welt: Schon 1999 erwarb das Unternehmen die Rechte für Star Wars™-Konstruktionsspielzeug, das heute noch zu den beliebtesten Produkten im Portfolio zählt – auch bei Erwachsenen. Aktuell sind lizenzierte LEGO und LEGO DUPLO® Cars Produkte sehr gefragt. Andersherum vergibt auch die LEGO Gruppe selbst Lizenzen, für Textilien und Bücher bis hin zu Videospielen. Die LEGO Harry Potter™ und Star Wars™ Videogames sind etwa die bestverkauften Kindertitel auf Konsolen. Und wer das Kramen und Basteln daheim durch einen spannenden Ausflug ergänzen will, kann auch den LEGOLAND® Park im bayerischen Günzburg oder die LEGOLAND® Discovery Centres in Berlin und Duisburg besuchen. Spätestens dort wird vermutlich auch das ein oder andere mitreisende Elternteil wieder das Bausteinfieber packen.

ADRESSE | AUSZEICHNUNGEN

LEGO GMBH
Technopark II
Werner-von-Siemens-Ring 14
85630 Grasbrunn
www.lego.de

„beste Produktmarke" für LEGO, best brands 2010 und 2011
„Markenaward 2010 – beste Markendehnung" für LEGO Spiele, Deutscher Marketing-Verband e.V., 2010
„Deutschlands bester Arbeitgeber" für LEGO GmbH, Great Place to Work® Institute Deutschland, 2010
„sehr gut" für LEGO Schiebzeug, ÖKO-TEST 2009 (Ausgabe 12/2009)
„Toy Innovation Award" für 3843 Ramses Pyramid, Spielwarenmesse Nürnberg, 2009
TOP 10 Spielzeug für LEGO Ninjago Spielwelt, Bundesverband des Spielwaren-Einzelhandels (BVS), 2011
TOP 10 Spielzeug für LEGO Atlantis Neptuns U-Boot, Bundesverband des Spielwaren-Einzelhandels (BVS), 2010
„spiel gut" Siegel für 14 LEGO Produkte, Arbeitsausschuß Kinderspiel + Spielzeug e.V., 2011

LILLI LÖWENHERZ

Lilli Löwenherz Es war einmal eine gute Fee, die hatte ein ganz großes Herz für Kinder. Darum wurde sie auch Lilli Löwenherz genannt. Um die Kleinen glücklich zu machen, sammelte sie ihre Träume und Wünsche und ließ diese Wirklichkeit werden. So brachte sie unermüdlich Kraft und Sonnenschein in den Alltag der Familien. Mit viel Herz etwas Außergewöhnliches für Kinder zu schaffen, das ist auch die Idee, die Beate Hanss-Rauch mit ihrem Geschäft verfolgt, und so wurde die Figur Lilli Löwenherz zum Vorbild des gleichnamigen Unternehmens aus Traubing bei Tutzing. Angefangen hat alles vor rund fünf Jahren, im August 2006, als Hanss-Rauch für ihre drei Kinder einen Stoffhasen selbst entworfen und genäht hatte. Eine Freundin gab ihr damals den Rat, doch mehr daraus zu machen – und sie gestaltete mehr: Der fröhliche Schmetterling war die nächste Kreation, die für leuchtende Augen in den Kinderzimmern sorgte.

Heute sind die farbenfrohen Kuscheltiere des Unternehmens deutschlandweit bekannt. Egal ob „Lina" die Kuh, „Konrad" das Nashorn, die Schnecke „Paula" oder „Martha" die Giraffe, bei Lilli Löwenherz ist jedes Teil ein Unikat und wird mit viel Liebe zum Detail gefertigt. Eine große Rolle bei der Gestaltung spielten von Anfang an auch die Kinder der Geschäftsführerin. Durch sie hat Hanss-Rauch gelernt, dass Stofftiere keine grünen Augen haben dürfen, da sie sonst gefährlich aussehen. Und natürlich werden „Lina" und ihre Gefährten auch von ihnen getestet – ob sie kuschelig genug sind und somit zum Verkauf geeignet. So lassen die Tiere, die neben den bunten Stoffen auch durch ihre nicht alltägliche Formgebung – wie z.B. die extralangen Beine – auffallen, am Ende jedes Kinderherz höher schlagen.

Aber auch für „große" Kinder gibt es bei Lilli Löwenherz schöne Dinge aus hochwertigen Stoffen von namhaften Designern. Neben Umhänge- und Handtaschen, Kulturbeuteln und Handytaschen werden unter dem Namen Lilli Löwenherz außerdem Kosmetik- und Make-up-Täschchen, sowie Decken und Kissen in verschiedenen Größen und Formen gestaltet und gefertigt. Da die Ideen oftmals nicht von vornherein feststehen, sondern erst beim Nähen mit den verschiedenen Stoffen konkreter werden, entstehen zusätzlich zu den bekannten Lilli-Löwenherz-Produkten auch immer wieder neue Kreationen mit liebevollen Details. Als besonderen Service können sich die Kunden aus der großen Auswahl an Stoffen aber auch ein individuelles Unikat anfertigen lassen, z.B. eine Wickeltasche mit Aufschrift zur Geburt oder Taufe oder ein Kissen mit Namensstickerei als persönliches Geschenk.

Produziert werden Lilli-Löwenherz-Produkte ausschließlich in Deutschland. Um eine einwandfreie Qualität zu garantieren, werden alle Kissen von Hand gefüllt und auch die Augen der Tiere manuell aufgestickt, so dass die Kuschelfiguren bereits für die Kleinsten geeignet sind. Auf verschluckbare Kleinteile wie Perlen oder Knöpfe wird komplett verzichtet. Hat das Kind das Stofftier dann erst mal in sein Herz geschlossen, wird es oft zum lebenslangen Begleiter – als Spielkamerad, Zuhörer und Trostspender. Damit der kuschelige Freund das auf Dauer auch mitmacht, lassen sich die Produkte von Lilli Löwenherz bei 30 °C Feinwäsche in der Maschine waschen. Zudem achtet Hanss-Rauch bei der Verarbeitung besonders auf hochwertige Materialien. So werden für die Füllung nur reine Baumwollstoffe sowie hochwertige, antiallergische Wattebällchen, die auch nach der Wäsche wieder in Form kommen, verwendet. Wer möchte, kann sich auch einfach die von Lilli Löwenherz genutzten Stoffe kaufen und zu Hause selber etwas kreieren.

Verkauft wurden die Einzelstücke zunächst ausschließlich über die Online-Shops Amazon, Tradoria und DaWanda sowie auf verschiedenen regionalen Märkten. Aufgrund des großen Erfolgs des Unternehmens betreibt Lilli Löwenherz seit dem 20. April 2011 auf seiner neu gestalteten Website erstmals auch einen eigenen Online-Shop. Und ob es nun die Kissen für das Wohnzimmer sind, die eine gemütliche Atmosphäre verbreiten, oder das Stofftier, das auf dem Bett der Kleinen einen besonderen Platz hat und darauf wartet, bis es zum Kuscheln unter die Decke mitgenommen wird: Bei Lilli Löwenherz bleiben keine (Kinder-)Wünsche offen – genau wie bei der gleichnamigen Fee aus dem Märchen.

ADRESSE

Lilli Löwenherz
Am Kirchlehel 20
82327 Tutzing
www.lilli-loewenherz.de

LILLYLIN

Kindermöbel müssen robust sein. Und authentisch. Sie müssen die Ideen der Kinder aushalten, wenn sie das Bett zur Ritterburg, den Schrank zum Gebirge und das Sitzkissen zur Insel erklären. Denn Kinder machen Möbel zu dem, was sie sein sollten: zu einem Begleiter im Alltag. Sie bauen die Möbel ein in ihr Spiel und das verleiht der Kreativität Flügel. Die spannendsten Abenteuer und die schönsten Traumstunden erleben Kinder im eigenen Zimmer. Damit diese Zeit prägend und unvergesslich bleibt, brauchen Kinder Form, Farbe, gesunde Materialien und einen besonderen Stil in ihrem Zimmer. Das fand auch Christina Engel, als sie 2006 ein Programm kreierte, das sie Lillylin nannte. Es zählt seither zu dem Besten, was die Branche an Kindermöbeln bietet. Lillylin steht für Design, Qualität und Handarbeit, für ein Kinderzimmer mit Ambitionen zum Spielen. Die Möbel werden allesamt aus Holz und Stoff gefertigt. Das Unternehmen verwendet ausschließlich Materialien aus biologisch kontrolliertem Anbau. Die Stoffe – Baumwolle und Polyester – sind streng nach Oeko-Tex® Standard 100 zertifiziert und deshalb geben sie den Eltern das gute Gefühl, ihr Kind mit gesunden Materialien zu umgeben. Neben der Gesundheit steht das Design im Mittelpunkt. Die Formen sind klar. Die Farben sind knallig, so wie Kinder sie lieben. Sie machen das Zimmer zu einem Muntermacher. Liebevolle Details wecken die Kreativität der Kinder, weil Taschen, Reißverschlüsse, Kissen und Geheimverstecke eine ganze Bandbreite an Variationen bieten. Und so leben diese Möbel mit und begleiten die Kinder durch ihre Zeit, werden zum Lieblingsstück – auch von so manchen Eltern. Dass die Möbel mit wenigen Handgriffen mitwachsen, das ist ein Beweis für ein durchdachtes Konzept, dessen Leitmotiv heißt: So viel Natürlichkeit wie möglich im Kinderzimmer. Lillylin bleibt diesem Satz treu – in jeder Phase. Das Holz wird lediglich mit einem Wachsöl bearbeitet. Diese Mischung aus Tannenwachs und Leinöl versiegelt das Holz, macht es unempfindlich gegen Schmutz und Feuchtigkeit und ermöglicht darüber hinaus eine leichte Reinigung. Die Stoffe bestehen aus weichem Baumwollnicki oder einem strapazierfähigen Polyester und werden – wie auch jedes Garn und jeder Reißverschluss – exklusiv für Lillylin in traditioneller Weise gefärbt. Und aus diesen Materialien entstehen in Handarbeit Möbel, die Standards setzen in Nutzwert und Design. Lillylin-Möbel strahlen gute Laune aus. Sie reizen Kinder zum fantasievollen Spielen und wecken früh den Sinn für ein schönes Ambiente, für das Entwickeln des Geschmacks, der sich neben vielen anderen Kriterien in den Möbeln ausdrückt. Weil Wohlgefühl und Geborgenheit ins Kinderzimmer gehören, kreiert Lillylin diese Möbel mit Liebe zum Kind, stellt Nutzen, Qualität und Design in den Vordergrund seiner Philosophie. Und der Erfolg von Lillylin lässt sich mit diesem ganzheitlichen Konzept begründen: In enger Zusammenarbeit von Designern und Fachkräften werden in Deutschland die Möbel entworfen, entwickelt, gefertigt, bis sie schließlich im ausgewählten Fachhandel verkauft werden. Mit jedem Arbeitsschritt achtet das Unternehmen auf faire Arbeitsbedingungen für die Mitarbeiter. Verpackungen und Transporte werden im Sinne der regionalen Verantwortung mit Unternehmen vor Ort bewältigt. Lillylin weiß um die große Herausforderung im Umgang mit den Ressourcen der Natur und setzt daher den Fokus auf die Nachhaltigkeit seiner Produkte, auf den Schutz der Umwelt. Denn die Verantwortung für Kinder und deren Zukunft liegt Lillylin am Herzen und hört mit der Produktion längst nicht auf. Und das strahlen die Möbel aus. Sie geben dem Kinderzimmer einen authentischen Charakter. Das ist erkennbar an Optik und Haptik. An der Qualität der Materialien und der handwerklichen Verarbeitung. Diese Möbel setzen Akzente. Sie sind dafür gemacht, einen Raum für Abenteuer und Träume zu öffnen. Viele Jahre lang. Und manchmal wird so ein Lieblingsstück zum Dauerbrenner bis weit ins Jugendalter hinein.

ADRESSE

LILLYLIN GMBH & CO.KG
Friedhofweg 6
96279 Weidhausen
www.lillylin.com

LITTLE TIKES

Kinder und Erwachsene haben naturgemäß unterschiedliche Anforderungen an Spielzeug. Die kleinen Benutzer wollen es bunt, mögen einfache, nachvollziehbare Formen und Dinge mit hohem Spielwert. Die Eltern hingegen möchten Spielzeuge, die unfallsicher sind, wetterfest, beständig und leicht zu tragen. Das Ergebnis ist ein unmöglicher Spagat? Absolut nicht. Jedenfalls, wenn man betrachtet, was der Amerikaner Thomas Murdough Jr. im Jahre 1969 in einer Scheune in der Kleinstadt Aurora im Bundesstaat Ohio auf die Beine stellte. Er entwickelte dort ein spezielles Rotationsgussverfahren, mit dem er völlig neuartige, großformatige Spielzeuge aus farbigem Kunststoff herstellte. Er goss doppelwandige Spielhäuser, Küchen, Fahrzeuge und Kinderspielmöbel, die sensationell solide und gleichzeitig leicht und geradezu unverwüstlich waren.

Seit 1970 gibt es Murdoughs Unternehmen, die Little Tikes Company. Die Grundidee der Produkte ist bis heute unverändert: Kinder wollen Spielzeuge, auf denen sie herumklettern und reiten können, in denen sie sich verstecken oder mit denen sie fahren können. Oder anders gesagt: Aktives Spielen an der frischen Luft ist schon immer erfüllender gewesen als passiver Konsum. Darum ist der Dauerbrenner von Little Tikes auch ein Bewegungsspielzeug. Das sogenannte Cozy Coupe ist ein knubbeliger, rot-gelber Lauflernwagen mit Führerhaus und Sitzbank, aber keinem Boden. Kleinkinder können so das Auto mit Laufbewegungen in Gang setzen und mit dem Lenkrad lenken. Natürlich fehlen bewegliche Fahrertüren und auch die obligatorische Hupe nicht. Schon seit den 70er-Jahren gibt es das Cozy Coupe, das in den USA schon inoffiziell als das meistverkaufte Auto des ganzen Landes bezeichnet wird. Über 20 Millionen Exemplare des kleinen Kunststoffrenners wurden seitdem verkauft.

Seit dem Jahr 2006 gehört Little Tikes zum MGA Entertainment-Konzern. Der Firmenhauptsitz und die größten Produktionsstätten des Unternehmens sind in Hudson, Ohio. Die Zielgruppe für die robusten Produkte sind nach wie vor Kinder von 0 bis 5 Jahren. Für sie werden regelmäßig neue Spielgeräte und -systeme entwickelt. Etwa das 5-in-1-Activity-Center, das sich je nach Alter und Spielwunsch vom Baby-Spielcenter zum Spiel- oder Schreibtisch für Größere verwandelt. Für den heimischen Garten gibt es sogar komplette Spiellandschaften mit Rutsche, mehreren Schaukeln und integriertem Sandkasten – ebenfalls vollständig aus gegossenem Kunststoff und nicht nur absolut wetterbeständig, sondern natürlich auch splitterfrei. Auch themengebundene Spielzeuge liegen hoch im Kurs. Von der Werkbank mit kleinen Werkzeugen über die Spielküche mit ebenso vielen Koch- und Backgeräten gibt es vielfältige Settings und Accessoires für Rollenspiele, in denen kleine Schreinerinnen oder Meisterköche gefahrlos den Großen nacheifern können. Und auch der Fahrzeugpark ist heute massiv erweitert worden. So gibt es neben dem Cozy Coupe inzwischen auch verschiedene Pick-ups, Polizeiwagen oder sogar ein Feuerwehr-Lauflernauto mit echtem Wassertank und Spritzfunktion.

Schon in den 70er-Jahren wurden die soliden Spielzeuge auch in Großbritannien verkauft, wo sie zuerst in Kinderkrippen und Tagesstätten oftmals echte Feuertaufen durchmachen mussten. Ein Absatzschub resultierte aus der Einführung von Toys R Us in Großbritannien, als mit den neuen Spielzeugsupermärkten plötzlich auch großformatige Spielzeuge ausreichend Ausstellungsfläche bekommen konnten. In Deutschland wird Little Tikes von Zapf Creation mit Sitz in Rödental nahe Coburg vertrieben, die sich vor allem als Puppenhersteller einen Namen von Weltrang erarbeitet haben. So ergänzen die amerikanischen Aktivspielzeuge und Fahrgeräte für Draußen die für ihren Spielwert und ihre Realitätsnähe berühmten deutschen Puppen auf sinnvolle Art. Und so unterschiedlich deutsche und amerikanische Kinder und Eltern auch sein mögen – mit den ebenso für Kinder attraktiven wie für Eltern praktischen Little Tikes ist zumindest ein gemeinsamer Nenner schon gefunden.

ADRESSE

ZAPF CREATION AG
Mönchrödener Straße 13
96472 Rödental
www.zapf-creation.de

LIVING PUPPETS

Marlene ist acht und hat eine Freundin. Lisa kommt überallhin mit. In den Urlaub, zum Schwimmen, zu Freunden, und manchmal darf sie auch mit in die Schule gehen. Aber nur, wenn sie nicht stört und ganz ruhig sitzen bleibt. Lisa lacht, wenn jemand Witze reißt, und ist traurig, wenn Marlene weint, sie tröstet, wenn Marlene hingefallen ist, oder heitert sie auf. Und sie darf in Marlenes Bett schlafen, denn ohne Lisa hat Marlene im Dunkeln manchmal Angst. Lisa ist eine der Living Puppets Handpuppen und seit dem Einzug in Marlenes Leben ein Familienmitglied geworden, das alle immer wieder zum Lachen bringt. Sogar auf vielen Urlaubsfotos ist sie zu sehen. Die menschlichen Handpuppen der Hamburger Firma bestechen durch ihre Ausdrucksstärke und Vielfalt. Mit ihrer unnachahmlichen Mimik und ihren starken Charakteren begeistern sie Jung und Alt und erwachen einfach und spielerisch zum Leben. Das Prinzip ist simpel und im Ergebnis verblüffend: Eine Hand des Spielers greift von hinten ins Klappmaul, die andere kann in eine der Puppenhände schlüpfen und mit Gesten und Bewegungen den mimischen Ausdruck unterstützen. So werden die kleinen Persönlichkeiten aus Stoff zu realen Kommunikationspartnern für Kinder in den verschiedensten Altersstufen. Die menschlichen Puppen gibt es in drei Größen: Die großen Living Puppets messen 65cm und bieten auch erwachsenen Spielern die optimale Passform, die mittleren (45cm) und kleinen (35cm) Puppen sind ideal für kleinere Kinderhände. Bei der riesigen Auswahl an individuellen Charakteren findet jeder „seine" Living Puppet. Ob Junge oder Mädchen, frech oder brav, ausgeflippt oder sportlich, der Freund fürs Leben muss schließlich perfekt zu einem passen. Dazu wird eine große Auswahl an Wechselkleidung angeboten, die meisten Handpuppen haben ausziehbare Hosen, Hemden oder auch Schuhe. Die Living Puppets sind aber nicht einfach nur Spielpartner, von ihnen kann man auch eine Menge lernen.

Meist fällt es Kindern leichter, mit den lustigen Kreaturen zu sprechen als mit einem Erwachsenen. Die Handpuppe (die in diesen Zusammenhang auch oft als Therapiepuppe bezeichnet wird) wird zum Medium und von den Kindern als eigenständiges Wesen anerkannt. Die Kinder schenken der Handpuppe Vertrauen – der alltägliche Kummer findet Gehör. Deshalb werden die kommunikativen Figuren oft in der pädagogischen und auch therapeutischen Arbeit eingesetzt und sind in Kindergärten, Schulen sowie vielen sozialen und medizinischen Einrichtungen zu finden. Das Modell Ricky Retter zum Beispiel bringt für solch spezielle Belange in seinem Koffer verschiedene Outfits mit für den Einsatz als Arzt, Polizist oder Feuerwehrmann. Geprüfte Materialien und die hochwertige Verarbeitung der Puppen versprechen eine langjährige Benutzung. Neben den menschlichen Puppen gibt es bei Living Puppets auch eine große Auswahl an witzigen Tierfiguren in zwei Größen, die ebenfalls bespielbare Köpfe haben. Diese sind bewusst nicht zu authentisch gestaltet, zeigen dafür aber umso mehr ihren individuellen und humorvollen Charakter. Als Ergänzung zu den Tieren gibt es noch die Quasselwürmer, die als eine Art Ärmel übergezogen werden können und so eine kleinere und einfachere Variante der Handpuppen darstellen. Allen gemeinsam ist die vielfältige Ausdrucksmöglichkeit mit Kopf und Mund. Die Kinder hängen den Würmern begeistert an ihren Lippen, wenn diese ihrer Lieblingsbeschäftigung, dem Erzählen und Quasseln, nachgehen. Wer lieber zuhören will und gerne kuschelt, wird sich eins von den flauschigen Kuschelkissen aussuchen, deren Ecke ebenfalls durch Mund und Augen zum Leben erwacht. Sie flüstern den Kindern gerne abends im Bett die Träume ein. So wird die Gutenachtgeschichte zum spannenden oder zum beruhigenden Erlebnis. Egal für welche der vielen Living Puppets man sich entscheidet, sie wird mit großer Sicherheit ihren eigenen Platz im Leben einnehmen und nicht mehr in Vergessenheit geraten.

ADRESSE

MATTHIES SPIELPRODUKTE GMBH & CO. KG
Lohbrügger Kirchstraße 2
21033 Hamburg
www.living-puppets.de

LOLOBEBE

Wenn es um kluge, praktische und schöne Produkte für Kinder geht, sind es meistens Mütter, die die besten Ideen dafür an den Tag bringen: Sie erleben die Kleinen aus allernächster Nähe und wissen am besten, wo ihre Bedürfnisse liegen. Bei Lolobebe war es die Gründerin Valentina Lo Tito, die als junge Mutter mit ihrer kleinen Tochter viel in der Welt unterwegs war. Auf ihren Reisen fiel ihr auf, dass es keine Einwickeldecke für die Kleine gab, die wirklich alle Anforderungen erfüllte. Als Mutter vermittelt man dem heranwachsenden Baby Geborgenheit und Wärme schon im Bauch und dieses Gefühl wollte Valentina Lo Tito ihrer Tochter auch nach der Geburt weiter geben. Ob unterwegs bei Wind und Wetter, im Auto oder zu Hause in der Wiege, sie suchte nach einer Möglichkeit, dass ihr Baby warm und sicher eingeschlagen war und sich dennoch in seiner Bewegung frei entfalten konnte. So wurde sie inspiriert zu den einzigartigen Lolobebe-Einwickeldecken, die mit ihrer natürlichen und effektiven Wickeltechnik das Baby sanft umhüllen und ihm Halt geben, es aber nicht einengen. Mit ein paar einfachen und schnellen Handgriffen wird diese mit Klettverschlüssen um das Baby zusammengefügt und offenbart dann ihre Besonderheiten: Die Beinchen stecken in zwei kleinen Hosenbeinen, so dass das Baby auch problemlos im Autositz oder in einem Tragesystem sitzen kann. Mit einem einzigen Handgriff lässt sich die Decke öffnen und verschließen, ohne das Kind auszuziehen und somit zu bewegen oder aufzuwecken. Von kalte in warme Räume und umgekehrt, für Babys nahezu unbemerkt und dabei stets passend temperiert. Eine kleine, lockere Kapuze schützt das Köpfchen und umhüllt es anschmiegsam, und die zwei seitlichen Armschlitze ermöglichen die größtmögliche Bewegungsfreiheit, um zu strampeln und zu greifen. Dabei wächst die Decke mit und ist bis zum vierten Lebensmonat ein treuer und anpassungsfähiger Begleiter. Das Innenfutter aus Microfleece ist weich und winddicht und der Oberstoff aus gestrickter Wolle wärmt, schützt und sieht dabei edel und schick aus. Die abgepaspelten Säume sind farblich auf das Motiv abgestimmt und halten den Stoff auch bei häufiger Benutzung in Form.

Die Lolobebe-Decken gibt es in zahlreichen verschiedenen Ausführungen und Designs, die mit kleinen, verspielten Applikationen aus Filz, Stoff und Stickereien ihre Individualität zeigen. Kleine Fliegenpilze schmücken z. B. das Modell The Mushroom und machen das Kind zum Glückspilz, aber auch Schmetterlinge oder russische Püppchen schwirren über die Strickmaschen. Für kleine Seefahrer und Motorradliebhaber gibt es ebenso Schiffe und Vespas wie auch Elche oder Hirsche für die Naturliebhaber. Von klassisch-verspielten Varianten in zurückhaltendem Beige, Rosé oder Grau bis zu trendigen Ausführungen mit Streifen in poppigen Farben findet hier jeder etwas nach seinem Geschmack. Die Modelle sind liebevoll und witzig gestaltet und ein Hingucker in jedem Kinderwagen.

In der großen Auswahl an Farben und Motiven zeigt sich sicherlich die berufliche Vergangenheit von Valentina Lo Tito, die vor der Geburt ihrer Tochter als Sales Marketing Manager für exklusive Modelabels gearbeitet hat und in London, New York und Hongkong zu Hause war. Nachdem sie mit ihrer kleinen Familie nach acht Jahren im Ausland nach Deutschland zurückgekehrt war, gründete sie 2009 in der Nähe von Stuttgart ihre eigene Firma und konnte dabei auf das internationale Netzwerk von Fachleuten der Modebranche zurückgreifen, das sie auf ihren Reisen aufgebaut hatte. Der Name Lolobebe setzt sich zusammen aus der verdoppelten Anfangssilbe ihres Namens und dem Brabbellaut „bebe", was auf Spanisch, Italienisch und Französisch auch die Bedeutung „Baby" hat. Und insofern ist es kein Wunder, dass die Decken auch in diesen Ländern angeboten werden und sicherlich bald genauso viel in der Weltgeschichte unterwegs sein werden wie ihre Erfinderin. Man darf gespannt sein, was sich die junge Mutter als nächstes Produkt einfallen lassen wird, um das Leben mit Kindern noch bunter, schöner und einfacher zu machen.

ADRESSE

LOLOBEBE
Inh. Valentina Lo Tito
Danziger Straße 24
73760 Ostfildern
www.lolobebe.com

LURCHI

Ein Ratespiel für Nostalgiker: Was ist das? Es ist außen grün und innen liebevoll gezeichnet. Sein Held ist gelb-schwarz gefleckt. Richtig, ein Lurchiheft! Wer sich jetzt nicht in die Kindheit zurückversetzt fühlt, hat niemals Schuhe in einem Laden gekauft, wo es Salamander gab – die Kinderschuhmarke mit dem freundlichen Amphibium als Logo und Sympathieträger. Noch heute schlagen Eltern- oder Großelternherzen höher, wenn sie die charakteristische Lurchi-Schreibschrift lesen und eine der ältesten, bis heute sehr bekannten deutschen Werbefiguren sofort wiedererkennen. Die Geschichte der Lurchihefte für die Kinderschuhmarke Lurchi begann nämlich schon 1952, als kluger Schachzug der Verantwortlichen bei Salamander. Die Traditionsmarke Salamander aus dem baden-württembergischen Kornwestheim war bereits 1904 entstanden und hatte innerhalb kurzer Zeit zu veritabler Größe gefunden, jedoch erst 1949 startete die Kinderschuhproduktion. Drei Jahre später wurde das Lurchiheft erfunden, um die Kinder in den Schuhgeschäften zu unterhalten, während Eltern oder Großeltern in Ruhe Schuhe kauften – natürlich von Lurchi. Vom Lauflernalter bis in das ca. achte Lebensjahr sind Lurchi-Schuhe heute stets treue Begleiter für Mädchen und Jungen mit den Größen 25 bis 35. Sie sind wie ihre Werbefigur: gemacht, um die Welt zu entdecken und Abenteuer zu erleben. Als robuste, strapazierfähige, sportlich-funktionelle, aber dennoch modische Kinderschuhe machen sie alles mit. Seit 2009 gehört Salamander zur ara shoes AG mit Sitz in Langenfeld und seit Herbst/Winter 2010 sind die Schuhe mit dem charakteristischen Salamander im Sohlenprofil endlich wieder nach längerer Zeit im Schuhfachhandel erhältlich. Genau wie die Lurchihefte, die jedes Jahr zweimal erscheinen. Jeweils zum Saisonstart Frühjahr/Sommer und Herbst/Winter gibt es neue Geschichten rund um den tapferen Feuersalamander, kostenlos zum Mitnehmen in allen Geschäften mit Lurchi-Kinderschuhen. Gemeinsam mit seinen Freunden, dem Frosch Hopps, der Unke Unkerich, der Maus Mäusepiep, dem Zwerg Piping und dem Igel Igelmann reist Lurchi durch die Welt, löst unterschiedlichste Aufgaben und besteht ein Abenteuer nach dem anderen. Die Geschichten enden dabei stets mit dem Ausruf „Salamander lebe hoch!" Denn neben dem Mut und Ideenreichtum des Protagonisten ist meist auch Lurchis unverwüstliches Schuhwerk am erfolgreichen Ausgang der Geschichte beteiligt. Dabei ist der Salamander niemals ein Draufgänger, sondern braucht auch seine Freunde. Den kleinen Lesern werden Werte wie Freundschaft, Vertrauen und Zusammenhalt nahegebracht – aber ohne ständig den pädagogischen Zeigefinger zu heben. In den vergangenen Jahrzehnten hat Lurchi eine immens große Bekannt- und Beliebtheit erreicht. Kein Wunder, das auflagenstärkste Heft bisher, Nr. 29, erreichte die beachtliche Auflage von 2,75 Mio. gedruckten Exemplaren. Die gesammelten Abenteuer von Lurchi & Co. gibt es auch in Form von neu aufgelegten, hochwertigst gestalteten Sammelbänden, die seit 2008 vom Esslinger Verlag hergestellt und vertrieben werden. Im Sommer 2011 erschien der sechste Band, der Erwachsene mit rund 20 kurzen Lurchi-Geschichten in die eigene Kindheit zurückversetzt und kleine Leser mit seinen bunten Bildern und zeitlosen Geschichten fesselt. Die Markenmission „Mit mir ist jeder Tag ein Abenteuer" wird so spielend erfüllt. Mittlerweile vergibt Salamander sogar Lizenzen an interessierte Unternehmen, die Produkte herstellen, die zu dieser Mission und den grundsätzlichen Lurchi-Werten Spaß, Vertrauen und Begeisterung passen. So könnte Lurchi recht bald auch auf Kinderspielzeug, Schreibgeräten, Kindermode, Plüschtieren und vielem mehr eine gute Figur machen. Eine erstaunliche Karriere für einen kleinen, fast 60 Jahre alten Salamander, der eigentlich nur als Werbefigur für Kinderschuhe gedacht war. Dennoch sind ihm unzählige Mütter und Väter ein Leben lang treu geblieben und haben die Sympathie für die Marke an ihre Kinder und Enkel weitergegeben. Ganz zu schweigen von den vielen Comic-Fans und Sammlern, bei denen der gelb-schwarze Vertreter der Gattung „Salamandra salamandra" längst Kultstatus erreicht hat – und die schon ungeduldig auf mittlerweile Heft Nr. 147 warten.

ADRESSE

SALAMANDER GMBH
Zur Schlenkhecke 4
40764 Langenfeld
www.salamander.de

MARGARETE OSTHEIMER

Weniger kann auch mehr sein – eine bekannte Weisheit, die manchmal auch für unsere Kinderzimmer zutrifft. In einer Zeit, in der schon kleinste Kinder mit Elektronik in Berührung kommen, in der die digitale Welt in der Spielzeugkiste angekommen ist und selbst Puppen schon in der Lage sind, komplexe Computerprogramme auszuführen, ist eine gelegentliche Auszeit vom Hightech hilfreich. Denn Fantasie, Freiheit und Kreativität bleiben oftmals auf der Strecke, wenn das tägliche Spielprogramm von Bits und Bytes diktiert wird.

Gesundes Spielen für Körper und Seele – dafür stehen die Holzfiguren von Ostheimer. Sie richten sich an Kinder zwischen 3 und 6 Jahren und sind bewusst ganz einfach gehalten. Eine Ostheimer-Kuh kann nicht muhen oder mit dem Kopf wackeln, ein hölzerner Bauersmann kann lediglich seine Arme bewegen. Und doch – oder gerade deshalb – haben sie einen ungeheuren Spielwert. Denn sie lassen das freie und kreative Spiel zu, ohne die Kinder durch Ideen von außen zu begrenzen.

Sie sind echte „Lernspielzeuge", mit denen die Kinder ganz nach ihren eigenen Vorstellungen und Wünschen in Traumwelten eintauchen können.

Die Geschichte der Firma Ostheimer beginnt im Jahre 1926, als Walter und Adeline Ostheimer, die Eltern von Margarete, sich mit der Spielzeugherstellung bei Waldorfspielzeug in Stuttgart befasst hatten und eine eigene kleine Spielzeugproduktion aufbauten. 1940 entstand dort mit den ersten, noch einfacher gestalteten Tierfigurengruppen die Idee zu den heute weltbekannten Ostheimer-Figuren. Nach einem zwischenzeitlichen Aus kam es im Jahr 1957 zum Aufbau des Unternehmens Ostheimer in seiner heutigen Firmierung, maßgeblich geprägt durch die älteste Tochter der Familie, Margarete Ostheimer. Gemeinsam mit ihrem Vater entwarf sie die ersten Figuren einer Kollektion, die sie nach dem Tod des Vaters 1965 immer weiter ausbaute. Im Sinne ihres Vaters übernahm Margarete daraufhin die Leitung des Unternehmens und machte Ostheimer mit der tatkräftigen Unterstützung von heute 150 Mitarbeiterinnen und Mitarbeitern zu einem international aktiven Spielwarenhersteller. 2001 überführte Margarete Ostheimer das Unternehmen in eine nach ihren Eltern benannte gemeinnützige Stiftung.

Das baden-württembergische Städtchen Zell unter Aichelberg ist die angestammte Heimat der Margarete Ostheimer GmbH. Umgeben von natürlichen Streuobstwiesen und den Bergen der Schwäbischen Alb, zählt der Holzspielwarenhersteller zu einem der großen Arbeitgeber in der Voralbregion. Essenziell wichtig ist hier die Nähe zum Rohmaterial, dem durchweg aus Süddeutschland kommenden Holz heimischer Wälder. Alle Holzlieferanten sind im Sinne ökologischer Nachhaltigkeit nach dem PEFC-Standard zertifiziert und stehen am Anfang einer Kette von geprüften und zertifizierten Rohstoffen, die für die Holzspielzeuge verwendet werden. Darüber hinaus steht Spielzeugsicherheit ganz oben auf der Agenda, belegt etwa durch die absolute Einhaltung der aktuellen Sicherheitsvorschriften für Holzspielzeuge gemäß der Norm EN 71. Grundsätzlich sind Ostheimer-Figuren nur sparsam und nicht deckend bemalt, um das Material Holz spür- und erlebbar zu halten. Heute werden Ostheimer-Figuren nicht nur von Familien mit Kindern im Kindergartenalter gekauft, auch viele langjährige Sammler aller Altersgruppen zählen zum Adressatenkreis. Darüber hinaus eignen sich die Figuren auch hervorragend für die Verwendung in Rollenspielen und Aufstellungen in psychologischen oder therapeutischen Einrichtungen für Kinder, Jugendliche und Erwachsene. Ihre die Fantasie fördernde Gestaltung leistet hierbei gute Dienste. Im Ostheimer-Portfolio befinden sich aber nicht nur Tier- und Menschenfiguren. Es gibt vielfältige Fahrzeuge und Gebäude, etwa aus der Ritter- oder Piratenwelt, aber auch Mobiles, Möbel oder Kasperlefiguren. Alle im unverkennbaren reduzierten Ostheimer-Stil, der zum Versinken in der ganz eigenen Spielwelt geradezu unwiderstehlich einlädt.

ADRESSE

MARGARETE OSTHEIMER GMBH
Boschstraße 23
73119 Zell
www.ostheimer.de

MAXI-COSI

Man stelle sich das bitte einmal vor: Die älteren Kinder werden angeschnallt und das Baby nimmt man auf dem Arm mit ins Auto! Unfassbar? Bis in die späten 70er-Jahre hinein war diese Praxis gang und gäbe. Bis der Niederländer Sjef van der Linden enthusiastisch von einer USA-Reise zurückkam. Dort hatte der Betreiber eines Einzelhandels und Importgeschäftes für Baby- und Kinderausstattung im Kaufhaus Macy's den Dyn-O-Mite entdeckt. Van der Linden, der stets auf der Suche nach innovativen Produkten rund ums Baby und Kleinkind war, brachte den ersten Autositz für Babys mit nach Europa. Zunächst musste aber ein herber Rückschlag hingenommen werden: Die Babyschale aus Amerika hielt den ersten Belastungstests nicht stand und zerbrach. Doch van der Linden gab nicht auf und machte sich gemeinsam mit Experten des niederländischen Instituts für Transportwesen an die Entwicklung eines eigenen Babysitzes. Er verwendete widerstandsfähigen Kunststoff und baute eine sichere Unterkonstruktion für den Sitz – die heute aus der Verkehrssicherheit nicht mehr wegzudenkende Babyschale war geboren!

1984 kam mit dem Maxi-Cosi ein Autositz für die ganz Kleinen auf den Markt, der zunächst Skepsis auslöste. Denn van der Linden hatte ihn so konstruiert, dass er auf dem Beifahrersitz und entgegen der Fahrtrichtung installiert werden musste. Das widersprach dem damaligen Verständnis, dass Kinder auf den Rücksitz gehörten. Doch das neuartige Konzept meisterte bravourös sämtliche Sicherheitsprüfungen und überzeugte. Seither wurden bei Dorel viele Millionen jener Babyschalen produziert – mit seiner Erfindung hat Sjef van der Linden viele Kinder vor schweren Unfallfolgen beschützt und Leben gerettet.

Seit dem ersten Maxi-Cosi hat sich viel verändert; im Laufe der Jahre wurden insgesamt rund 30 verschiedene Modelle auf den Markt gebracht. Stets gleich geblieben ist dabei der hohe Anspruch, der an Belastbarkeit und Sicherheit gelegt wird. In vielen Crashtests auch von unabhängigen Instituten wie dem ADAC oder der Stiftung Warentest wurden den Sitzen der Marke Maxi-Cosi stets die besten Noten verliehen. Und so ist es nicht verwunderlich, dass heute die Bezeichnung Maxi-Cosi oft synonym für „Babysitz" verwendet wird.

Mit verstellbaren Hosenträgergurten und einer Farbanzeige wird das richtige Befestigen des Sitzes so genau vorgegeben, dass keine Fehler passieren können. Eine verstellbare Kopfstütze sorgt für besonderen Komfort für den Nachwuchs, und mit verstellbaren Tragebügeln und Extras wie einem passenden Sonnenverdeck werden keine Wünsche der Eltern offen gelassen. Eine besondere Weiterentwicklung hat die Beliebtheit des Maxi-Cosi noch steigen lassen: das Maxi-Taxi, ein Fahrgestell, mit dem die Babyschale auch außerhalb des Autos genutzt werden kann. Es zeigt, wie eng sich das Unternehmen Dorel in seinen Entwicklungen an den Bedürfnissen moderner Familien ausrichtet. Heutzutage kann man mit kompletten Travel-Systemen ohne Einschränkungen auch mit einem Baby auf große Fahrt gehen.

Mit der Ausrichtung am flexiblen Isofix-System geht Maxi-Cosi mit dem FamilyConcept noch einen Schritt weiter, indem eine variable Basis angeboten wird, auf der zwei verschiedene Sitzgrößen installiert werden können. Ein Babysitz, der mitwächst. Die jüngst entwickelte Air-Protect-Technologie ist wiederum ein Schritt in neue technologische Dimensionen und untermauert den Anspruch der Innovationsführerschaft.

Seit Anbeginn schwingt bei der Produktion des Maxi-Cosi die besondere Verantwortung für das Leben mit. Und diese spiegelt sich auch in der Unternehmensphilosophie wider. Teamgeist unter den Mitarbeitern ist bei Maxi-Cosi ebenso selbstverständlich wie eine nachhaltige Produktion im Sinne ressourcenschonender Prozesse. Eine ganz spezielle Verantwortung beweist auch die Beschäftigung von Menschen mit Handicap in der Endmontage des Maxi-Cosi. Es wurde eigens ein Produktionsprozess entwickelt, der auf diese Arbeitnehmergruppe besonders abgestimmt ist. So gewinnt der Claim, der für den Maxi-Cosi entwickelt wurde, eine umfassende und nachhaltige Bedeutung: kostbares Leben schützen.

ADRESSE

DOREL GERMANY GMBH
Augustinusstraße 9c
50226 Frechen-Königsdorf
www.maxi-cosi.de

MINIMONKEY

Gute Erfindungen müssen gar nicht kompliziert sein. Manche bestechen geradezu durch ihre Einfachheit – trotzdem braucht es jemanden, der erst einmal daraufkommt. Wie die Niederländerin Margot Hoppener-Visser. Selbst Mutter von zwei kleinen Kindern, suchte sie im Jahr 2006 nach einer flexiblen Tragemöglichkeit für ihren Nachwuchs. Es sollte eine vielseitige Lösung sein, die möglichst engen Körperkontakt mit dem Baby erlaubt, gleichzeitig möglichst komfortabel ist und leicht zu benutzen. Sie sollte auf aufwendige Wickeltechniken verzichten und idealerweise auch das Stillen des Kindes ermöglichen. Von den zahlreichen Möglichkeiten auf dem Markt entsprach jedoch letztlich keine diesem Anspruch: einer Kombination all dieser Eigenschaften. So löste sie das Problem eben selbst. Und erfand kurzerhand unter dem Firmennamen Minimonkey eine Babytrageschlinge für Kinder zwischen 0 und 2 Jahren, die als Bauch- oder Hüfttrage genutzt werden kann, aber auch als Hängematte für den Laufstall. Zugrunde liegt das in vielen Kulturen seit jeher verbreitete Tragen von Kindern in einem Tragetuch oder -schal. Dadurch haben die Babys einen kontinuierlichen Körperkontakt und erleben alle Bewegungen, die Atmung und den Herzschlag der Mutter als beruhigend. Wissenschaftliche Studien in den letzten Jahrzehnten belegen den positiven Effekt dieser körperlichen Nähe sowohl für die Beziehung von Eltern und Kind als auch für die körperliche, geistige und emotionale Entwicklung der Kinder. Die Eltern profitieren ebenfalls, erlaubt ihnen die Trageschlinge doch, ihrem gewohnten Alltag nachzugehen, ohne dabei das Baby zu vernachlässigen. Unterwegs erspart es außerdem den unhandlichen Kinderwagen. Die Babytrageschlinge wird aus 100 Prozent Baumwolle hergestellt, auch eine Version aus Bio-Baumwolle ist erhältlich. Alle Produkte haben ein weiches, gepolstertes Schulterkissen und eine Kunststoff-Schließe. Interessenten können zwischen acht verschiedenen Farben wählen. Ebenso vielseitig sind die Verwendungsmöglichkeiten je nach Alter der Kinder. Ganz kleine Säuglinge zwischen 0 und 3 Monaten können im sogenannten Bananensitz getragen werden. Dabei liegt das Baby in der Schlinge in Fötushaltung, die es an die Geborgenheit in Mamas Bauch erinnert. In dieser Position kann das Kind in der Trageschlinge auch komfortabel und dabei unauffällig gestillt werden. Ebenfalls in diesem Alter lässt sich das Tuch als Hängematte im Laufstall oder Babybett verwenden: einfach um die gegenüberliegenden Seiten des Bettes spannen, fertig ist ein kuscheliger Rückzugsort, den man sanft hin- und herwiegen kann. Ist das Baby älter geworden und sein Rücken stärker, können die Eltern es in der Känguru-Stellung in die Schlinge setzen. Dabei lehnt es sich mit dem Rücken an den Träger, während der Schultergurt seinen Kopf unterstützt. Noch etwas ältere Kinder sitzen Bauch an Bauch mit Mama oder Papa, und die beinahe Zweijährigen können als letzte Variante im Hüftsitz getragen werden. Dabei schauen die Beine des Kindes zu beiden Seiten an der Hüfte des Trägers vorbei. Weil Babyprodukte natürlich höchsten Sicherheitsanforderungen genügen müssen, sind alle Minimonkey-Babytrageschlingen ausführlich getestet und genügen den relevanten EU-Sicherheitsnormen. Sie werden heute in über 25 Ländern auf der ganzen Welt verkauft. Das Unternehmen mit Hauptsitz in Amsterdam arbeitet teilweise mit Distributoren zusammen, in anderen Ländern werden die Händler selbst beliefert. Mittlerweile ist auch das Produktportfolio deutlich gewachsen. So gibt es Stilltücher für ein diskretes Abpumpen oder Stillen in der Öffentlichkeit, aber auch Schlafsäcke oder Pucktücher. Derzeit arbeitet Minimonkey an der Entwicklung verschiedener weiterer Produkte wie etwa dem Minimonkey-Minichair, der auf der internationalen Leitmesse Kind und Jugend vorgestellt werden soll. Und es ist eine innovative Babytrage in Arbeit, deren Markteinführung ebenfalls für 2011 geplant ist. Auch diese Neuheiten aus dem niederländischen Unternehmen könnten wiederum ganz einfach sein – und gerade deshalb das Zeug zur nächsten guten Erfindung für dankbare Eltern und ihre Kinder haben.

ADRESSE | AUSZEICHNUNGEN | ZERTIFIKATE

MINIMONKEY B.V.
Larikslaan 9
NL-1087 SC Amsterdam
www.minimonkey.com

„Kind und Jugend Award" Finalist mit Minimonkey y-in-1 Babycarrier, 2008

SGS EN 71 Part 3
TÜV EN 13209-2

MY COSY COTTAGE

Alle Kinder haben Wünsche und Träume, von den kleinen Dingen bis zum ganz großen Traum von den eigenen vier Wänden, in denen fantastische Geschichten lebendig werden: von Prinzen und Prinzessinnen, von Piraten und Zauberern, kleinen Gärtnerinnen und Feuerwehrmännern. Zurückgezogen von der Welt der Erwachsenen und doch in Geborgenheit können Kinder in ihren Spielhäusern bunte Fantasiewelten erschaffen und kleine und große Abenteuer erleben. Die Münchner Manufaktur My Cosy Cottage hat sich auf die ganz großen Kinderträume spezialisiert und stellt seit ihrer Gründung im Jahr 2009 Spielhäuser der Luxusklasse her, die den höchsten Ansprüchen genügen. Geschäftsführerin Jutta von Braunmühl, selbst Mutter von drei kleinen Kindern, hat den weltweiten Trend zu hochwertigen Kinderspielhäusern mit My Cosy Cottage nach Deutschland geholt. Auf der Suche nach einem Spielhaus für ihre Kinder konnte sie einfach keine Ausführung finden, die ihren eigenen Ansprüchen genügte: „Die angebotenen Spielhäuser waren ästhetisch oft nicht reizvoll, außerdem sollten sie sicher und hochwertig verarbeitet sein. Unsere Spielhäuser von My Cosy Cottage vereinen Ästhetik, Sicherheit und Langlebigkeit." So werden alle Kinderhäuser der süddeutschen Firma aus massiven heimischen Fichten- und Kiefernhölzern in regionalen Betrieben und in Handarbeit gefertigt, die Fensterscheiben sind aus Verbund-Sicherheits-Glas und das Dach ist mit echten Bitumenschindeln wasserdicht gedeckt. Umweltfreundliche Lacke verschönern die eigenen vier Wände in den verschiedensten Farben. Die handgefertigten Spielhäuser sind jedoch nicht nur sicher und präzise verarbeitet, vor allem mit ihrem durchdachten Design heben sie sich von der Konkurrenz ab. Die zukünftigen Hausbewohner können auswählen zwischen der größten, klassisch-englischen Spielhaus-Variante „My Gran Victorian Cottage", dem Abenteuerhaus „My Firehouse" mit zwei Etagen oder dem von Astrid Lindgrens Geschichten um Pippi Langstrumpf inspirierten Schwedenhaus „My Swedish Cottage". Die Veranda, auf der sich sogar ein Kleiner Onkel abstellen ließe, und die gusseiserne Türglocke halten nicht nur jahrelangen Abenteuern stand, sondern verströmen auch das Flair von der eigenen Villa Kunterbunt. Auch Innen ist viel Platz für das kreative Spiel. My Gran Victorian Cottage mit einer Grundfläche von 7 m² und 2,50 m Deckenhöhe kann beispielsweise mit Kinderküche, Maltisch, Spiel- und Kuschelecke eingerichtet werden. Als Zubehör lassen Blumenkästen und Fensterläden, Vorhänge und Kissen, Tische, Stühle und Bänke im Miniaturformat keinen Wunsch offen. In der Garage finden nicht nur Bobby-Car, Puppenwagen und Scooter ein trockenes Plätzchen, auch ein buntes Matratzenlager oder ein extragroßer Basteltisch machen sich gut in diesem hellen Häuschen. Und bei Geburtstagspartys oder Sommerfesten können viele Freunde ins Spielhaus eingeladen werden. Vor allem in den kleinen Accessoires kann man die Liebe der Hersteller zum Detail erkennen. So hängt draußen vor dem Feuerwehrhaus eine gusseiserne Glocke mit rotem Feuerwehrauto und die Fenster und Türen des Schwedenhauses sind mit Messingbeschlägen bestückt. Zu beziehen sind die Spielhäuser über den exklusiven Kinderfachhandel, bisher bei ausgewählten Adressen in München, Frankfurt und Düsseldorf. My Cosy Cottage ist mit fünf Mitarbeitern ein kleiner Betrieb, der viel Wert auf den persönlichen Kundenkontakt legt, so gehören eine umfassende Beratung und das Eingehen auf alle Kundenwünsche zum Geschäftsalltag. Natürlich kann der Kunde hierbei auch auswählen, ob er das neue Kinderdomizil selbst zusammenbauen möchte oder sich die Villa schlüsselfertig im eigenen Garten aufbauen lässt. Dabei lassen sich alle Sonderwünsche verwirklichen: Tiroler Bauernhaus, Sylter Reetdachhaus oder das Pendant zum Elternhaus mit Veranda, Turm oder Garage. In den Spielhäusern sind dann die Kinder König. Und wie Könige und Prinzessinnen werden sie sich fühlen, wenn sie das erste Mal mit strahlenden Augen die Schwelle des Traumspielhauses übertreten.

ADRESSE

MY COSY COTTAGE
Parzivalplatz 5
80804 München
www.mycosycottage.de

NUK

Kinder sind nicht nur das größte Glück auf Erden – sie sind auch das größte Erlebnis. Frischgebackene Eltern entdecken jeden Tag etwas Neues und bestaunen das eigene Baby vermutlich genauso, wie es seinerseits die ganze Welt bestaunt. Sie beobachten gerührt die ruhigen Atemzüge ihres Kindes im Schlaf. Sie lauschen den kleinen Glucksern, wenn es das Fläschchen leert. Und wenn dann nach vielen Monaten der liebevollen Begleitung des kleinen Menschen durch den Alltag aus Lauten plötzlich erste kleine Wörter werden, können sie ihr Glück kaum fassen.

Selbstverständlich ist das nicht. Denn damit Kinder problemlos atmen, schlucken, kauen und später auch sprechen können, müssen sie Kiefer, Gaumen, Zunge und Lippen von Geburt an trainieren. Beim Stillen passiert das ganz von selbst: Die Form der weiblichen Brustwarze und das angeborene Saugbedürfnis des Babys bilden die perfekte Grundlage für eine gesunde Oralentwicklung. Der Zahnmediziner Dr. med. dent. Adolf Müller und der Kieferorthopäde Professor Dr. Dr. Wilhelm Balters entdeckten dieses Prinzip schon in den 1950er-Jahren. Außerdem fanden sie heraus, dass die weibliche Brustwarze während des Stillens ihre Form verändert und dadurch ein optimales Zusammenspiel von Kiefer, Gaumen, Zunge und Lippen ermöglicht. Aus dieser Erkenntnis heraus entwickelten sie einen Sauger, der nicht nur beruhigt, sondern darüber hinaus aufgrund seiner asymmetrischen Form positiv auf die Kieferentwicklung wirkt. Produziert wurde das Modell unter dem Akronym NUK, kurz für „natürlich und kiefergerecht", erstmals im Jahr 1956 von der Hanseatischen Gummiwarenfabrik GmbH aus Zeven, zwischen Hamburg und Bremen gelegen.

Heute heißt das Unternehmen MAPA GmbH, beschäftigt rund 650 Mitarbeiter und stellt ein umfassendes Sortiment von Babyprodukten her, das mittlerweile in über 100 Ländern der Welt präsent ist. Neben den vielfältigen Saugern und Trinkflaschen für den Hausgebrauch stellt das Traditionsunternehmen unter dem Namen NUK Medic Pro auch ein speziell auf die Bedürfnisse von Kliniken zugeschnittenes Sortiment zur Versorgung von Mutter und Kind her. Dazu gehören Einmal-Sauger oder der Sauger für Frühchen ebenso wie NUK Saugtrainer für die logopädische Praxis oder Spezial-Sauger bei anatomischen Beeinträchtigungen.

Natürlich wird der mittlerweile über 50-jährige Klassiker permanent weiterentwickelt. So ist der aktuelle NUK Genius ein Beruhigungssauger, der die gesunde Gesamtentwicklung fördert. Eine zusätzliche Aushöhlung an der Unterseite des Lutschteils lässt der Zunge viel Raum, während das sogenannte NUK AIR SYSTEM, durch das die Luft entweicht, den Sauger besonders formbar macht. Integrierte Softkanäle bewirken außerdem, dass sich der Sauger angenehm weich anfühlt und der Druck auf Kiefer und Zähne auf ein Minimum reduziert wird.

Für alle Produkte von NUK gelten fest umrissene, unveränderliche Grundsätze. So ist die Qualitätsanforderung „Made in Germany" der selbstverständliche Standard für alle Sauger und Flaschen. Das Unternehmen stellt sich als erster Hersteller von Babyprodukten in Deutschland freiwillig den anspruchsvollen Prüfkriterien zur Vergabe des „Institut Fresenius Qualitätssiegels". Die ganzheitlichen Kontrollen des renommierten Instituts erfolgen unangekündigt, teilweise sogar verdeckt und stellen sicher, dass sich Eltern jederzeit auf NUK Qualität verlassen können. Dazu gehören garantiert unbedenkliche, schadstofffreie Materialien, etwa für die Mundstücke aus Naturlatex oder Silikon, ebenso wie attraktive und kindgerechte Motive, zum Beispiel auf den Trinkflaschen, oder ein ausgeklügeltes Größenkonzept. So wachsen die NUK-Produkte mit ihren kleinen Benutzern mit und sorgen bis zu den ersten Worten – oder noch ein bisschen länger – für ruhigen Schlaf und süße Träume. Und wenn die Kinder dem Schnuller entwachsen sind, können sie zu NUK Schnuller-Paten werden und Schnuller für einen guten Zweck sammeln. Für jedes Exemplar spendet NUK zehn Cent an die Stiftung Lesen, die damit Geschichtenvorleser für Kinder in deutschen Krankenhäusern ausbildet.

ADRESSE

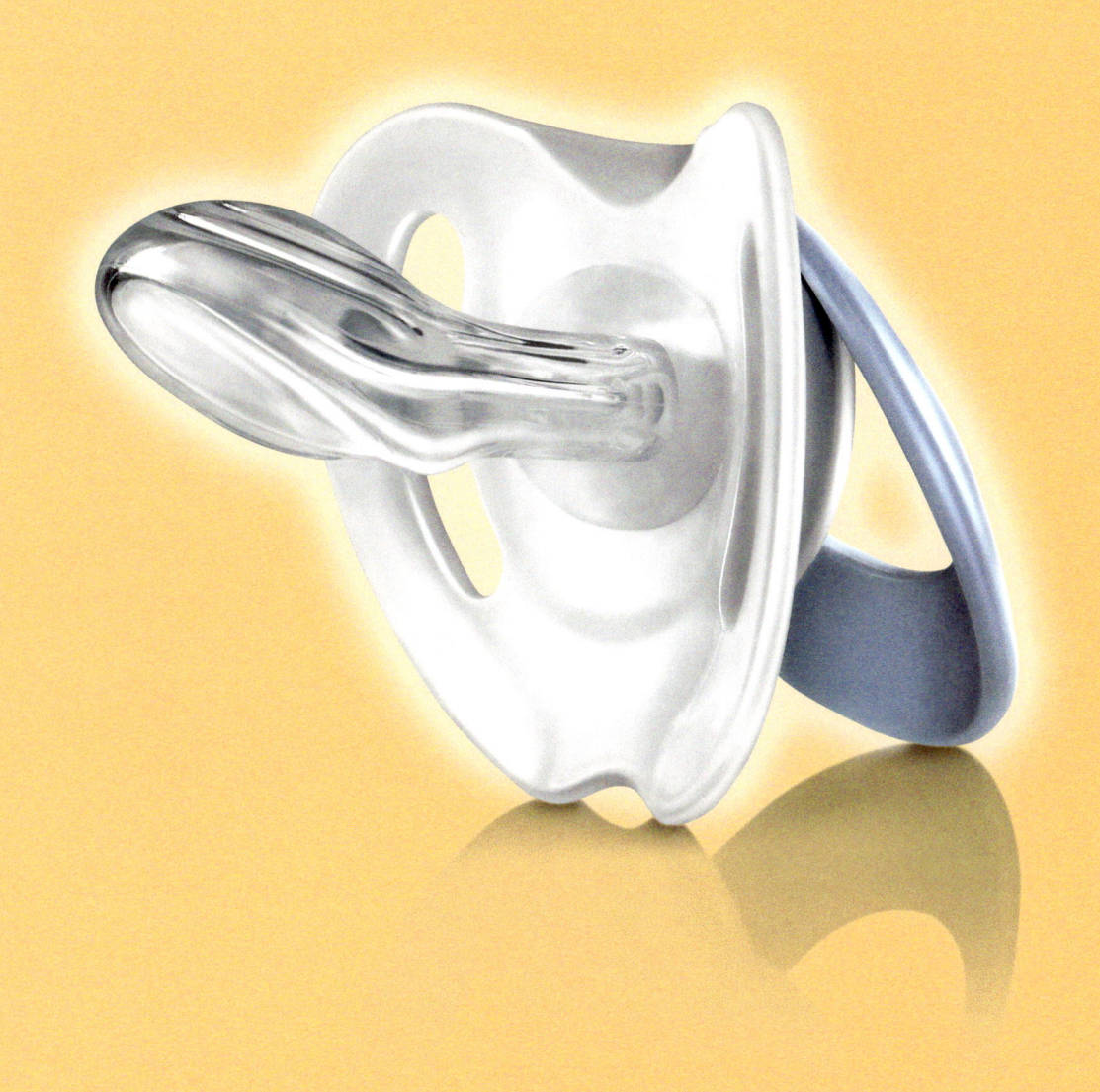

MAPA GMBH
Industriestraße 21–25
27404 Zeven
www.nuk.com

NUNA

Mit einfachen, ausgeklügelten und formschönen Produkten für Babys will nuna überzeugen. Und das gelingt dem holländischen Unternehmen. Was nuna auf den Markt bringt, das setzt Standards in der Branche und spricht Eltern aus dem Herzen. Und wird ausgezeichnet. Weil die Produkte einfach in der Handhabung sind – das mögen die Eltern. Weil sie anschmiegsam und farbig sind – das lieben die Babys. Und weil sie innovativ sind, das schätzen die Juroren internationaler Design-Awards. Mit der Summe all dessen setzt nuna Trends. Das Unternehmen kopiert nicht, sondern erfindet neu. Ganz nah an den Bedürfnissen der Babys und Kleinkinder und an den Ansprüchen der Eltern fragt nuna zuerst nach dem Sinn und Zweck eines jeden Produktes. Was ist das Beste fürs Kind? Was vereinfacht den Alltag der Eltern? Das Konzept ist der erste Schritt und der zweite ist ein Entwicklungsprozess, den die Ingenieure und Designer von nuna mit viel Know-how und Liebe zum Kind umsetzen. Weniger ist mehr, heißt die Devise und im Ergebnis zeigen stylische und intelligente Produkte, worauf es ankommt im Alltag mit Kindern, nämlich auf Rhythmus. Der ist anders mit dem ersten Tag nach der Geburt. Dann wird das Leben bestimmt durch die Bedürfnisse des Kindes. Es will spielen, kleckern, manchmal träumen, aber immer dabei sein in geselliger Familienrunde. Es will Raum für Geborgenheit und Zärtlichkeit. Das weiß nuna und hält genau darauf seinen Fokus gerichtet, wenn es zum Beispiel die erste kinetische Sitzmöglichkeit für Babys entwirft. LEAF heißt der Sitz und seine Funktion wurde inspiriert von dem Wehen eines Blattes im Winde. So schwingt dieser Designsitz bei Bedarf leicht hin und her – ohne Motor, ohne Kabel, einzig die Bewegung gibt den Schwung. LEAF überzeugt durch seine Materialen, die jegliche Oeko-Tex®- und Sicherheitsvorgaben erfüllen, und gleichsam durch seine natürliche Ästhetik. Der Sitz wurde ausgezeichnet mit dem RedDot-Award und wird seither präsentiert im Design-Museum in Singapur. Derart inspiriert entwerfen die Ingenieure und Designer weitere Produkte, die Eltern das Leben erleichtern und die Entwicklung der Babys fördern. So entsteht z. B. das transportable Kinderbettchen SENA oder der Hochstuhl ZAAZ. Er wächst mit und passt sich spielend leicht an die Ansprüche der Babys und Kleinkinder an, nämlich mitzureden am Tisch, und zwar auf Augenhöhe. Mit wenigen Handgriffen lässt er sich verwandeln in einen Ess- oder Spielstuhl. Er sichert die Kleinen mit einem Fünfpunkt- und später mit einem Dreipunktgurtsystem. Der Korpus ist aus stabilem Kunststoff und das Polster setzt einen farblichen Blickfang. Oder der Buggy PEPP. Mit ihm lässt es sich sogar einhändig durch die Stadt manövrieren, und dabei sitzt oder liegt das Kind sicher im Wagen. PEPP lässt sich auf Rucksackgröße zusammenfalten und ebenso einfach mit nur einer Hand wieder öffnen. nuna kennt den Alltag mit Kind und bietet Lösungen, damit Eltern den Kopf frei haben fürs Wesentliche: für Spaß und Spiel mit ihren Kindern, für zauberhafte Momente in diesen wichtigen ersten Lebensmonaten von 0 bis 18 Monaten. Und für den neuen Rhythmus mit dem Baby. Denn letztendlich geht es darum, dem kleinen Schatz einen Raum zu geben und dabei die eigene Wohnwelt zu öffnen, aber nicht aufzugeben. Das ist die Idee, die hinter jedem nuna-Produkt steht. Mit pfiffigen Produkten, die kindgerecht sind – und elterngerecht und somit eine Natürlichkeit in den Alltag bringen. Darauf legt das Unternehmen Wert. Es arbeitet umweltfreundlich und ressourcenschonend, vom ersten bis zum letzten Produktionsschritt. Es nutzt alternative Energien und ausschließlich recycelbare Verpackungen. Und dieses Verständnis von Nachhaltigkeit überträgt nuna auf jedes seiner Produkte. Funktionalität und Design zeichnen sie aus. Eltern schätzen die Kreationen, weil sie ästhetisch und innovativ sind. Und Babys lieben das Gefühl, geborgen zu sein und mittendrin im Familienleben.

ADRESSE

LILLYLIN GMBH & CO.KG
Friedhofweg 6
96279 Weidhausen
www.nuna.eu

ORTHOMOL

orthomol immun junior

Wer kennt das nicht? Kaum kommt der Nachwuchs in den Kindergarten, sind Schnupfen, Husten und andere Erkältungskrankheiten ständige Begleiter. Aber mit wichtigen Vitaminen & Co. kann man die kleinen Schniefnasen gezielt unterstützen. Allerdings wissen viele Eltern: Obst und Gemüse sind nicht sehr beliebt. So ergab die KIGGS Studie (Studie zur Gesundheit von Kindern und Jugendlichen in Deutschland) des Robert Koch Instituts im Jahr 2007, dass nur rund die Hälfte aller Jungen und Mädchen zwischen 3 und 17 Jahren mindestens einmal täglich frisches Obst isst. Auch Gemüse ist nur selten Teil der Mahlzeiten. Hier kommt Orthomol ins Spiel, genauer: Orthomol Immun junior®. Dahinter verbirgt sich eine immunspezifisch kombinierte, ausgewogen dosierte Mikronährstoff-Kombination für Kinder mit häufig wiederkehrenden Infektionen. Diese trägt dazu bei, den durch die Infektionen erhöhten Mikronährstoffbedarf der kleinen Patienten zu decken. Das Produkt basiert auf der orthomolekularen Ernährungsmedizin. Der Nobelpreisträger Linus Pauling ist der Erfinder dieses Prinzips. Das beruht auf der Erkenntnis, dass der menschliche Körper für die gesunde Funktion all seiner Organe und Stoffwechselprozesse Mikronährstoffe benötigt. In Deutschland bekannt machten es Dr. Kristian Glagau und Dr. Hans Dietl, die 1991 in Langenfeld die Orthomol GmbH gründeten. Eines der ersten Produkte war 1992 Orthomol Immun® zur Unterstützung des Immunsystems erwachsener Menschen. Im Jahr 1995 wurde dann das Pendant für Kinder entwickelt und auf den Markt gebracht.

Orthomol Immun junior® ist geeignet für Kinder im Alter von 4 bis 14 Jahren, die unter wiederkehrenden Infektionen wie zum Beispiel Schnupfen, Husten, Halsschmerzen oder Mittelohrentzündungen leiden. Die ergänzende bilanzierte Diät besteht aus einer Kombination von Vitaminen, Mineralstoffen, Spurenelementen und sekundären Pflanzenstoffen.

In seiner Darreichungsform ist Orthomol Immun junior® perfekt auf die kleinen Verwender zugeschnitten: entweder als Kautablette in Form eines Autos mit den Geschmacksrichtungen Waldfrucht und Mandarine-Orange oder als praktisches Direktgranulat mit Himbeer-Limette-Geschmack. Ein weiteres Plus für gesundheitsbewusste Eltern: Beide Darreichungsformen sind zahnfreundlich klinisch getestet. Hergestellt und zertifiziert nach dem internationalen Qualitätsstandard für Lebensmittelsicherheit ISO 22000, sind die Premiumprodukte von Orthomol exklusiv in Apotheken erhältlich. Auf den Packungen und Broschüren von Orthomol Immun junior® sorgen die fröhlichen Figuren Ortho und Immi für eine kindgerechte Ansprache.

Gerade der hohe Qualitätsanspruch ist es, der den Erfolg des Unternehmens Orthomol begründete. Sowohl die Produktpalette als auch die Zahl der Beschäftigten und Standorte wuchs seit der Firmengründung 1991 stetig – auf heute rund 460 Mitarbeiter im Innen- und Außendienst. Orthomol unterhält derzeit vier Gebäude an zwei Standorten im nordrhein-westfälischen Langenfeld, weitere Expansionen sind geplant. Und auch im Ausland wächst man: Weltweit sind die Produkte bereits in 18 Ländern erhältlich, Tendenz stark steigend.

Als verantwortungsvolles Unternehmen fühlt sich Orthomol in seiner Kultur dem sozialen Engagement verpflichtet. So gibt es etwa die unternehmenseigene Initiative Zukunft Ernährung (IZE), die sich regelmäßig für eine gesundheitsförderliche Ernährung einsetzt. Dabei wird sie von einem 16-köpfigen Beirat unterstützt, der jedoch kein Honorar erhält. Vielmehr spendet Orthomol für jedes Beiratsmitglied pro Jahr 1.000 Euro für einen guten – ernährungsbezogenen – Zweck. So konnte die IZE bereits zahlreiche Schulprojekte oder kleine gemeinnützige Vereine in ganz Deutschland unterstützen. Die Gründer- und Inhaberfamilie Glagau sowie alle Mitarbeiter fühlen sich zudem ihrem Standort Langenfeld sehr verbunden. Daher fördert man gemeinsam seit vielen Jahren lokale Initiativen wie den Langenfelder Verein Sag's e.V., der sich gegen sexuellen Missbrauch von Kindern und Jugendlichen engagiert.

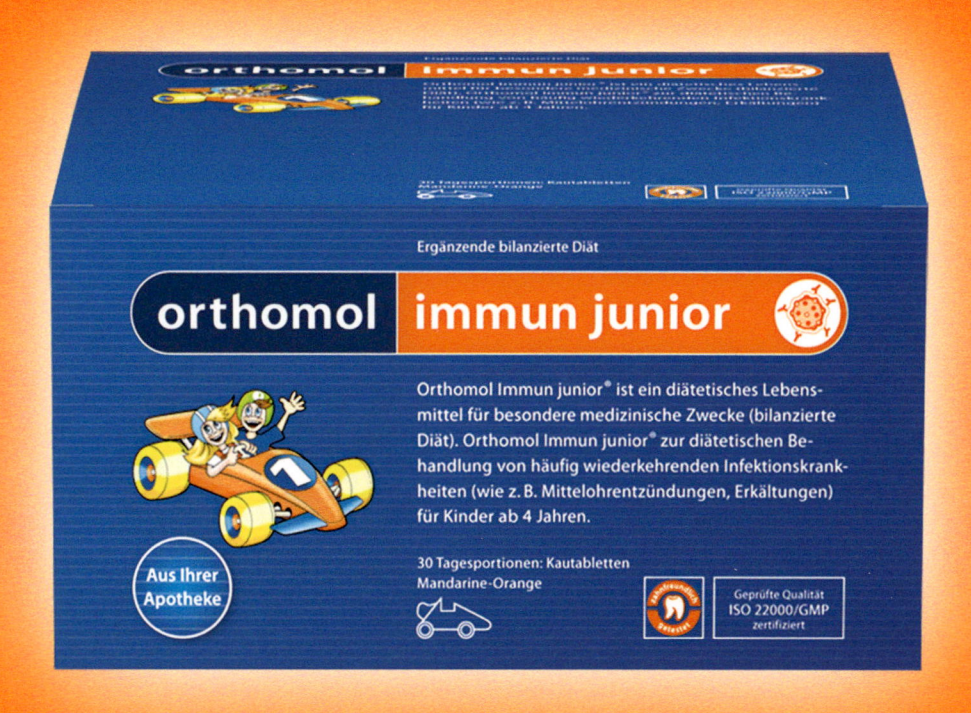

ADRESSE | AUSZEICHNUNGEN

ORTHOMOL PHARMAZEUTISCHE
VERTRIEBS GMBH
Herzogstraße 30
40764 Langenfeld
www.orthomol.de

„Bester Apothekenpartner im Bereich Nahrungsergänzungen" für das Unternehmen Orthomol, Pharma Rundschau (2006-2011)
„NRW-Unternehmerpreis für Innovation" für Gründer und Geschäftsführer Dr. Kristian Glagau, Bundesverband der
   mittelständischen Wirtschaft (2005)
„Company-Award" für Unternehmen Orthomol, Bundesverband Deutscher Unternehmensberater (2003)

OSANN

Alles anschnallen! Keine technische Einrichtung hat das Autofahren für Kinder in den letzten Jahrzehnten noch sicherer und gleichzeitig komfortabler gemacht als Sicherheitsgurt und moderne Kindersitze. Während in den 60er-Jahren auch kleinste Babys oder Kleinkinder unangegurtet auf den Rückbänken lagen oder turnten, setzte erst im Verlauf der 70er ein Umdenken ein. Nach Einführung der Gurtpflicht auch im Fahrzeugfond im Jahr 1979 bewies die Unfallstatistik die Wirksamkeit der Maßnahme. Heute ist das Anschnallen eine absolute Selbstverständlichkeit – und moderne Kindersitze gibt es in vielfältigen Größen und Formen.

Das Unternehmen Osann gehört zu den Stützpfeilern der Fahrsicherheitsbranche. Schon im Jahr 1980 gründete Stephan Osann eine Handelsagentur für den Vertrieb und das Marketing der damals ersten Babyschale „Maxi-Cosi" in Deutschland, Österreich und der Schweiz. Ein erfolgreiches Produkt, dessen Vermarktung dem Unternehmer Osann nicht nur eine konkurrenzlos gute Erfahrung im Umgang mit Kindersitzen einbrachte, sondern auch den Grundstein für die Entwicklung eigener Produkte legte. Im Jahr 2002 ging die Firma dann unter der eigenen Marke Osann an den Start. Heute ist das mittlerweile von Sohn Patrick Osann geführte Familienunternehmen nach verkauften Stückzahlen europäischer Marktführer. Am Hauptsitz im baden-württembergischen Gottmadingen sind mehr als 40 Mitarbeiter mit der Produktentwicklung und dem Vertrieb beschäftigt, hergestellt werden die Produkte in Frankreich, Polen und China. Über den Versandhandel und viele Märkte mit Fachabteilungen sowie über 1.000 Fachgeschäfte in ganz Europa finden sie dann ihren Weg zu den Kunden.

Gemäß den Idealen der Osann-Philosophie mit dem Leitspruch „Wir sind Familie" werden hochwertige aber preiswerte Baby- und Kinderartikel entwickelt, produziert und in die Osann-Markenfamilie aufgenommen. Höchste Priorität hat dabei natürlich geprüfte Sicherheit. So wurde beispielsweise der Kinderautositz Osann Driver SP erstmalig in seiner Preisklasse von den Automobilclubs ÖAMTC und TCS als „Empfehlenswert" bewertet, 2009 verliehen diese das Testurteil „Gut" für die Babyschale BeOne SP. Letztere stellt den Einstieg in die Reihe der Osann-Produkte fürs Autofahren dar. Sie kann von Geburt an bis zum Alter von rund 15 Monaten verwendet werden und punktet sicherheitstechnisch mit einer Doppelwandkonstruktion mit weit vorgezogenen Seiten im Kopfbereich für optimalen Seitenaufprallschutz sowie ein dreifach höhenverstellbares Gurtsystem. Speziell für Neugeborene verfügt sie über ein Kuschelnestchen, das ebenso wie das Sonnendach für optimale Geborgenheit des Nesthäkchens sorgt. Zusätzlich bietet die BeOne SP eine angenehme Schaukelfunktion, falls man das müde Kind außerhalb des Autos sanft ins Land der Träume gleiten lassen möchte. Weiter fortgesetzt wird die Reihe aufeinanderfolgender Osann-Produkte mit den Autositzen Safety One für Kinder von 8 Monaten bis 4 Jahren oder dem Comet, der Insassen von 8 Monaten bis 12 Jahren flexibel anpassbar beherbergt. Alternativ kann auch der Enterprise gewählt werden, der dank mitwachsender Kopfstütze und klappbarer Armlehnen für Nutzer von 3 bis 12 Jahren geeignet ist.

Viele Osann-Kindersitze sind außerdem als Lizenzversionen von Disney, Ferrari und Fisher Price erhältlich. So zieren etwa beliebte Motive wie Micky Mouse, Cars oder Winnie Pooh die Produkte und machen sie für Kinder unwiderstehlich. Neben den Autositzen wird bei Osann am Bodensee derzeit verstärkt auf das Thema Kinderwagen abgezielt. Ein stetig wachsender Fuhrpark vom Buggy bis zum Zwillingswagen soll in Zukunft noch stärker vermarktet werden. Dabei sind natürlich die Osann-Produkte untereinander kompatibel, etwa mit dem Kinderwagenadapter für die Babyschale BeOne SP. Ein großer Vorteil, wenn auch die Produkte verschiedener Sparten erkennbar aus derselben Familie kommen. Und aus einem Unternehmen, das sich ganz einem familiären Umgang verschrieben hat – mit den Kunden wie auch mit den Lieferanten, Mitarbeitern und deren Familien. Da können alle in jeglicher Beziehung sicher sein.

ADRESSE | AUSZEICHNUNGEN

OSANN GMBH
Gewerbestraße 22
78244 Gottmadingen
www.osann.de

„Eurobike Award" für SleepFIX, Messe Friedrichshafen und iF International Forum Design GmbH, 2010
„Innovation Award", Kategorie „World of Baby Furniture" für Kaboost, 2008

PAMPOLINA

Manchmal muss es etwas Besonderes sein! Eben das Beste für das Kind. Und dieser Anspruch kann viele Gründe haben: Die Eltern und Großeltern verlieben sich regelrecht in ein Kleidungsstück für ihre Kinder oder Enkelkinder, Mädchen wollen wie kleine Prinzessinnen aussehen oder Jungen wollen „cool" wirken. Oft soll sich der Stolz auf die Kleinen in den schönen Designs und Artworks der Kleidung zeigen. Wie auch immer die Bedürfnisse sein mögen, die Marke Pampolina erfüllt sie, denn sie macht Mode für Kinder, und zwar jenseits vom Mainstream. Und darüber hinaus bietet das Unternehmen seinen Kunden die Gewissheit, höchste Qualität und Passform zu wählen, ausgerichtet an den Bedürfnissen der Kinder in jedem Alter. Diese Mode lässt Freiräume für Bewegung. Sie lädt geradezu ein, zum Spiel, zum Abenteuer oder zur Gedankenreise in die Welt der Abenteurer, Prinzessinnen und Feen. Denn Pampolina kultiviert seine Detailverliebtheit und gerade diese fördert die Entwicklung der Kinder und den Blick für die kleinen Extras. Sie ist das Merkmal der Marke seit vielen Jahrzehnten, seit das Label Mitte der 90er-Jahre einen Stil verwirklicht hat, der wie kein anderer äußert: Wir lieben Kinder, wir lieben Mode und das zeigen wir bis ins kleinste Detail. Die Wurzeln der Marke gehen zurück ins Jahr 1958, dem Jahr, in dem Wolfgang und Maria Hohe ihre Firma „Hohe Modelle" im Damenbekleidungssektor gründeten. Schnell stiegen sowohl Aufmerksamkeit als auch Nachfrage. Das Geschäftsmodell änderte sich, die Firma expandierte: Im Jahr 1974 entstand sodann die Marke Pampolina und revolutionierte die Modebranche für Kinder. Bis zu diesem Zeitpunkt wurde Kinderkleidung vorwiegend unter dem Aspekt der Zweckmäßigkeit entworfen. Dem widersprachen die Kollektionen von Pampolina. Das Unternehmen formulierte seinen neuen Anspruch: Passform, Qualität und Detailverliebtheit sind bis heute noch die leitenden Größen neben der Designvielfalt: bunt, fröhlich, frech und bezaubernd – das ist die Mode von Pampolina, damals wie heute. Und mit diesem Anspruch verleiht das Unternehmen der Kindlichkeit einen besonderen Stil, in allen Phasen von der Geburt bis zur Jugend. Denn eines ist sicher: Kreativität wird bei Kindern durch Zuwendung, durch Spiel und durch gemeinsam erlebte Zeit geweckt. Aber auch durch Mode. Denn sie unterstreicht die kleine Persönlichkeit und lässt dabei gedanklichen Raum für Träume und Fantasien. Und diese können beflügeln. Mädchen lieben es, wenn Röcke schwingen, Applikationen glitzern und Stickereien fühlbar sind. Und die Eltern und Großeltern ebenso. Jungen mögen lässige Schnitte, ausgefallene Artworks – und alle Details zusammen ergeben jene Modewirkung, die Pampolina seit Jahrzehnten prägt, die die Kinder begleitet und begeistert, und das über Generationen. Mode ist wandelbar, aber der Stil bleibt. Seit 2011 kreiert das Unternehmen seine Kollektionen unter dem Dach der Kanz „Kids Fashion Group", die zu den Führenden der Branche in Deutschland, Österreich, Russland und der Schweiz zählt. Hier bündelt sich die Expertise von 150 Mitarbeitern, die immer wieder jede Kollektion zum Glanzlicht der Modesaison werden lassen – immer mit dem Blick auf die Bedürfnisse der Kinder im Alter von 0 bis 16 Jahren. Das garantieren zusätzlich die Lables RELOAD und Check In für Mädchen und Jungen. Design für Kinder heißt Gespür für Trends und Details. Für eine Verliebtheit in Mode und Wirkung. Und all das sind die Merkmale für Pampolina, der besonderen Modemarke für Kinder. Dieses Markenprofil gilt international. Die Kollektionen sind in ausgesuchten Modehäusern sowie in den besten Kinderfachgeschäften zu finden und folgen stets der Philosophie des Unternehmens: hochwertige Qualität, optimale Passform, ausgefallene Designs, harmonisiert zu einer unverkennbaren Stilistik und zu einem angemessenen Preis. Und dieser Mix macht den Erfolg aus – den Erfolg einer einzigartigen Modemarke für Kinder: Pampolina.

ADRESSE

PAMPOLINA KIDS FASHION GMBH
Wilhelm-Schickard-Straße 7
72124 Pliezhausen
www.kanz.com

PEARHEAD

pearhead™ Die Birne ist das Markenzeichen. Und die Produkte, die sie ziert, gelten in den USA längst als Maßstab für einen edlen Geschmack. Aus gutem Grund, denn Pearhead® bietet hochwertige Geschenkartikel rund um Baby und Kleinkind, hergestellt aus Leinen, Pappe, Papier oder Holz. Die Idee hinter jedem Produkt besticht durch einen einzigen Wunsch: nämlich die wunderbaren Momente der ersten Kinderjahre festzuhalten. Als Foto eingerahmt, als kleine Serie im Buch oder als Sammlung in der Box – die schönsten Aufnahmen von Eltern und Kind dekorieren die Zimmer mit einer eigenen Note. Der Stil dieser Produkte ist unverkennbar: Er ist leicht. Er ist harmonisch in Form und Farbe, einzigartig durch seine Motive und dabei sind alle Produkte miteinander kombinierbar. Wie gerne betrachten Eltern die schönsten Szenen dieser Zeit, erfreuen sich immer wieder am aufwendigen Design der hochwertig verarbeiteten Produkte. Pearhead®-Qualität lässt jedes einzelne Stück zum Bestseller werden. Scrapbooks und Keepsake Boxen, kleine Taschenbuch-Alben und Lesezeichen berühren das Herz und kitzeln immer wieder neu ein Schmunzeln hervor, wenn die Kleinen einem auf Bildern entgegenstrahlen. So hinterlassen die ersten Jahre mit Pearhead® ihre Spuren. Mit den innovativen Printmaterialien sind Fuß- und Handabdrücke in wenigen Minuten erstellt. Die softe Abdruckmasse ist leicht zu bearbeiten und der Abdruck kann nach 1 bis 2 Tagen zum Lufttrocknen aufbewahrt, ausgestellt oder verschenkt werden. Das „clean-touch" ink-pad hinterlässt beim Abdruck keine Farbrückstände auf der Haut, denn die einseitige Beschichtung schützt vor der Tinte. Fingerprints auf Leinen und das vielfältige Zubehör wie Stempel, Pinsel, Farben und sogar Textvorschläge für die Alben wecken darüber hinaus den Bastel- und Spieltrieb. Damit sind der Fantasie der Eltern kaum Grenzen gesetzt, wenn es darum geht, die aufregende Baby- und Kleinkindzeit bildlich und kreativ festzuhalten und sich daran viele, viele Jahre lang zu erfreuen. Keepsake Boxen in zarten Pastelltönen bieten Gelegenheit, die schönsten Erinnerungsstücke über Generationen hinweg aufzubewahren. Idee und Produkte begeisterten auch den Gründer von Corexa, Adem Acevit. 2007 startete er sein Unternehmen mit Firmensitz in Essen und vertreibt und produziert seither Lifestyle-Artikel europaweit. Die Marke Pearhead® ist auf dem besten Weg, in Europa ebenso ein Erfolgsgarant zu werden wie in den USA, denn Konzepte und Design entstehen in enger Zusammenarbeit mit den Kollegen des Headquarters New York. Das Team greift die schönsten Themen rund ums Kind auf, um die ersten Lebensjahre zu spiegeln. Kinder lieben es, immer wieder in die Keepsake oder Memory Box zu sehen, sie aus- und einzuräumen, in den Unterteilungen neu zu sortieren. Das weckt schon beim Kleinkind den Ordnungssinn auf spielerische Weise. Das Kind fühlt von Anfang an, dass es im Mittelpunkt der Familie steht, dass es Liebe und Wertschätzung erfährt. Hier wächst das erste Bewusstsein dafür, wichtig zu sein, angenommen zu werden, und diese Gewissheit stärkt das Kind in seiner positiven Einstellung zu sich selbst und seiner Umwelt. Babys und Kleinkinder betrachten sich allzu gerne und mit freudiger Erregung in Spiegeln – und auf Bildern sowieso. Experten betonen: In solchen Situationen begreift sich das Kind als kleine Persönlichkeit. Pearhead®-Produkte fördern diese Entwicklung. Gerne berät Corexa seine Kunden, erklärt seine Produkte und stellt Nähe her als kompetenter Begleiter. Und weil Corexa weiß, dass jedes Produkt umso wertvoller wird, je mehr es den Spieldrang des Kleinkindes erfüllt, hat das Unternehmen seine erfolgreiche Reihe erweitert – um Tier-Spardosen aus Holz. Wieder in klaren Farben und Linien, lassen sich diese lustigen Gesellen aufstellen, umstellen und zudem füllen. Sie sind Spieltier und Spartier und gemäß Unternehmensstandards nicht toxisch und TÜV-geprüft. Diese neue Kreation unterstreicht einmal mehr das Konzept von Pearhead®, nämlich Kinderherzen und Elternherzen höher schlagen zu lassen. Und sie markiert zudem das Motto von Corexa – Live the Moment.

ADRESSE

COREXASALES E. K.
Bismarckstraße 67
45128 Essen
www.corexa.de

PEG PEREGO

Von der Familie für die Familie. So lässt sich die Philosophie des global tätigen italienischen Unternehmens Peg Perego wohl am besten auf den Punkt bringen. Denn Peg Perego versteht sich als große Unternehmensfamilie. Hinter jedem Produkt steht also nicht nur die Marke, sondern ein echter Mensch mit seinem Namen. Auch die Kampagne „Mamma in Italy" ist Ausdruck dieses Selbstverständnisses: Mit qualitativ hochwertigen Kinderprodukten überzeugt das Unternehmen Mütter, die sich stilvolle, elegante, sichere und in Italien produzierte Produkte wünschen. Obwohl das Familienunternehmen heute eine umfangreiche Produktpalette von Kinderhochstühlen, Autokindersitzen und Walkers & Babywippen bis hin zu Spiel- & Elektrofahrzeugen für Kinder anbietet, sind nach wie vor Kinderwagen und Buggys das Kernprodukt.

Die Erfolgsgeschichte von Peg Perego begann 1949 mit einem handgefertigten Kinderwagen: Als junger Ingenieur entwickelte Giuseppe Perego im ehemaligen Gewächshaus seines Schwiegervaters einen ebenso schicken wie komfortablen Kinderwagen für das erste seiner fünf Kinder und legte damit den Grundstein für das heute international aufgestellte Unternehmen. Im Gegensatz zum damals üblichen, aber recht teuren Metall oder Korbgeflecht verwendete Giuseppe Perego erstmals „gummiertes Gewebe" und revolutionierte den Markt gleich zweifach: Durch das neuartige Material wurden die Kinderwagen von Peg Perego für jedermann erschwinglich. Und auch die Konstruktion war bis dato einzigartig: Das Chassis konnte vom restlichen Wagen abmontiert und der Kinderwagen in einen Sportwagen umgebaut werden – praktisch und kostensparend.

Wie das Unternehmen hat sich auch dieses erste Modell über die Jahre kontinuierlich weiterentwickelt und wurde den steigenden Anforderungen von Kindern und Eltern immer wieder angepasst. So entstand auch der Klassiker unter den Komfort-Buggys: Der „Pliko". Die Erfolgsgeschichte begann mit dem Pliko Junior. Auf ihn folgten der Pliko Matic und der Pliko P3. Das Modell der neuesten Generation heißt heute Pliko P3 Compact und entspricht den Bedürfnissen moderner Eltern und ihrer Sprösslinge. Der Klassiker unter den Sportwagen kann bereits ab den ersten Lebenstagen verwendet werden, denn in den Pliko P3 Compact lässt sich problemlos eine Kinderwagenwanne einklinken. Egal ob als Kinder- oder Sportwagen, der Pliko ist so konstruiert, dass Baby oder Kleinkind immer ergonomisch optimal liegen oder sitzen, da der Wagen weich gepolstert ist und sich Rückenlehne sowie Fußstütze individuell anpassen lassen. Gleichzeitig ist der Wagen besonders leicht und klein zusammenklappbar. Neben dem eleganten italienischen Design besticht der Pliko P3 Compact durch zahlreiche Extras. So kann z.B. ein älteres Geschwisterchen auf einem Trittbrettchen mitfahren, schließlich will ja die ganze Familie mobil sein.

Nachdem Gianluca und Lucio Perego das Unternehmen von ihrem Vater zunächst zusammen übernommen hatten, lenkt heute Lucio Perego die Geschicke von Peg Perego. Das Unternehmen besteht aus drei Produktionseinheiten in Italien (Arcore, Ceggia und San Donà di Piave) sowie aus den Tochterunternehmen in Fort Wayne (USA), Toronto (Kanada) und Limeira SP (Brasilien). Lucio Perego begründet den Erfolg des Unternehmens damit, „nur die Dinge fortzuführen, die man sehr gut beherrscht", also bestehendes Know-how zu pflegen und durch fortschrittliche Verarbeitungsmethoden zu erweitern. Um zuverlässige Qualität zu gewährleisten und zugleich höchste Sicherheitsstandards zu garantieren, wird der gesamte Produktionsprozess von einem Expertenteam überwacht. Dieses strenge, auf Forschungen und Tests beruhende „Peg Perego-System" kommt in der ISO-9001-Zertifizierung zum Ausdruck. Seit Neuestem verfügt das Unternehmen über einen – dem Gründer Giuseppe Perego gewidmeten – Kindergarten, um die im Unternehmen tätigen Mütter zu unterstützen. Eine Idee, die beweist, dass Peg Perego nicht nur für stilvolle und sichere Qualitätsprodukte steht, sondern den Familiengedanken konsequent zum Wohle seiner Kunden und Mitarbeiter umsetzt. Respekt!

ADRESSE | AUSZEICHNUNGEN

PEG KINDERWAGENVERTRIEBS- UND SERVICE GMBH
Rudolf-Diesel-Straße 6
85221 Dachau
www.peg.de
(Vertrieb & Service Deutschland / deutschsprachige Schweiz)

PEG PEREGO S.P.A.
via A. De Gasperi, 50
I-20043 Arcore
www.pegperego.com
(Hersteller)

EN 1888 Prüfzertifikat
ISO 9001/2002-Zertifikat (TÜV Süd)

PENATEN

Keine ist wie diese, und das schon seit über 100 Jahren. Penaten Creme ist Klassiker, Legende, Moderne und Zukunft in einem. Der Griff zur Marke Penaten mit einem umfassenden Sortiment für die Babypflege ist für Mütter und Väter weit mehr als eine Selbstverständlichkeit, denn Penaten beantwortet alle Fragen rund um die für Eltern so wichtige Babypflege: ob Baden, Cremen, Massieren oder Schützen – einfach alles, was das Elternherz begehrt und die zarte Babyhaut benötigt. Besonders die Generation Golf, heute im besten Elternalter, kam wahrscheinlich überwiegend selbst mit der berühmten blauen Dose in Berührung – und hat ihre Verwendung im wahrsten Sinne des Wortes weitervererbt. Es ist einerseits ihre Tradition, die Penaten so erfolgreich macht, und andererseits eine gleichermaßen überzeugende Zukunftsfähigkeit. Die Marke hat immer wieder die Zeichen der Zeit erkannt und Trends gesetzt – so kamen beispielsweise 1978 die ersten Öl-Pflegetücher für den Windelwechsel aus dem Hause Penaten. Heute umfasst das Portfolio der Marke Penaten weit mehr als die Creme, mit der damals alles anfing. Ob Wundschutz oder Hautpflege, ob mit oder ohne Parfüm – Penaten verkörpert auf einzigartige Weise die Verbindung von Tradition und Innovation. Höchstes Ziel von Penaten war und ist es, eine besonders gute Hautverträglichkeit zu gewährleisten. In jedem der Produkte steckt deshalb der neueste Stand der Forschung und Wissenschaft sowie die Erfahrungen von Fachanwendern wie Ärzten, Kinderkrankenschwestern und Hebammen – der wissenschaftliche Penaten Beirat unterstützt zusätzlich durch seine wichtige beratende Funktion.

Angefangen hatte alles im Jahre 1904. Damals hatte der Drogist Max Riese die Idee, sich der Babyhautpflege anzunehmen. Durch viele Gespräche mit Müttern hatte sich der Bedarf nach einem geeigneten Wundschutz für die Kleinsten als wichtigstes Forschungsfeld herauskristallisiert. Also experimentierte, mischte und forschte Riese, bis er 1904 das Ergebnis in seinen Händen hielt: die Penaten Creme. Die Idee, Schafwolle auszukochen und das so gewonnene Wollfett als Basis für eine Creme zu verwenden, war der Schlüssel zum Erfolg und das Fundament der Marke Penaten, die seit diesem Tage Marktführer auf dem Markt für die Hautpflege von Babys ist – und die während der letzten 107 Jahre ihre Erfolgsgeschichte weiterschrieb. Sogar in den schweren Nachkriegsjahren und nach der vollständigen Zerstörung der Produktionsstätten wurden kontinuierlich Pläne für neue Produkte geschmiedet. 1951 kamen Penaten Puder, Öl und Seife auf den Markt. 1954 erfolgte der Umzug in größere Gebäude, um den Traum von einem großen Babypflege-Sortiment möglich zu machen. In der nunmehr über 100-jährigen Geschichte der Marke Penaten ist das Erscheinungsbild der Penaten Welt seinen Wurzeln stets treu geblieben. Die Figur des Schäfers symbolisiert den Erfindergeist des Max Riese und die Grundlage der Penaten Creme – das Schafwollfett. Die gelbe Sonne erzählt vom Beginn eines neuen Tages und neuen Lebens – auch das sind Gründe, warum man so gern zu dieser Creme greift. Penaten ist ein wohltuendes Statement, innovativ und trotzdem so „back to the roots". Seit 1986 steht hinter der Marke Penaten das Unternehmen Johnson & Johnson – das die Idee Max Rieses mit jedem neuen Produkt weiter verfolgt. Der Erfolg gibt dem Konzept recht – das Vertrauen der Verbraucher in die Verlässlichkeit der umfangreichen Produktpalette ist ungebrochen. 2010 wurde die Penaten Pflegewelt in fünf wesentliche Bereiche von „Parfümfrei" bis „Outdoor" strukturiert. Und noch immer kann den Produkten in dem weltberühmten blauen Verpackungsdesign kein Konkurrent das Wasser reichen. Penaten ist halt Penaten – und wird es wohl immer bleiben. So viel Vertrauen und „gutes Gefühl" steckt in keiner anderen Cremedose dieser Welt.

Penaten ist im Vertrieb der Johnson & Johnson GmbH, der deutschen Tochter im Bereich Consumer Health Care von Johnson & Johnson. Der Konzern ist weltweit in den Geschäftsfeldern Pharmaceuticals, Medical und Consumer Health Care tätig.

ADRESSE

JOHNSON & JOHNSON GMBH
Johnson & Johnson Platz 2
41470 Neuss
www.jnjgermany.de
www.penaten.de

PIKCHA.TV

Kinder lieben Geschichten. Nichts gefällt ihnen besser, als sich in den Arm von Mama oder Papa, Oma oder Opa zu kuscheln und zu lauschen. Ob ausgedacht, selbst erlebt oder vorgelesen, ob Märchen, Abenteuer oder Tiergeschichte ist dabei egal. Hauptsache, die kleinen Zuhörer können sich einfühlen und Spannendes oder Lustiges erleben. Werden die Kinder älter, treten unweigerlich auch andere Medien in ihr Leben. Verantwortungsvolle Eltern begleiten ihre Sprösslinge bei den ersten Schritten vom Hörspiel bis zum Kinderfernsehen.

Denn gerade Letzteres ist gar nicht immer so kindgerecht, wie der Name vermuten lässt. Manche Sendungen sind besonders für kleine Zuschauer zu laut, zu reizintensiv – und mitunter schlichtweg zu dumm. Diese Erfahrung machte Oliver Coors, Erfinder und Geschäftsführer von pikcha.tv, mit seinen eigenen Kindern. Daraus entstand die Idee, eine ruhige, altersgerechte Alternative zu den „normalen" multimedialen Angeboten für (Klein-)Kinder zu schaffen. Den Anfang bildete ein Vorleseklassiker. Gemeinsam mit seinem Schwiegervater, einem Schauspieler, wählte er zwölf von Grimms Märchen aus, ließ diese von befreundeten Illustratoren zeichnen und von seinem Schwiegervater vertonen. Fertig war die erste, vollkommen entspannte Bilderbuch-DVD. Ursprünglich sollte sie nur im Bekanntenkreis verteilt werden, doch der an das Presswerk angeschlossene Vertrieb kaufte ihm 3.000 Exemplare ab – der Startschuss für das neue Medium „Bilderbuch-Film" war gefallen.

Die von Coors und den zwei ebenso begeisterten Bilderbuch-Film-Vätern Christopher Koeppler und Sebastian Zembol gegründete Childertainment GmbH produziert unter dem Namen pikcha.tv seit 2008 Bilderbuch-Filme. Dazu erwirbt sie Lizenzen von ausgesuchten – oft weltbekannten – Kinderbüchern, deren Original-Illustrationen teilweise animiert und von professionellen Sprechern vertont werden. Viele bekannte Film- und TV-Größen wie Jochen Busse oder Sarah Kuttner liehen pikcha.tv schon ihre Stimme. Die Darstellung der Geschichten orientiert sich an den Wahrnehmungsmöglichkeiten kleiner Kinder und gewährleistet einen sanften Einstieg in die Welt der bewegten Bilder. Die Filme passen sich mit einer Laufzeit von maximal 12 Minuten ideal der Aufmerksamkeitskapazität der jungen, drei- bis sechsjährigen Zuschauerschaft an. Zum vielfältigen Repertoire gehören mittlerweile die modernen Bestseller, etwa „Prinzessin Lillifee" oder „Leo Lausemaus", ebenso wie Klassiker von Janosch bis Michael Ende. Und ganz im Trend der globalisierten Zeit kann jeder Film auch in Englisch geschaut und gehört werden.

Die Marke pikcha.tv hat sich heute im Unterhaltungsprogramm für Kinder fest etabliert und ist Marktführer im Bereich Bilderbuch-Film. Die Bilderbuch-Filme werden im Handel auf DVD vertrieben, hinzu kommt das Internet, wo auf der Website www.pikcha.tv die Filme via Streaming angeschaut oder als Download erworben werden können. Und mittels eigener iPhone-App kann das Programm auch unterwegs abgerufen werden. Diese innovative Idee wurde 2009 auf der Frankfurter Buchmesse mit dem „Books & Bytes Award" für das beste Buch-Online-Projekt ausgezeichnet.

Während sich die Bilderbuch-Filme an Kleinkinder richten, laden interaktive Projekte von pikcha.tv auch Ältere zum Mitmachen ein. Dazu gehört das seit 2008 bestehende Projekt „Malt euren eigenen Bilderbuch-Film". Und 2011 startete ein deutschlandweiter Vorlese-Wettbewerb zum Thema „Lesen wie die Stars" und „Vertont euren eigenen Bilderbuch-Film". Bei beiden Aktionen haben Kinder, Eltern und sogar Großeltern die Möglichkeit, an einer Bilderbuch-Filmproduktion mitzuwirken. Außerdem fördert pikcha.tv das Hamburger Kinder-Tageshospiz KinderLeben e.V. mit einer Spendenaktion rund um den eigens produzierten Bilderbuch-Film „Max und Lena". Grundlage ist das gleichnamige Bilderbuch, das sich behutsam mit dem Sterben eines Kindes auseinandersetzt. Auch solche Geschichten möchte pikcha.tv erzählt wissen, denn auch sie gehören zum Leben. Und wo können Kinder besser über das Leben lernen als in gut erzählten Geschichten?

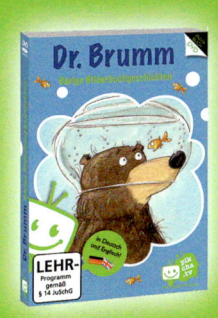

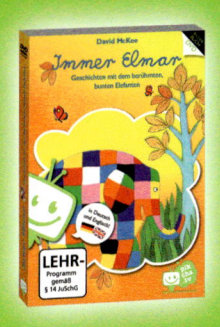

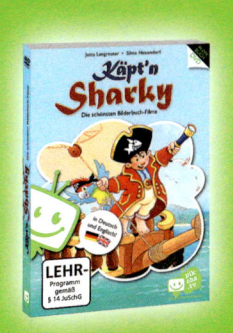

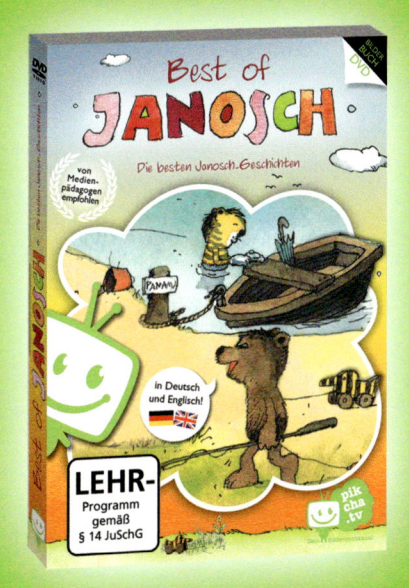

ADRESSE | AUSZEICHNUNGEN

CHILDERTAINMENT GMBH & CO. KG
Oeverseestraße 10-12
22769 Hamburg
www.pikcha.tv

„Books & Bytes Award", Projekt Books & Bytes/NEWBOOK
auf der Frankfurter Buchmesse für pikcha.tv als bestes innovatives Buch-Online Projekt (2009)

PLAYMOBIL

Die Welt in all ihren Facetten zu erleben und in verschiedene Rollen zu schlüpfen ist für Kinder ein großer Spaß. Mit viel Fantasie und Kreativität tauchen sie dabei in immer neue und spannende Abenteuer und Geschichten ein: Mal verteidigen sie als Ritter den wertvollen Schatz, gehen als Piratenkapitän auf Beutefahrt oder sind gerade damit beschäftigt, die Kühe wieder einzufangen, die sich auf dem Bauernhof aus dem Stall gestohlen haben: Dank Playmobil können Kinder ihre Lebenswelt en miniature nachbauen, selbst gestalten und erleben. Die vielseitigen Kunststofffiguren, deren Hände, Arme, Beine und Köpfe drehbar sind, sind die idealen Werkzeuge für die kleinen „Regisseure" und bevölkern deshalb die Spielzimmer dieser Welt. Doch nicht nur bei den Kindern ist das berühmte Spielsystem beliebt, auch die Eltern schätzen die 7,5 cm großen Figuren: Denn neben einem großen Spielwert hat das fantasievolle Spielsystem einen hohen pädagogischen Wert. So werden durch das Spielen mit Playmobil nicht nur die Motorik gefördert und die Fantasie angeregt, sondern auch Konzentrationsvermögen und soziale Kompetenzen gesteigert. Die Erfolgsgeschichte von Playmobil begann 1974: Das Unternehmen geobra Brandstätter präsentierte während der Nürnberger Spielwarenmesse erstmals das neu entwickelte Spielzeug, in dessen Mittelpunkt ein kleines Männchen stand. Den ersten Themen Baustelle, Wilder Westen und Ritter folgten über 30 weitere Spielwelten der Jetzt-Zeit, der Vergangenheit und Zukunft jeweils mit umfangreichem Zubehör. Seit 1976 ergänzen weibliche Figuren das Portfolio, Kinder- und Babyfiguren wurden erstmals 1981 auf den Markt gebracht. Playmobil wurde im Lauf der Jahre konsequent weiterentwickelt – so kamen z.B. bewegliche Hände, verschiedene Frisuren und Kopfbedeckungen und detailreiche Bedruckungen hinzu – die einfache Grundform der Figur und das Spielprinzip blieben unverändert. Nur wenige Jahre nach der Markteinführung von Playmobil avancierte man zum umsatzstärksten deutschen Spielwarenhersteller und hält sich seitdem an der Spitze: Das Zirndorfer Unternehmen mit Produktionsstätten in Deutschland, Malta, Tschechien und Spanien sowie zwölf Vertriebsgesellschaften erwirtschaftete im Jahr 2010 einen Umsatz von 559 Mio. Euro und beschäftigt weltweit 3.250 Mitarbeiter.

Ein Erfolgsfaktor von Playmobil ist die qualitativ hochwertige Verarbeitung sowie die Sicherheit des Spielzeugs. Noch immer sind Vertreter der ersten Generation im Einsatz, die von den Eltern in Erinnerung an eigene schönste Kindheitserlebnisse an den Nachwuchs weitervererbt wurden. Die aus hochwertigen Kunststoffen gefertigten Figuren sind nahezu unverwüstlich. Und weil man als Ritter, Prinzessin, Polizist oder Tierpflegerin einiges aushalten muss, werden bereits bei der Konzeption die Kriterien Qualität und Sicherheit berücksichtigt. So vergehen bis zur Marktreife eines Playmobil-Produkts etwa drei Jahre. Nicht nur die verwendeten Rohstoffe werden getestet, ein unabhängiges Prüfinstitut kontrolliert vor allem auch das fertige Spielzeug über die Anforderungen der internationalen Spielzeugrichtlinien hinaus. PLAYMOBIL-Spielsets haben bereits zahlreiche Auszeichnungen erhalten: Die „Große Schule" wurde beispielsweise mit dem „Goldenen Schaukelpferd" des Elternmagazins „Familie&Co" prämiert und zum „Top 10 Spielzeug 2009" des Spielwaren-Einzelhandels gewählt. Während sich die „Große Schule" an Kinder ab vier Jahren richtet, kommen bei Playmobil aber auch die Jüngsten nicht zu kurz. Bei den Figuren der 1.2.3-Serie, geeignet für Kinder ab 1,5 Jahren, lässt sich der Kopf drehen und das Beinteil kippen. Und weil die Kleinen die Welt nicht nur mit den Händen, sondern auch gerne mal mit dem Mund erkunden, sind alle Teile absolut hygienisch, abwaschbar, farbecht und groß genug, um nicht verschluckt werden zu können.

So werden die kleinen Figuren zu gerngesehenen Familienmitgliedern, die als Feuerwehrmänner mutig einen gefährlichen Brand löschen oder als Tierärztin eilig zu einem Noteinsatz unterwegs sind, während auf der Baustelle der Baggerführer den Kran steuert – Facetten einer vielfältigen Welt, kindgerecht von Playmobil in Szene gesetzt.

ADRESSE | AUSZEICHNUNGEN | ZERTIFIKATE

geobra Brandstätter GmbH & Co. KG
Brandstätterstraße 2–10
90513 Zirndorf
www.playmobil.de

„Das Goldene Schaukelpferd – Spielzeug des Jahres 2010" für PLAYMOBIL Wurfgleiter Extreme,
  Deutscher Verband der Spielwarenindustrie / „Familie & Co", 2010
„Produkt des Jahres 2010" für PLAYMOBIL Mein Kaspertheater zum Mitnehmen, Kunststofffachverband pro-K, 2010
„Innovation Toy Award 2010" für PLAYMOBIL Spielwelt TopAgents, Spielwarenmesse Toy Fair Nürnberg, 2010
„Top 10 Spielzeug 2010" für PLAYMOBIL Spielwelt TopAgents, Bundesverband des Spielwaren-Einzelhandels, 2010
„Special Award Green Toys" für PLAYMOBIL E-Rangers Future Base, Spielwarenmesse Toy Fair Nürnberg, 2011
„LGA tested Quality", TÜV Rheinland LGA Products GmbH für alle PLAYMOBIL-Produkte seit 2001

PLAYSHOES

Ein unumstößliches Gesetz des Lebens: Kinder müssen draußen spielen. Bei jedem Wetter. Wer noch nie mit Anlauf in knöcheltiefe Pfützen gesprungen ist, mit beiden Armen im tiefen Lehm gewühlt hat oder auf dem Hosenboden einen matschigen Abhang heruntergerutscht ist, um dann zu Hause von Mama voll angezogen unter die Dusche gestellt zu werden, der hat einen wichtigen Entwicklungsschritt verpasst. „Das härtet ab", haben unsere Eltern damals noch gesagt, als sie uns durch die Tür schoben. Und es stimmt ja auch: Outdoor-Aktivität macht einfach Spaß, hält gesund und lässt einen Wetter und Natur pur erleben. Einen Vorteil hat es allerdings, heute ein draußen spielendes Kind zu sein. Denn manche Dinge sind in der modernen Zeit schon besser. Etwa die Regenkleidung. Wer nämlich angemessen gekleidet ist, ist auch nicht sofort bis auf die Haut nass und durchgefroren und hält es dadurch länger beim Spiel aus. Ideale Lösungen für den Regenschutz von Kopf bis Fuß bietet heute die Firma Playshoes. Von ihrem Sitz im schwäbischen Albstadt aus versorgt sie Kinderausstatter in ganz Deutschland mit dem Gesamtschutz vor Nässe. Von Gummistiefeln bis Regenmützen, von mit Fleece gefütterten Regenfüßlingen bis zu farbenfrohen Regenstulpen und lustigen Schmetterlingsregenschirmen mit abstehenden Flügeln reicht das Repertoire des Unternehmens, das 1997 von Familie Hans Schreyeck gegründet wurde. Seinen Ursprung hatte der Familienbetrieb auf dem Schuhsektor, man produzierte seit 1997 Erstlingsschuhe und seit 1999 Laufschuhe für Kleinkinder. Erst 2002 kam der Geschäftsbereich Regenschutz dazu, in dem Playshoes heute Marktführer ist. Dabei steht die Marke grundsätzlich für eine qualitativ hochwertige und modische Kollektion rund ums Kind mit einem ausgewogenen Preis-Leistungs-Verhältnis. Mit Liebe zum Detail und leichten, unbelasteten Materialien und Naturprodukten wie etwa Kautschuk wird ein größtmöglicher Tragekomfort für die kleinen Nutzer bis ins Vorschulalter garantiert. Daran arbeiten qualifizierte Bekleidungsingenieure und Techniker. Sie sind nicht nur für perfekten Sitz, Wasserundurchlässigkeit und Reißfestigkeit zuständig, sondern achten auch auf die Einhaltung von strengen Sicherheits- und Gesundheitsanforderungen. So sind die Materialien selbstverständlich frei von AZO-Farbstoffen, die verwendeten Verschlüsse, Ösen und sonstigen Metallteile sind nickelfrei. Grundsätzlich – das ist eine der Maximen des Hauses – stellen die gesetzlichen Qualitätsrichtlinien für die gesamte Playshoes-Produktpalette allenfalls Mindeststandards dar. Eine Produktpalette, die natürlich mit der Zeit immer mehr gewachsen ist. So produziert das Unternehmen seit 2005 vielfältige Spielwaren, seit 2007 auch Aquaschuhe. Ganz aktuell wurde im Jahr 2011 die Markteinführung von Bademode mit UV-Schutz begangen, angesichts steigender Sonnenbelastung ein weiterer Zukunftsmarkt für Playshoes. Dabei sind die angebotenen Strandmützen, Badeanzüge, Shorts und Shirts natürlich nicht nur funktionell und schützen effektiv vor Sonnenbrand, sie kommen auch in verschiedensten kindgerechten Designs von Kroko bis Glückskäfer daher und sind so für kleine Kinder auch modisch attraktiv. Dass bei der Produktion besonderes Augenmerk auf größtmögliche Umweltfreundlichkeit, auf schadstoffarme Transporte und die Vermeidung von Umweltbelastung gelegt wird, ist ein Mehrwert, den vor allem auch verantwortungsbewusste Eltern schätzen. So haben die Produkte des vergleichsweise jungen Unternehmens Playshoes mit einem hohen Maß an Innovation und Kreativität schon Maßstäbe in der Branche gesetzt. Und die rund 500 Mitarbeiter geben ihr Bestes, dies auch weiterhin zu tun. So werden auch in Zukunft an tristen Herbsttagen fröhlich lachende, bunte Tupfen durch den grauen Nieselregen stapfen, von leuchtend roten, blauen oder gelben Komplettmonturen perfekt geschützt – und uns am Wohnzimmerfenster wird wieder das Herz aufgehen. Oder wir schnappen uns Schirm und Gummistiefel und springen selbst noch einmal mittenrein.

ADRESSE

PLAYSHOES GMBH
Eberhardstraße 20-26
72461 Albstadt
www.playshoes.de

PLUMPLORI-PARIS

Wohl jeder kann sich an die Momente erinnern, als das Kinderzimmer zur Höhle wurde. Dann schlug das Herz ein wenig schneller im Takt des Spiels, weil die Lust auf Abenteuer und Geheimnis erwachte. Dann war auf einmal nur eines wichtig, nämlich das Hineintauchen in die Welt der Prinzessinnen und Piraten. Dann wurde die Welt rundherum vergessen und die Uhren tickten anders. Das war damals so. Das ist auch heute noch so. Allerdings mit einem kleinen Unterschied: Damals waren die Materialien aus Pappe, Papier und Plastik und für eine Dauer von wenigen Tagen bestimmt. Heute ist das anders. Denn es gibt ein Produkt, das sich auszeichnet durch langlebige Qualität, das Kinderträume im schönsten Sinne wahrmacht: das Matratzen-Spielhaus von Plumplori-Paris. Es besteht aus sieben Elementen, die mit Reißverschlüssen miteinander verbunden sind und einen ganzen Reigen an Möglichkeiten bieten, um zu toben, sich zu verstecken und um dieses Kribbeln im Bauch zu spüren vor Freude am Spiel. Das Spielhaus heißt Milo. Es wurde 2010 von den Erfindern und Inhabern Constanze und Ali Sühan Karakus kreiert aus nur einem Grund: Kinderaugen leuchten zu lassen. Und die Augen der Erwachsenen ebenso. Als Plumplori-Paris bereits im Gründungsjahr seine Kreation auf der Leitmesse Kind und Jugend präsentierte, da erkannten die Experten der Branche, dass dieses Spielhaus etwas Besonderes ist, und der Erfolg gibt ihnen recht: Die Stärken von Milo liegen in der Funktionalität und dem Design. Jedes einzelne Element von Milo ist gefüllt mit einem hochwertigen und schadstofffreien Schaumstoff. Sie werden umhüllt mit einem Feincord aus hundertprozentiger Baumwolle. Der Mix dieser Materialien macht den Reiz aus und das Spielhaus pflegeleicht, weich und robust. Sein Design gilt schon heute als unverwechselbar. Denn die nostalgische Anmutung, die liebevolle und immer handgefertigte Verarbeitung lassen es zum Glanzstück in jedem Kinderzimmer werden. Zwar wird Milo hergestellt für Kinder bis acht Jahren, aber nur allzu gerne wird es bis weit in das Jugendalter hinein genutzt als Bauelement und Sitzpolster zum Entspannen. Dieses Spielhaus setzt der Fantasie keine Grenzen, ob Wohnhaus, Pferdestall, Höhle oder Kaufladen. Es entstehen immer wieder neue Spielwelten, die die Kreativität und Motorik fördern und so die Entwicklung des Kindes unterstützen. Das Bauen mit den einzelnen Elementen verlangt ganzen Körpereinsatz. Damit unterstützt es die Entwicklung des Kindes und seines Körpergefühls, weil die weichen Matratzen sich hervorragend eignen, um die ersten Purzelbäume zu schlagen. Es können Rollenspiele entstehen und die Kommunikationsfähigkeit kann wachsen. Und genau das macht jene soziale Kompetenz aus, die Kinder im späteren Leben benötigen. So heißt das Konzept von Plumplori-Paris: mit hochwertigen Matratzen und Spielwürfeln eine Kinderwelt zu bauen, in der Kinder sich selbst entdecken, in der sie sich selbst einen Raum schaffen. Die Matratzenspielhäuser und die Spielwürfel lassen 1000 Spielideen entstehen in den Köpfen der Kleinen. Und dafür arbeitet das Unternehmen aus Karlsruhe. Das Material wird sorgfältig ausgewählt und auf Unbedenklichkeit überprüft. Jedes Produkt entsteht in Handarbeit und mit viel Liebe zum Detail. Die Summe all dessen spiegelt den Charakter der Marke Plumplori-Paris. Mittlerweile hat das Unternehmen sein Sortiment erweitert um Taschen und Rucksäcke. Lustige Tupfen und Sterne begleiten die Kleinen bei allen Erledigungen außer Haus. In ihnen verschwindet so manches Geheimnis. Und das ist gut so. Denn die Kinderwelt soll nach Auffassung von Plumplori-Paris genau daraus bestehen: aus Spielen, Toben, Bauen, aus Geheimverstecken und aus guter Laune. Das war schon damals so. Und das ist es auch heute noch – im besten Sinne mit Plumplori-Paris.

ADRESSE

PLUMPLORI-PARIS
Constanze Karakus
Wörthstraße 11
76133 Karlsruhe
www.plumplori-paris.de

POTETTE

Potette plus Von der Idee bis zur Innovation ist es manchmal ein kurzer Weg. Dann überzeugt ein Produkt die Verbraucher, weil es eine Lösung bietet mit großer Wirkung. Dann trifft es den Zeitgeist, weil Material und Design harmonieren und ein Gefühl dafür wecken, dass genau dieses Produkt hilfreich ist und bislang am Markt fehlte, dass es sich einfach und natürlich integrieren lässt in den Alltag. Hinter dieser Leichtigkeit steht ein perfektes Konzept, erarbeitet von einem Designerteam mit Sinn fürs Praktische wie auch fürs Ästhetische. Bereits 1989 begeisterte das faltbare Kindertöpfchen Potette die Eltern durch seine Handhabung und durch die Möglichkeit, mobil zu sein mit Kind. Genau das war die Idee der britischen Erfinder Alan Sandy und Gillian Wright. Die Nachfrage war von Anfang an groß und der Erfolg ließ nicht lange auf sich warten, breitete sich weltweit aus. Und die beiden Erfinder überlegten weiter, angespornt durch das Feedback der Eltern auf ihre Kreation: Seit 2008 gibt es nun das Nachfolgemodell Potette Plus auf dem Markt, und diese 2-in-1-Variante ist schon heute – wenige Jahre nach ihrer Einführung – ausgezeichnet mit internationalen Innovationspreisen in Gold. Pamper 24 vertreibt Potette Plus in Deutschland und Österreich und bewirbt es als renommierter Distributeur für besondere Baby- und Kinderprodukte in sympathischer Manier. Das hat einen guten Grund: Das faltbare Töpfchen kann ebenso als Toilettenlernsitz verwendet werden. Damit wird es zum verlässlichen Begleiter in einer spannenden Zeit. Mit wenigen Handgriffen lässt sich das Reisetöpfchen in einen Toilettsitz verwandeln und ist immer einsatzbereit. Dazu werden die Antirutsch-Seitenteile um- oder ausgeklappt und die Einwegeinlagefolie über den Kunststoffrand geschlagen. Sie wirkt feuchtigkeitsabsorbierend und geruchsneutral und ist recyclebar. Potette Plus besteht aus giftfreiem Kunststoff und ist in fröhlichen Farbkombinationen erhältlich. Auf den Saugpads tanzen lustige Frösche mit aufgespanntem Regenschirm. Mit diesem Kombiprodukt macht das Trockenwerden schlichtweg Spaß und vor allem – die kleinen Probleme unterwegs gibt es nicht mehr. Denn zusammengefaltet misst Potette Plus in seiner Tragehülle kaum mehr als DIN-A4-Größe. Derart ausgestattet, kann jede Reise, jeder Urlaub, jede Unternehmung für Kind und Eltern stressfrei verlaufen. Denn das Kind erkennt sein Töpfchen. Überall. Das ist wertvoll für seine Entwicklung, wenn ab dem 15. Lebensmonat das Trockenwerden zum Thema wird. Dann will das Kleinkind keine Windeln mehr tragen und Experten raten, diesen Willen mit einer spielerischen Kontinuität zu unterstützen, und zwar in den eigenen vier Wänden wie auch unterwegs. Das ist für viele Eltern eine Herausforderung, besonders auf Reisen. Hier bietet Potette Plus seine beeindruckend einfache Lösung an, und diese fördert das Vertrauen der Kinder in ihren Alltag und stärkt das Selbstverständnis. Darüber hinaus können Eltern das Töpfchen an jedem Ort auseinanderfalten, mit einer Einwegtüte versehen und dem Kind seinen Raum lassen für die natürlichste Sache der Welt. So gibt es keine Furcht vor fremden Toiletten. Im Gegenteil. Das Kind freut sich über sein Töpfchen und über die lustigen Frösche darin. Es fremdelt nicht und fühlt sich sicher – an jedem Ort und zu jeder Zeit. Und wenn das Kind später – ab dem zweiten Geburtstag – auf der Toilette sitzen möchte, dann erhält Potette Plus eine zusätzliche hygienische Komponente auf Raststätten, auf Campingplätzen und unterwegs in der Bahn oder im Flugzeug. Diese Kombination aus faltbarem Töpfchen und Toilettenlernsitz überzeugt die Juroren internationaler Awards. Seit seiner Einführung 2008 gewann Potette Plus viele Preise für Idee, Handhabung, Nutzwert und das unverkennbare Design. Pamper 24 bietet Lifestyle für Eltern, sieht sich als Berater in vielen Fragen. Und Potette Plus passt perfekt in das ideenreiche Programm des Distributeurs, der eine Mission verfolgt: das Beste zu bieten fürs Kind. Und für Eltern, zu Hause und unterwegs.

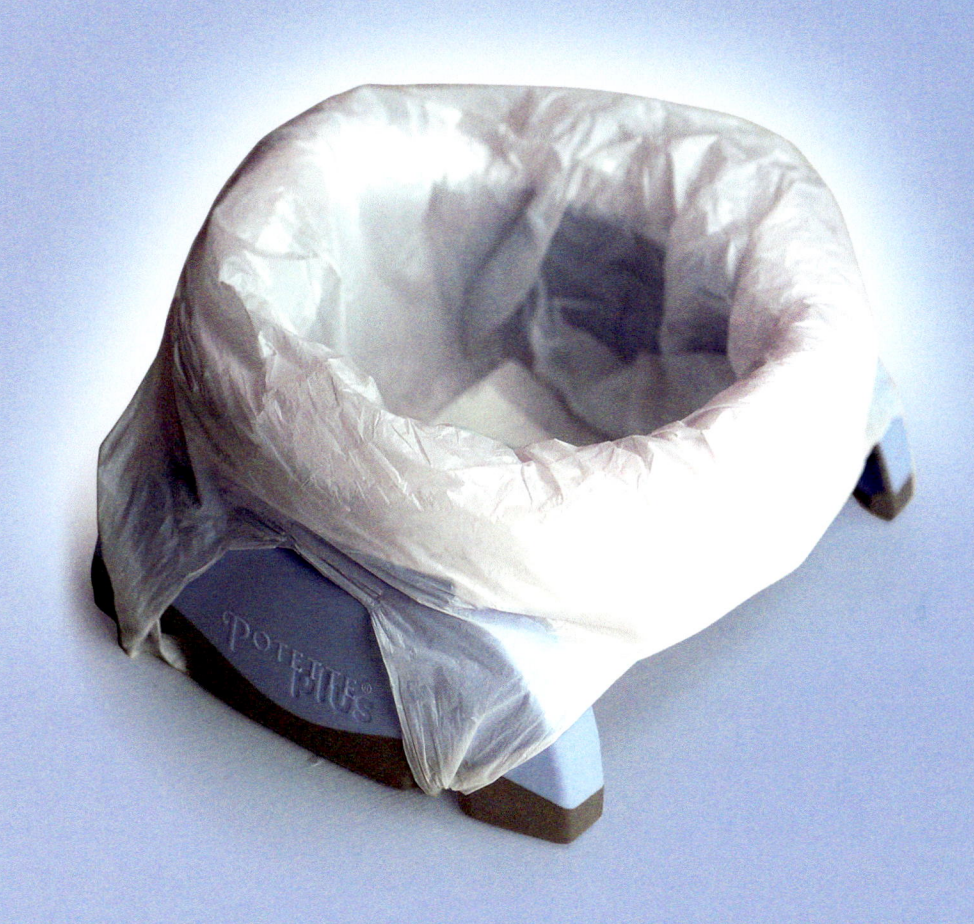

ADRESSE

PAMPER 24 GMBH & CO. KG
Gewerbestraße 33
79227 Schallstadt
www.pamper24.de

PRIMA BABY

Prima Baby – der Name ist Programm. Rund ums Baby entwickelt das Unternehmen aus Stemwede pfiffige Produkte, die anregen, fördern und den Alltag sinnvoll bereichern. Prima Baby gehört zur OKT-Gruppe, einem der marktführenden Unternehmen für Kunststoff-Haushaltsartikel in Europa. Die Babytöpfchen und Kindertoilettensitze von Prima Baby werden ebenso wie die Babybadewannen und die OKT-Aufbewahrungsboxen aus pflegeleichtem und hygienischem Kunststoff hergestellt. Mit den besonderen Babywannen punktet das deutsche Unternehmen bei Eltern und Kindern gleichermaßen, denn sie sind ein Farbtupfer in jedem Bad. Zudem sind sie ergonomisch geformt. Das unterstützt die gesunde Haltung des Babys im Liegen und Sitzen. Derart umhüllt von warmem Wasser macht das Wellenschlagen gleich doppelt Spaß. Zudem bieten die Badewannen eine rutschfeste Oberfläche, um Eltern eine Sicherheit beim Halten des Babys zu geben und ein Rutschen zu verhindern. Deshalb wurden die Wannen ausgezeichnet mit dem Zertifikat des TÜV Rheinland. Das hochwertige Material besteht aus Polypropylen. Es ist bruchsicher, weist einen hohen Oberflächenglanz auf und ist frei von Toxiden gemäß internationalen Standards für Kunststoffe. Das sind die innovativen Merkmale der Wanne. Darüber hinaus zeigt Prima Baby weiterhin, welch kindgerechten Anspruch die Produkte erfüllen: Da sich Babys durch Farben, Formen und kleine Geschichten anregen lassen, hat sich Prima Baby ein Konzept ausgedacht, welchem der Kenner bereits nach der ersten Präsentation auf der Leitmesse „Kind und Jugend" einen Kultcharakter vorhersagt: Prima Baby hat Hippo und seine Freunde kreiert – vier Charaktere, die Kinderherzen berühren: Hippo, das lustige Nilpferd, liebt sein Element Wasser und würde gerne in jeder Pfütze plantschen und sich gemeinsam mit dem kleinen Frosch auf seinem Rücken hineinstürzen in das Nass. Ihm zur Seite steht das pfiffige Zebra, cool gekleidet mit Tuch und Sonnenbrille und mit vielen Fragen im Kopf. Für die Mädchen schwärmt das glamouröse Äffchen von Mode, Schmuck und glitzernden Perlen. Der Vierte der Bande, der sympathische Löwe, kennt Antworten auf alle Fragen der großen und kleinen Freunde, und gemeinsam erleben sie viele Geschichten, die sie gerne mit den Kindern teilen. Die Welt um sie herum ist farbenfroh, wird belebt mit Blumen, Bäumen, Papierdrachen, Schmetterlingen und Wolken. Und auf diese Weise entsteht ein ganzer Reigen guter Laune und eine Lust auf Fantasie und Träume. So wird jeder Aufenthalt im Bad zum Eintauchen in eine Kinderwelt. Und weil das Baden des Babys viel mehr bedeutet als Hygiene, weil es gleichsam innige und lustige Momente sind für Eltern und Kind, deshalb stellt Prima Baby seine Badewannen in den Mittelpunkt seiner Kollektion, deshalb muten die Motive von Hippo und seinen Freunden leicht, bunt und fröhlich an. Diese Eindrücke prägen die frühkindliche Entwicklung und fördern seine Einstellung zu einem positiven Körpergefühl. In den Produkten von Prima Baby steckt die jahrzehntelange Erfahrung der OKT-Gruppe, das gesamte Know-how der Experten aus Deutschland, Belgien und Polen. Mehr als 550 Mitarbeiter bringen ihr Wissen ein, wenn es darum geht, gesunde und kindgerechte Produkte herzustellen. Die anatomisch geformte Babywanne lässt sich leicht reinigen und als sinnvolles Detail ist sie mit einem Stöpsel versehen, um das Wasser ohne Heben und Kippen abfließen zu lassen. Hergestellt für Babys und Kleinkinder von 0 bis 12 Monaten, wird diese Wanne noch lange in kindlicher Erinnerung bleiben, und Hippo wird mit seinen Freunden den Kindern noch lange begegnen: Auf dem Töpfchen und dem Toilettensitz ebenso wie auf den praktischen Aufbewahrungsboxen für Utensilien und Spielsachen. Mit diesem Versprechen entsteht bei den kleinen Kindern ein vertrautes Gefühl, eine Spannung auf die nächsten Geschichten von Hippo und seinen Freunden. Der Erfolg gibt den Designern recht: Prima Baby lässt Kinderaugen vor Freude auf das nächste Bad glänzen.

ADRESSE | ZERTIFIKATE

OKT GERMANY GMBH
Postdamm 43
32351 Stemwede
www.okt.com

Alle von OKT hergestellten primababy-Produkte wurden in 2010 nach höchsten Sicherheits- und Qualitätsstandards durch den TÜV Rheinland geprüft.

PURE POSITION – GROWING TABLE

pure position Drei Merkmale machen den growing table von pure position zum besonderen Kindermöbelstück: Die Intention, die Konstruktion und das Design. Und darüber hinaus sind es noch viele Extras, die Tisch samt Bank und Hocker zum wertvollen Begleiter durch die gesamte Kindheit werden lassen. Denn pfiffige Accessoires geben jene persönliche Note, die Geschmack und Stil des Kindes wecken und Jugendlichen das Gefühl für ihre Individualität. Als der Produktgestalter und Firmengründer, Olaf Schroeder, sich umsah auf dem Markt der Kindermöbel, da fiel ihm eines auf: Es fehlte ein Tisch, der mitwächst, der sich anpasst an die Bedürfnisse des Kindes im Alter von 2 bis 14 Jahren, der Platz schafft für Kreativität und Ordnung durch ein System, das Kinder verstehen. Und diese Marktlücke schloss er mit seiner Idee vom wachsenden Tisch auf der Basis einer Multiplex-Arbeitsplatte aus Birkenholz und vier schräggestellten Beinen aus massiver Buche. Mit vier Schritten lassen sich diese Beine durch das Einschrauben von Elementen auf eine Höhe von 42 bis 72 cm einstellen. Und so wächst das Ensemble aus Bank und Tisch mit, unterstützt jede Entwicklungsphase des Kindes durch eine optimale Sitz- und Arbeitshaltung. Orthopädisch sinnvoll und didaktisch ausgereift ist dieses Konzept, davon sind seit 2007 viele Eltern und Großeltern überzeugt. Und darüber hinaus bündelte der growing table bereits ein Jahr nach seinem erfolgreichen Marktstart die Aufmerksamkeit der Branche: 2008 gewann das Produkt den Internationalen Designpreis FOCUS GREEN in Stuttgart. Dieser Erfolg ließ aufhorchen: Denn die Jury würdigte die Idee des Erfinders, mit puristischen Kindermöbeln aus besten Materialien einen Beitrag zur Nachhaltigkeit zu leisten. Die schlichte Anmutung und die hohe Qualität garantieren ein Lieblingsstück im Kinderzimmer für mehr als ein Jahrzehnt, prägen den Geschmack des Kindes, den Sinn für klare Formen. Jede der 25 Millimeter dicken Tischplatten wird von einer Lochreihe umrandet, damit Tools wie Zettelbox, Papierrolle, Stiftebox halten. Je nach Laune, Alter oder Spielsituation lässt sich diese Ordnung erweitern, ändern, anpassen an die Vorlieben des Kindes, und so lernt das Kind, kreativ zu spielen und zu arbeiten. Gerne auch mit Eltern, Geschwistern, Freunden – die Maße des Tisches und der Bank lassen Platz für zwei, sind errechnet für das Spiel im Team. Funktion, Materialien und vor allem die Idee vom Mitwachsen beeindrucken Eltern seit dem Start des Unternehmens, seit Einführung des Labels pure position. Derart motiviert wird der Gründer der Marke weitere Möbel gestalten, die zum Begleiter einer gesamten Kindheit werden. Dabei hat er eines im Blick: nämlich den Kindern einen Platz zu schaffen, für Fantasie und Kreativität, und das Gefühl für schöne Formen, für Design zu fördern. Dafür forscht und entwickelt pure position, das ist die Philosophie der Marke. Und das trifft den Zeitgeist. Das zeigen die erfolgreichen Präsentationen auf den Kölner Messen imm und Kind & Jugend. 2011 entschloss sich Olaf Schroeder, sein Unternehmen zu verkaufen, die Fertigung seiner designorientierten Produkte in die Hände der IWL, der Werkstätten für behinderte Menschen, zu geben, um sich in Zukunft noch intensiver Gedanken über die Bedürfnisse der Kinder, über die Ansprüche an sinnvolle Möbel und deren Vermarktung zu machen. Seine Kollektionen werden derweil gefertigt mit viel Engagement und Liebe zum Detail von ausgebildeten Fachkräften nach höchsten Qualitäts- und Sicherheitsstandards und immer made in Germany. Mit diesem Schritt unterstreicht pure position einmal mehr, dass sein besonderes Konzept gebaut ist auf Nachhaltigkeit, Engagement und Verantwortung. Dann entsteht am Ende ein Möbelstück, wie Kinder es lieben – ein Spiel- und Arbeitstisch, eine Bank, ein Hocker, die mitwachsen, die sich einfügen in die Kinderwelt und einen Raum schaffen für immer neue Ideen, Spiele und Arbeiten. Mit einem zeitlosen Design. Mit sinnvollen Accessoires. Mit Liebe zum Kind.

ADRESSE | AUSZEICHNUNGEN

ISAR–WÜRM–LECH IWL
WERKSTÄTTEN FÜR BEHINDERTE MENSCHEN GMBH
Traubinger Straße 23
82346 Machtlfing
www.wfb-iwl.de
www.pureposition.de

„Focus green 2008", Kategorie Gold für growing table, Baden-Württemberg Design Center Stuttgart, 2008

PUSTEFIX

Es gibt Dinge auf der Welt, die kennt wahrhaftig jedes Kind – und das seit Jahrzehnten. Die Seifenblasen der Firma Dr. Rolf Hein GmbH & Co. KG in der berühmten blauen Kunststoffdose sind so ein Produkt und dabei Evergreen und Trendsetter zugleich. PUSTEFIX Seifenblasen sind günstig, lustig und haben von ihrer Faszination nichts verloren – selbst die dicksten Krokodilstränen haben sie bei kleinen Kindern schon gestoppt vor lauter Verwunderung über die fliegenden, schillernden Wunderwerke. Die Kombination aus Zerbrechlichkeit, schimmernden Farben und der Bewegung der Blasen ist einzigartig und ohne Konkurrenz in der Spielzeugwelt – diesen einzigartigen Charakter hat das Unternehmen seinerzeit in eine innovative und überaus praktische Form gegossen. Ihr Erfinder, der Chemiker Dr. Rolf Hein, verfolgte in den Nachkriegsjahren die Idee, ein gebrauchsfertiges Spiel zu schaffen, mit dem ohne Vorbereitung die von Kindern so geliebten Seifenblasen gepustet werden können. Mit dem Aufschwung der Wirtschaft schaffte Hein die Gründung einer Spielwaren-Fertigung und der beliebte gelbe Teddybär als Symbol der Marke PUSTEFIX war geboren.

Das unverkennbare Markenzeichen gewinnt seither mit höchster Qualität das Vertrauen seiner kleinen und großen Kunden. PUSTEFIX achtet genau auf die Einhaltung aller Regeln für die Sicherheit von Spielwaren und moderner Umweltanforderungen. Selbstverständlich ist die Flüssigkeit harmlos, ungiftig und biologisch abbaubar. Die Einhaltung dieser Standards wird kontinuierlich überprüft und durch amtliche Testate bescheinigt. Aber nicht nur eine geeignete Rezeptur für die Seifenblasen-Flüssigkeit hat der PUSTEFIX-Erfinder ins Leben gerufen, sondern vor allem ein komplettes Seifenblasen-Spiel mit Behälter, Flüssigkeit und Pustevorrichtung in einem. Heute umfasst die Produktpalette viele weitere kindgerechte Varianten des Seifenblasen-Spiels – der PUSTEFIX Multi-Bubbler beispielsweise mit der tellergroßen Pustevorrichtung macht riesige Seifenblasen und produziert durch den innovativen Multi-Ring mühelos fantasievollste Seifenschläuche und -gebilde, in denen noch viele kleine PUSTEFIX Seifenblasen schweben. Oder die musikalischen Seifenblasen, die sich mit den PUSTEFIX Bubbles kinderleicht produzieren lassen – eine Mundharmonika mit abnehmbarem Seifenblasenaufsatz macht dies möglich. Und weil der kleine, süße PUSTEFIX-Bär so berühmt ist, ranken sich um die Seifenblasen-Spiele mittlerweile jede Menge weiterer Fan-Artikel: von der Umhängetasche über ein Thermometer bis zur Wanduhr können sich die kleinen Fans mit ihrem Bären-Freund umgeben. Die unterschiedlichen Seifenblasen-Spiele sind den verschiedenen Kindesaltern angepasst – der PUSTEFIX Zauberbär wird zum Beispiel ab 3 Jahren empfohlen, der PUSTEFIX Multi-Bubbler ab 5 Jahren – jedes Produkt ist mit den Altersangaben versehen, so dass Eltern beim Einkauf nichts falsch machen können.

Bei solch fantasievollen Produkten und so viel Kreativität verwundert es kaum, dass PUSTEFIX mittlerweile auch in anderen Ländern und Kontinenten kleine und große Kinder verzaubert. 1973 gelang der Eintritt in außereuropäische Märkte – Nordamerika und Japan kamen in den Genuss der beliebten Produkte. Und schon in den Jahren danach setzte sich der Siegeszug im Ausland mit dem Vertrieb in Russland, Ostasien, Südafrika und China stetig fort. Heute wird das Unternehmen in dritter Generation von der Gründerfamilie Hein geführt und gehört seit 2011 zur STADLBAUER Gruppe. Die herausragenden Eigenschaften haben sich die PUSTEFIX-Spiele bis heute bewahrt – sie sind praktisch, simpel und in einer Zeit oft übertrugener Spielsachen, die mit Lärm und Reizüberflutung aufwarten, wohltuend einfach und unkompliziert. Vermutlich ist es genau dieses Erfolgsrezept, das die berühmten Seifenblasen bis heute so beliebt macht und dem auch die Kinder der nächsten Generation nicht werden widerstehen können.

ADRESSE

DR. ROLF HEIN GMBH & CO. KG
Bahnhofstraße 29
72072 Tübingen
www.pustefix.de

QUINNY

Die Geburt eines Kindes – das bedeutet von heute auf morgen eine totale Veränderung der eigenen Lebensführung und -gewohnheiten. Man sieht sich einer Menge neuer Herausforderungen gegenüber – doch muss man auch gleichzeitig seinen aktiven und designorientierten Lebensstil aufgeben? Das ist die Ausgangsfrage, mit der sich in den 90er-Jahren die niederländische Familie Quint beschäftigte, als sie über die zeitgemäße Interpretation eines Kinderwagens nachdachte. Prompt revolutionierte sie mit ihrem dreirädrigen Modell die Welt frischgebackener Eltern – und weckte das Interesse der international tätigen Firma Dorel, die die Marke Quinny 2001 übernahm. Bis heute arbeitet man im Kompetenz- und Entwicklungszentrum in den Niederlanden an modernen Designs und technologischen Entwicklungen für die Zukunft des Marktes.

Zentrale Grundlage für die Entwicklung und Gestaltung jedes neuen Kinderwagens und Buggys sind umfassende Kundenbefragungen. Dabei steht ein Wunsch ganz oben auf der Liste: Junge Eltern im 21. Jahrhundert wünschen sich Erleichterungen für eine ideale Fortbewegung in der Stadt. Dabei sollen z. B. Treppen oder die öffentlichen Verkehrsmittel keinerlei Hindernis darstellen. Und so entwickelt Quinny kompakte, leichte und einfach zu bedienende Modelle. Als man 2004 das Modell „Zapp" herausbrachte, lieferte man mit dem modernen Design und der Möglichkeit, ihn auf ein Minimum zusammenzufalten, das ultimative Gefährt, um Freizeit und Elternschaft optimal miteinander zu verbinden. Der „Yezz", der 2011 auf den Markt gebracht wurde, markierte nochmals eine weitere, eine neue Dimension in der Entwicklung von flexiblen Buggys: Er besteht komplett aus zukunftsträchtigen Hightech-Materialien wie einem ultraleichten und belastbaren Kunststoff, Stoffen, die ursprünglich für Flugdrachen entworfen wurden, und Befestigungen aus Seilen, die üblicherweise im Klettersport verwendet werden. Mit den an Rollerskates erinnernden Rädern kann er sportlich und flexibel jedes Hindernis überwinden. Nicht zuletzt die Tatsache, dass er auf ein Volumen von 0,042 m^3 zusammengeklappt werden kann und man ihn dann einfach über die Schulter hängen kann, trägt zum Erfolg des Yezz bei. Aufgrund der innovativen Technologie wird dieses Produkt nicht wie die überwiegende Mehrzahl der am Markt befindlichen Kinderwagen in Asien, sondern in Europa gefertigt. So wird jungen Eltern ermöglicht, den Tag mit ihren Kindern zu verbringen, ohne dass dies Einschränkungen in ihrer Mobilität bedeuten würde.

Die Kunden der Quinny-Modelle sind eine anspruchsvolle Klientel, die auf Qualität und Design ebenso achtet wie auf die Belastbarkeit der Modelle in außergewöhnlichen Situationen. Um diesen hohen Ansprüchen Rechnung zu tragen, wird jedes Quinny-Modell einem ausführlichen Belastungstest unterzogen, der als „Really Walking"-Test über 500 km äußerst praxisnah verläuft. Matschboden und Kopfsteinpflaster sind extreme Untergründe, denen die Räder des Quinny gleichermaßen gewachsen sein müssen. Der härteste Test ist aber die Bewährung im Alltag, und da setzt man bei Dorel auch auf die Mitarbeiter, die einzelne Modelle mit ihren Kindern testen und wertvolle Rückmeldung geben.

Ganz im Sinne der neuen Kommunikationsmöglichkeiten der Informationsgesellschaft entstand ein innovatives Social-Media-Projekt, bei dem die sogenannten „Quinny Casters" gefunden wurden, die nun auf unterschiedlichen Kanälen wie Facebook, Twitter oder auch in Blogs über ihre Erfahrungen mit den Quinny-Buggies berichten. Auf diese Weise erhält der Kunde aus erster Hand wichtige Informationen über das Produkt und es entsteht eine sympathische Form der Kundenbindung.

Dass die Idee der nachhaltigen Positionierung grundlegend in die Firmenphilosophie übergegangen ist, zeigt das ausgeprägte soziale Engagement von Dorel. Neben dem Projekt der CliniClowns unterstützt man seit Jahren Einrichtungen, die sich für hilfsbedürftige Kinder und Familien einsetzen.

ADRESSE

DOREL GERMANY GMBH
Augustinusstraße 9c
50226 Frechen-Königsdorf
www.quinny.de

REER

reer Nach der Geburt sind Babys zunächst schutz- und wehrlos allen Umwelteinflüssen ausgesetzt. Sie vermissen die enge Umgrenzung, die dunkle Geborgenheit und Wärme des Mutterbauches. Noch können sie sich kaum auf die vielen neuen Reize einstellen und sind vollkommen angewiesen auf die fürsorgliche Zuwendung ihrer Eltern. Besonders empfindlich reagieren kleine Babys in den ersten Lebensmonaten auf Temperaturschwankungen von außen, denn sie können ihre eigene Körpertemperatur noch nicht regulieren. Vor allem betroffen ist das Köpfchen, das aufgrund seiner verhältnismäßig großen Oberfläche besonders schnell auskühlen kann. Insbesondere nach dem Baden kann es daher aufgrund des extrem hohen Temperaturunterschiedes zwischen Badewasser und Kinderzimmer besonders schnell zu Erkältungen kommen. Damit Eltern ihr Kleines beim Wickeln liebevoll pflegen können oder nach dem Baden in Ruhe abtrocknen und verwöhnen können, ohne sich dabei um das Auskühlen zu sorgen, hat die Firma reer im Jahr 1996 den Wickeltischheizstrahler erfunden. Somit hat das Familienunternehmen – lange bevor es den Begriff gab – ein Wellnessprodukt auf den Markt gebracht, auf das heute fast keine frischgebackene Familie mehr verzichten möchte. Die Wickeltischheizstrahler von reer spenden schnell punktuelle und wohlige Wärme und gewährleisten eine optimale Wärmeabstrahlung, damit die empfindliche Babyhaut keinen Schaden nimmt. Das garantiert ein speziell entwickelter Sicherheitsheizstab, der nach dem Medizinproduktestandard zertifiziert ist. Die Heizstrahler von reer entsprechen hohen Sicherheitsanforderungen und sind GS-geprüft. Verschiedene Modelle lassen kaum einen Elternwunsch offen: So verhindert der Heizstrahler mit Abschaltautomatik, dass sich das Gerät überhitzen kann, wenn Mama oder Papa vergessen hat, den Heizstrahler auszuschalten. Das Modell mit der stufenlos einstellbaren Wandhalterung erleichtert die Montage und erspart kaputte Fliesen. Darüber hinaus bietet reer auch einen Strahler zum freien Aufstellen mit höhenverstellbarem Ständer an. Die Idee für den Wickeltischheizstrahler kam dem Firmeninhaber Rainer Mörk, als er die Problematik des Verkühlens auf dem Wickeltisch mit seinem eigenen kleinen Sohn erlebte. Also begann er, sich Gedanken zu machen, wie dieses Problem gelöst werden kann, und modifizierte schließlich einen normalen Terrassenheizstrahler zu einem Wickeltischheizstrahler. So zeigte sich das Unternehmen reer einmal mehr als Pionier in der Entwicklung von innovativen Produkten für die junge Familie. 1922 wurde die Firma von Robert Reer in Leonberg in Baden-Württemberg gegründet und war zunächst Zulieferer von elektronischen Bauteilen für Firmen wie Bosch, Siemens oder AEG. Mit der Erfindung des ersten elektrischen Babykostwärmers im Jahr 1959 gelang der erfolgreiche Einstieg in den Babybereich, der mit der Übernahme durch Paul Mörk drei Jahre später weiter ausgebaut wurde. 1974 entwickelte Paul Mörk dann das erste Babyphon in Gestalt einer „Babysitter-Sprechanlage", damals noch mit Kabelbetrieb. Im Jahr 1992 übernahm sein Sohn Rainer Mörk die Leitung des heutigen Marktführers im Bereich Kindersicherheit und Elektrokleingeräte, dessen Produkte in ganz Europa vertrieben werden. Er weitete den Bereich der Babyartikel weiter aus und konnte schon zwei Jahre später mit einer Weltneuheit auftrumpfen: Eine neue Technik konnte erstmals die störenden Nebengeräusche der Babyphones abschirmen und machte die nützlichen Geräte nun noch attraktiver. Dabei stand und steht bei reer immer die Qualität an erster Stelle. Alle Produkte werden intensiv geprüft und entsprechen höchsten Sicherheitsstandards. Produziert wird in Deutschland, Europa und Asien. Die Traditionsmarke reer trägt nun schon seit vielen Jahren dazu bei, den Alltag mit Kindern so sicher und komfortabel wie möglich zu machen. Bei reer wird soziales Engagement großgeschrieben: Das Familienunternehmen ist Mitglied in der Bundesarbeitsgemeinschaft Mehr Sicherheit für Kinder e.V. sowie im Deutschen Kinderschutzbund.

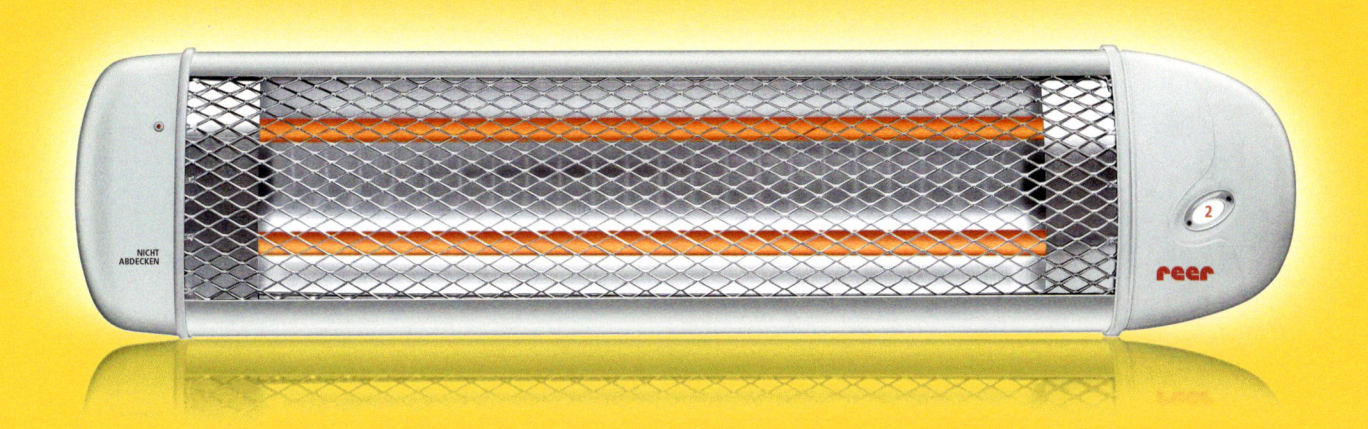

ADRESSE

REER GMBH
Mühlstraße 41
71229 Leonberg
www.reer.de

SCHARDT

Das erste Kinderzimmer ist immer etwas Besonderes. Das erste Babybettchen, die erste Wickelkommode – gerade bei der Erstausstattung soll der Nachwuchs geborgen und behütet sein und das in beschützter und wohnlicher Atmosphäre. Denn nicht nur das Kind, auch die Eltern wollen sich wohlfühlen, ist doch das Babyzimmer für längere Zeit der Ort, an dem viele gemeinsame Stunden verbracht werden. Durch die Vielzahl der Formen und Farben ist es oft nicht leicht, aus alten Beständen und neuen Kinderzimmermöbeln einen harmonischen Mix zu finden. Hier Akzente zu setzen, ist der Anspruch des Möbelherstellers Schardt. Das oberfränkische Unternehmen ist angetreten, um eindrucksvoll zu beweisen, dass klare, moderne Linien und konsequente Ästhetik kein Widerspruch zu Geborgenheit und Wohlfühlatmosphäre sind. Ein Musterbeispiel ist das Kinderzimmer PURE. Babybett, Kleiderschrank, Wickelkommode und passendes Wandbord sind in strahlendem Weiß gehalten. Alle Möbel stehen auf langen Chromkufen, Kommode und Bord verfügen über breite Seitenabgrenzungen. Das ganze Ensemble überzeugt durch stabile Sicherheit und verleiht dem Kinderzimmer eine anziehende Ruhe. Doch das schlichte Design wird immer auch mit durchdachter Funktionalität kombiniert. So sind etwa die Schubladen grifflos und gleiten dank Push-to-open-System auf sanften Druck von selbst heraus.

Die Kombination aus Ästhetik und Innovation ruht bei Schardt auf der Erfahrung mehrerer Generationen. Schon im Jahr 1936 gründete der Korbmachermeister Georg Schardt einen Handwerksbetrieb in seiner Heimatstadt Mitwitz. Seine Produkte verkaufte er regional, an Kunden in Thüringen und Bayern. Unter Beteiligung seines Sohnes Karl, der 1948 ins Unternehmen eintrat, wurden erstmals Puppen- und Kinderwagen aus Korbgeflecht hergestellt und zunehmend auch ins Ausland verkauft. Doch erst als Enkel Rainer Schardt 1973 in den Familienbetrieb einstieg, gewann die wenige Jahre vorher begonnene Fertigung von Kindermöbeln aus Holz an Bedeutung. Seit 1992 führt Rainer Schardt zusammen mit seiner Ehefrau Gisela Schardt den Betrieb. Im selben Jahr wurde das Unternehmen um eine zweite Produktionsstätte in Thüringen erweitert. Nur acht Jahre später ging in Mitwitz eine komplett neue Werkshalle mit modernsten Maschinen für die Massivholzbearbeitung in Betrieb. Heute ist Schardt führender Anbieter für Kindermöbel in Deutschland und weiterhin in Familienhand. Mit Philipp und Barbara ist die vierte Generation schon seit 2007 in leitender Funktion im Unternehmen tätig.

Mit Kontinuität in der Führung ist die Gewährleistung der Firmenphilosophie umso leichter durchzusetzen. Hochwertige Artikel rund um die Babyerstausstattung sind die Domäne von Schardt – vom Hochstuhl bis zum Stubenwagen, vom Kinderzimmer bis zur textilen Ausstattung. Dabei steht bei der Produktentwicklung die Sicherheit der kleinen und großen Benutzer an erster Stelle. Erfahrene Mitarbeiter nutzen die neueste Technik und führen laufend Kontrollen in der Fertigung durch – unter Einhaltung aller neuesten Standards und Normen. Dabei bilden stets umweltschonende Rohstoffe die Basis für die langlebigen Produkte. Schardt achtet auf kurze Beschaffungswege und verwendet nur Holz aus heimischen Wäldern. Die gesamte Fertigung ist ökologisch ausgerichtet – vom Einsatz wertbeständiger, schadstoffarmer Materialien bis hin zur Wiederverwertung von Reststoffen. Und auch bei sicheren und innovativen Textilien setzt Schardt Maßstäbe. Etwa mit dem neu entwickelten Himmel für Babybetten. Er besteht aus dem Schutzgewebe ADO eprotect®, in das feinste, unsichtbare Metallfäden eingewebt wurden. So ist der darin liegende Säugling nachweislich vor über 99 Prozent des heute alltäglichen Elektrosmogs, etwa durch Babyphone- oder WLAN-Strahlung in der Wohnung, geschützt. Dass sich diese Textilien in das stilvolle Gesamtbild einfügen – das ist bei Schardt Herzenssache.

ADRESSE | AUSZEICHNUNGEN

GEORG SCHARDT KG
Am Riegel 15
96268 Mitwitz
www.schardt.com

„GS-Zertifikat" für Kinderbetten/Serie 70x140, TÜV Thüringen Anlagentechnik GmbH & Co. KG, 2011
„PEFC Zertifizierung" für eingesetzte Hölzer, PEFC Deutschland e.V., 2011

SELECTA

Am besten ganz einfach: bunte Holzquader. Punkt. Das ist das Geheimnis des vermutlich erfolgreichsten Spielzeugs der Weltgeschichte. Wer schon einmal kleine Baumeisterinnen und Baumeister beim hochkonzentrierten Spielen mit Bauklötzen beobachtet hat, wer mitverfolgt hat, wie sie Stein auf Stein schichten, bis der Turm umfällt – und dann unverzagt wieder von Neuem beginnen –, der kann diese Faszination verstehen. Besonders Väter von Kleinkindern packt oft genug selbst das Baufieber wieder und gemeinsam mit dem Nachwuchs werden Schlösser, Burgen, Bauernhöfe oder Polizeistationen gebaut. Und doch ist dabei Bauklotz nicht gleich Bauklotz. Angenehm in der Hand müssen sie liegen, nicht zu leicht und nicht zu schwer sein, eine schöne, glatte Oberfläche haben, und gerade für die Kleinen sind schöne, bunte Farben ein weiteres Muss. Ausgesucht schönes Holzspielzeug – das ist die Domäne eines oberbayrischen Traditionsunternehmens, das „das Ausgesuchte" schon in seinem lateinischen Namen trägt: Selecta. Im Jahr 1968 gründeten Tilmann Förtsch und Günther Menzel den Betrieb mit dem Ziel, hochwertiges Spielzeug anzubieten, das die Entwicklung des Kindes fördert. Der natürliche Werkstoff Holz eignete sich hierzu damals wie heute ganz besonders. Aus ihm werden in der eigenen Schreinerei nicht nur Bauklötze, sondern vielfältige Greif-, Tast-, Lern- und Bewegungsspielzeuge hergestellt. Rund 200 Artikel für den Altersbereich zwischen null und zwei Jahren machen die Kernmarke von Selecta aus. Zur Bearbeitung kommt hier Holz aus europäischen Wäldern nach höchsten Nachhaltigkeitsprinzipien, also zertifiziert nach einem der beiden Standards für nachhaltige Holzwirtschaft, FSC oder PEFC. Hauptsächlich werden Ahorn- und Buchenhölzer verwendet. Sie verleihen den Spielzeugen eine schöne Oberflächenstruktur und besitzen ein natürliches Eigengewicht, das die Objekte gut greifbar macht. So helfen sie auch am besten bei der motorischen, visuellen und haptischen Entwicklung ihrer kleinen Benutzerinnen und Benutzer.

Am Firmenstandort in Oberbayern, nahe Wasserburg am Inn, produzieren die 78 Mitarbeiter mitten im Grünen und mit Blick auf die Alpen immer wieder neue Spielzeugideen. Eigene Designer entwerfen schöne Formen und entwickeln durchdachte Farbkonzepte. Vorher werden die Prototypen meist noch von der Zielgruppe erprobt. Dazu kooperiert Selecta mit Familien, Kindergärten und Krippen sowie Kinderärzten und Therapeuten. Bestehen die neuen Spielzeuge den Realitätstest, gehen sie in die Serienproduktion. Heute werden sie in über 30 Ländern vertrieben. Ihre Hochwertigkeit und innovative Qualität folgt dabei nicht etwa der Devise „Made in Germany", sondern vielmehr sogar „Gefertigt in Bayern – meist in der eigenen Schreinerei". Daneben wird natürlich auch auf absolute Produktsicherheit Wert gelegt. So sind die Spielzeuge TÜV-geprüft und es werden nur umweltfreundliche und unbedenkliche Farben und Lacke verwendet. Die Einhaltung der Europäischen Norm für die Sicherheit von Spielzeug EN 71 ist selbstverständlich. Und in der täglichen Arbeit achtet Selecta außerdem sehr auf Umweltverträglichkeit und Energieeffizienz. So wird beispielsweise der gesamte Wärmebedarf des Unternehmens mithilfe einer modernen Hackschnitzelheizung aus Produktionsabfällen gedeckt. Neben dem Kleinkinderbereich bietet Selecta aber auch für etwas Ältere, also die 3- bis 6-Jährigen, eine bunte Palette von schönem Spielzeug. Bei diesen schon fortgeschritteneren Spielkindern liegt der Fokus dann eher auf Kinder- und Familienbrettspielen oder umfangreichen Produkten rund um das Rollenspiel. Dafür bietet das Unternehmen alle wichtigen Klassiker, von Ritterburg und Parkgarage bis Puppenhaus und Arztkoffer. Auch hier gilt natürlich das gleiche Hochwertigkeitsversprechen, das Selecta schon mit seinem Firmennamen abgibt: ausgesuchte Qualität. So spielt es sich am besten. Ganz einfach.

ADRESSE | AUSZEICHNUNGEN

SELECTA SPIELZEUG AG
Römerstraße 1
83533 Edling
www.selecta-spielzeug.de

„spiel gut" für z. B. Sortierbox, Arbeitsausschuss Kinderspiel + Spielzeug e.V., 2010
„exzellent:kooperation" für Kinderküche Cucina, Bundesarbeitsgemeinschaft Werkstätten für behinderte Menschen e.V., 2010
„Kinderspiel des Jahres" für Viva Topo, Spiel des Jahres e.V., 2003

SEVI

Holz berührt. Diese zwei Worte bringen die hochwertige Spielzeugwelt von Sevi auf den Punkt. Die handgefertigten Produkte begeistern mit fantasievollem Design, hochqualitativer Verarbeitung und dem speziellen Charme von kreativ gestaltetem Holz. Natürliches Spielmaterial fördert die geistige und seelische Entwicklung im Kindesalter, es spricht die kindlichen Sinne an und wirkt Reizüberflutungen entgegen. Kein Wunder also, dass kleine Kinder überall auf der Welt das klassische Holzspielzeug von Sevi toys lieben. Handwerk verbindet sich hier mit kreativen Spielideen zu einer Welt der Entdeckungen für Kinder (und Erwachsene). Das ganz Besondere und Einzigartige daran: Jedes Spielzeug ist von Hand hergestellt und bemalt, jedes Teil des Sortiments, obwohl hundertfach produziert, also ein unverwechselbares Unikat.

Die bunte und kreative Spielzeugpalette reicht dabei von Schiebe- und Nachziehtieren über Musikinstrumente und Baukästen bis hin zu Brett- und Bewegungsspielen. Jedes Spielzeug ist bis ins Detail auf die Anforderungen und Bedürfnisse der Kinder verschiedener Altersgruppen zugeschnitten. Qualität und Sicherheit werden im Hause Sevi großgeschrieben: Die verwendeten Farben und Lacke sind garantiert ungiftig und speichelresistent, so können sich auch die Kleinsten, die bekanntlich gern alles mit dem Mund erkunden, bedenkenlos ihrem Spielzeug hingeben. Alle Produkte von Sevi werden spezifischen Tests unterzogen, in denen die Konformität mit der geltenden Gesetzgebung geprüft und für die Einhaltung höchster Standards gesorgt wird. Und das aus gutem Grund: Sevi ist Europas älteste Marke für Spielwaren und Einrichtungsgegenstände aus Holz überhaupt. Seit nunmehr 175 Jahren stehen Tradition, handwerkliche Fertigung, Forschung im Design, Fantasie und Innovation im Vordergrund und haben Sevi heute zu einer weltweit führenden und anerkannten Marke gemacht. Im Jahr 1831 gründete der junge Intarsienkünstler Josef Anton Senoner in St. Ulrich im Grödnertal den Betrieb, der heute unter der Marke Sevi firmiert. Der von Beginn an prägende Stil, Spielzeug und dekorative Elemente für das Kinderzimmer aus Holz zu fertigen, gepaart mit der Philosophie, so hochwertige wie kindgerechte Produkte zu entwickeln, machten die Marke schnell weltberühmt. Der Name Sevi ist ein Akronym aus den Initialen des Gründersohnes Senoner Vinzenz. 1998 übernahm die italienische Trudi-Gruppe das Unternehmen – den unternehmerischen Werten und ursprünglichen Prinzipien fühlt man sich nach wie vor verpflichtet: Handwerkliche Fertigungstradition, Detailtreue, Kreativität und fantasievolles Design in den Kollektionen, vor allem aber ein hohes Maß an geprüfter Produktsicherheit sind die Grundsäulen. Die Sevi-Produktionsstandorte sind seit dem Jahr 2000 gemäß UNI EN SO 9001 zertifiziert.

Dieser hohe Qualitätsanspruch gilt nicht nur für die Spielzeug-Linie des Unternehmens, sondern auch für die liebevollen Accessoires von Sevi gift sowie die Artikel aus der Serie Sevi decorations, die das Zuhause und die Kinderzimmer auf bunte Weise schmücken. So machen viele kreative und praktische Ideen für ein kindgerechtes Heim die Umgebung der Kleinen zu einem Ort, der Tag und Nacht zum Träumen und Spielen einlädt: Beruhigende Mobiles für die Jüngsten, dekorative Messlatten oder Zahnbürstenhalter für Kleinkinder, Garderoben oder Wecker für Größere – das Sevi Sortiment hat an alles gedacht. Aber nicht nur die Kinder kommen dabei auf ihre Kosten, auch den Eltern machen die Produkte das Leben mit den Kleinen in vielerlei Hinsicht leichter. Ob nun das Nachzieh-Zebra die ersten Gehversuche begleitet, die bunte Spieluhr den Kleinen beim Einschlafen hilft, das Nachtlicht den Kindern das Dunkel dezent erhellt oder der Zahnbürstenhalter mit Frosch und Sanduhr mehr Lust aufs Zähneputzen macht – Sevi bietet der ganzen Familie viele Vorteile. Nicht zu vergessen die weltbekannten Sevi Buchstaben, die an den Kinderzimmertüren rund um den Globus die Namen der kleinen Bewohner wiedergeben. Auch das ist mittlerweile ein bunter und weit verbreiteter Brauch – Tradition und Qualität setzen sich eben durch.

ADRESSE

TRUDI GMBH
Jakobinenstraße 14
90762 Fürth
www.trudi.de

SIBIS

SIΓCH

Viele Eltern kennen das folgende Dilemma: Zwischen dem, was Kindern gefällt, und dem, was Müttern und Vätern gefällt, liegt oftmals ein himmelweiter Unterschied. Und da Kinder ihren Einflussbereich gerne auf den gesamten familiären Lebensraum ausweiten, stehen oft in der ganzen Wohnung Dinge herum. Sperrige Spielgeräte oder quietschbunte Fahrzeuge, die dann – zumindest nach Auffassung der Erwachsenen – den Gesamteindruck des Interieurs manchmal optisch beeinträchtigen. Die feine Grenze zwischen Freiheit zur kindlichen Entfaltung und erwachsenem Geschmack gilt es sensibel auszuloten und oftmals neu zu verhandeln. Doch zum Glück gibt es Ausnahmen: Dinge, die einfach beiden Ansprüchen gerecht werden. So wie die Spielwaren und Möbel der Linie Sibis, hergestellt vom Unternehmen Sirch im Allgäu. Die beiden Produktdesigner Wolfgang Sirch und Christoph Bitzer setzen sich mit ihren Objekten über vielerlei Konventionen hinweg. So hat ihr Rutschfahrzeug „Max" für Kleinkinder eben keinen geschlossenen, grell gefärbten Plastikkorpus, sondern besteht aus elegant geschwungenem, dampfgebogenem Eschenholz. Statt eines hakelnden Lenkrads mit defekter Hupe hat es nur einen leicht gebogenen Holzlenker, und als weitere Ausstattung verfügt es lediglich über superleise Räder – für den reibungslosen Indoor-Einsatz. Ein ganz einfaches, reduziertes, geradezu archaisches Design, das aber dank der angenehmen Rundungen und der absolut hochwertigen Haptik auch auf kleine Fahrerinnen und Fahrer enorm anziehend wirkt. Seit dem Jahr 2000 gibt es die Produktlinie, die ihren Namen den Initialen der beiden Urheber verdankt. Neben den beiden Rutschfahrzeugen „Max" und „Flix" zählen auch Schaukelpferde, Puppenwagen und Schubkarren zum Angebot. Auch die „Villa Sibis" gehört dazu, eine ebenso stilvoll puristische wie zum Spielen einladende moderne Version eines Puppenhauses. Alle Spielzeuge sind mit hohem handwerklichen Aufwand aus ausgesuchten Naturmaterialien hergestellt und sowohl vom TÜV als auch von der renommierten Verbrauchervereinigung „Spielgut" auf ihren Gebrauchswert hin getestet. Der holzverarbeitende Betrieb Sirch hat sich aus der handwerklichen Tradition einer alten Wagnerei entwickelt. In den letzten 30 Jahren entstand daraus ein moderner Industriebetrieb, dessen Schwerpunkt in der seriellen Fertigung von Holzwaren liegt. Die Bandbreite der produzierten Artikel reicht von Spielzeug und Möbeln über Sportartikel wie zum Beispiel traditionelle Rodelschlitten bis zu groben Verpackungswaren wie Paletten und Kisten. Am Produktionsort Böhen im Allgäu sind derzeit ungefähr 50 Mitarbeiter beschäftigt, die jedes Jahr rund 14.000 Kubikmeter Holzrohstoff umsetzen. Schon die dafür im Jahr 1999 errichtete Produktionshalle aus der Feder der Vorarlberger Architekten Baumschlager + Eberle besticht durch ihre radikale Konstruktion und wird immer wieder auch in internationalen Publikationen besprochen.

Neben den Spielgeräten haben der gelernte Bildhauer Bitzer und der studierte Innenarchitekt Sirch, die beide aus Memmingen stammen, auch eine Vielzahl von Kindermöbeln für die Linie Sibis entworfen. Unter Namen wie „Sepp", „Slawomir", aber auch „Erykah" oder „Vaclav" bietet das Unternehmen Hocker und Kinderstühle sowie mitwachsende Kinderschreibtische. Alle sind aus fein geschliffenem Birkenholz und mit verschiedenen hochwertigen Filzbespannungen in geschmackvollen Farben erhältlich. Gerade das Tischmodell „Afra" besticht nicht nur mit durchdachtem Design und liebevollen Details wie etwa der integrierten Stiftablage, sondern auch durch ganz handfeste Vorteile. So ist das Möbelstück, das für Kinder von 2 bis 8 Jahren gedacht ist, dank seiner filigranen und doch stabilen Birkenholzkonstruktion auch äußerst leicht. Es kann von den kleinen Benutzern problemlos bewegt und anders positioniert werden. Und aufgrund seiner angenehmen Ästhetik werden sich die Großen im Haushalt nicht davon gestört fühlen, wenn die Schreibstube des Nachwuchses dann doch eigenmächtig ins Wohnzimmer verlegt wird.

ADRESSE | AUSZEICHNUNGEN

SIRCH HOLZVERARBEITUNG
Waldmühle 5
87736 Böhen
www.sirch.de

„spiel gut" für „sibis schorsch" Kinderlernlaufhilfe, 2008
„spiel gut" für „sibis franz" Kinderschubkarre, 2007
„spiel gut" für „sibis flix" Kinderrutschfahrzeug, 2004

SIGG

Wer kennt sie nicht, die farbenfrohen, von kreativen Motiven gezierten Trinkflaschen mit dem Namen SIGG, made in Switzerland? Kinder aller Herren Länder lernen mit ihnen das „mobile Trinken" und ihre Mütter wissen die Verlässlichkeit und Widerstandsfähigkeit zu schätzen. Seit über 100 Jahren werden die berühmten SIGG Flaschen in Frauenfeld in der Schweiz hergestellt – Qualität und Präzision prägen die Produkte von Beginn an.

Im Jahre 1908 erblickte die Original SIGG Trinkflasche in der Aluminiumfabrik das Licht der Welt und diente zunächst als Feldflasche der Schweizer Armee. Was den Soldaten querfeldein so gute Dienste leistete, konnte auch für den eigenen Haushalt nur nützlich sein. Die besondere Fertigung hat die SIGG Flasche zu dem gemacht, was sie heute ist: der unangefochtene Stern am Himmel von Müttern, die mit ihren durstigen Kindern unterwegs sind oder deren Kinder immer und überall nach Erfrischung verlangen, ob im Kindergarten, der Schule oder beim Sport. Aber nicht nur die Kleinen trinken ab dem 6. Lebensmonat aus der berühmten Bottle, auch Eltern und Großeltern finden Gefallen an dem nützlichen Begleiter. Diesen Erfolg belegen auch die Bilanzen des Unternehmens.

Nichts weniger als die Marktführerschaft im Bereich wiederverwertbarer Aluminiumflaschen steht bis dato zu Buche. Mit über 90 Prozent Exportanteil weltweit setzt SIGG Maßstäbe in Sachen Qualität, Design und Ökologie, und zum 100-jährigen Jubiläum im Jahr 2008 war eine Marktpräsenz in über 40 Ländern der Welt erreicht. Tendenz steigend.

Die einzigartige Formgebung der SIGG Flasche, die in ihrem Ursprung einer Wärmflasche nachempfunden war, hat ihren Siegeszug gar bis nach New York geführt – im Museum of Modern Art stehen zwei Ausstellungsstücke, deren Erfinder Ferdinand Sigg und Xaver Küng von so einem Erfolg wohl nicht mal zu träumen gewagt hätten. Längst ist die SIGG Flasche zum praktischen Must-have und trendigen Accessoire avanciert – die jährlich wechselnden Kollektionen entstehen in Zusammenarbeit mit Top-Designern und sollen die Kinder spielerisch und durch farbenfrohe Designs daran erinnern, wie wichtig und gut das ausreichende tägliche Trinken ist. Aber neben all den Äußerlichkeiten sind es vor allem die inneren Werte der SIGG Flasche, die ihren Erfolg bei Kindern und Familien begründen. Die verlässliche Auslaufsicherheit ist in allen Lebenslagen ein echter Pluspunkt: Ob Hefte und Bücher im Ranzen, Sportsachen im Rucksack oder Proviant in der Reisetasche – alles bleibt im Trockenen. Und auch die Langlebigkeit der Alu-Flaschen ist so legendär wie ihr Name – denn wenn Kinder die geliebte Flasche im Eifer des Spiels verbeulen, bleibt der Innenlack durch seine Elastizität unbeschädigt. Die schadstofffreie EcoCare Innenbeschichtung ist widerstandsfähig, leicht zu reinigen, geschmacksneutral und garantiert auch bei der Befüllung mit fruchtsäurehaltigen oder isotonischen Getränken einen stets frischen Geschmack ohne metallische Nuancen. Auch die bunten Farben sind ökologisch einwandfrei, denn als Grundfarbe dient lösungsmittelfreier Pulverlack, der auf die Flasche eingebrannt wird. Dieses Statement jeder SIGG Bottle in Sachen Ökologie und Nachhaltigkeit trifft mit Bravour den Nerv der Zeit – die Flaschen sind zu 100 Prozent recyclingfähig und tragen dazu bei, den weltweiten CO_2-Ausstoß zu verringern, und ersetzen mühelos, umweltfreundlich und höchst attraktiv die lästigen Einwegflaschen, denn jede SIGG Flasche, die mehr als 12 Mal befüllt wird, ist umweltfreundlicher als eine PET-Einweg-Getränkeflasche. Gerechnet über den theoretischen Lebenszyklus einer SIGG Bottle von mindestens 1.500 Abfüllungen ist somit der CO_2-Ausstoß ca. 140 Mal geringer als bei einer PET-Einwegflasche. Nahtlos in einem Fließpressverfahren hergestellt, ist die Flasche besonders leicht und natürlich wiederverwertbar. Clever, oder? Gefertigt in den eigenen Werken im schweizerischen Frauenfeld, liegt höchstes Augenmerk auf der Sicherung der hohen Qualitätsstandards. Kein Wunder, dass die SIGG Traveller rot 0,4 l 2011 den Ökotest mit Bravour bestanden hat – mit dem Urteil „sehr gut". Der Siegeszug geht also weiter.

ADRESSE | AUSZEICHNUNGEN

SIGG Switzerland AG
Walzmühlestraße 62
CH-8500 Frauenfeld
www.sigg.com

„sehr gut" für SIGG Traveller rot 0,4 l, Ökotest (2011)
Museum of Modern Art, (MOMA) New York (seit 1993)

SIXEIGHT

sixeight
modular furniture system

Die Achtundsechziger sind zurück! Aber nicht in Form einer chaotischen Hippie-Kommune, sondern als Kindermöbel mit System und durchdachtem und designtem Antlitz. Was man beim ersten Hören mit kunterbuntem Durcheinander in Verbindung bringen könnte, hat vielmehr mit Ordnung und Klarheit zu tun. Ganz in der Tradition des Bauhaus und inspiriert durch frühe Modul-Entwürfe von Charles und Ray Eames hat das deutsch-amerikanische Architektenehepaar Susanne und James Herbert ein Möbelsystem entwickelt, das wirklich in allen Elementen frei kombinierbar ist und totale Modularität verspricht. Auf zwei Grundgrößen A und B bauen sich die unterschiedlichsten Module mit zahlreichen Einsatzmöglichkeiten auf und lassen sich zu den verschiedensten Kinderlebensräumen kombinieren. Und nach der Philosophie von sixeight sollen Kinder nicht nur in schöner, sondern auch in klarer und wohlproportionierter Umgebung aufwachsen, die ihre eigene Kreativität und Entwicklung fördert. Die Modulmöbel haben alle einen Korpus aus baltischem Birken-Multiplex-Holz, der sich mit Schubladen, Türen und Einlegeböden zu Kommoden und Schränken in allen Größen zusammenstellen lässt. Die Fronten sind in verschiedenen Farben wählbar, welche im eigenen sixeight Farbsystem aufeinander abgestimmt sind. Fließende und ruhige Pastelltöne sollen dem Kinderzimmer ein zurückhaltendes Dekor geben, die knalligen und bunten Primärfarben werden dem Spielzeug vorbehalten. Mit einem einfachen Sechskantschlüssel können alle Möbel in Minutenschnelle wieder auseinandergebaut und neu kombiniert werden, so dass zum Beispiel aus der Wickelkommode später ein Kindersideboard werden kann, das auch größenmäßig den kleinen Bewohnern angepasst ist. Durch den einfachen Austausch einzelner Fronten kann aus einem klaren Jungenzimmer durch eine andere Farbwahl das Zimmer für die kleine Schwester werden. Aber auch im Wohnzimmer der Eltern machen die sixeight Möbel durch ihr zeitloses Design später eine gute Figur. Das Material und die hochwertige Verarbeitung sorgen dafür, dass die Möbel auch nach langjähriger Nutzung gut aussehen und stabil bleiben. Markenzeichen dieser Serie ist das auf der Seite liegende Schlüsselloch, das in allen Türen und Schubladen als Eingriff dient und schon kleineren Kindern die leichte und selbstständige Benutzung der Möbel ermöglicht. Neben den Schranksystemen hat sixeight sowohl allein stehende Kinderbetten in zwei Formen im Programm wie auch seit 2010 eine neue Hochbettserie. Diese sind ebenfalls auf die Maße der Module abgestimmt und können ideal miteinander kombiniert werden. Was im Jahre 2000 mit einigen Möbeln des Ehepaares Herbert für ihre eigenen Kinder begann, die aufgrund ihrer hohen Beliebtheit bei Freunden und Bekannten stark nachgefragt wurden, führte im Jahr 2004 schließlich zu einer Präsentation in den Passagen der Kölner Möbelmesse und ein Jahr später zum regulären Verkauf. 2008 wurde die sixeight Kindermöbel GmbH gegründet. Mit dem Eintritt der Gebrüder Bartels aus Düsseldorf wurden Lager und Vertrieb ausgebaut und die Produktion teilweise wieder nach Deutschland verlagert. Die Geschäftsleitung übernahm Thomas Bartels, für das Design blieben weiterhin Susanne und James Herbert im Unternehmen verantwortlich. Durch die dann einsetzende größere Serienproduktion und günstigere Modul-Kombinationen wurde sixeight auch für ein breiteres Publikum interessanter. Die Designerstücke lassen sich heute direkt über das Internet bestellen, sie sind aber auch im ausgesuchten Kinderfachhandel deutschlandweit und in der Schweiz zu finden. Wer also einmal in das System sixeight einsteigt und investiert, wird mit hoher Wahrscheinlichkeit ein Kinderleben lang bis ins Erwachsenenalter von den Modulen begleitet werden und das eine oder andere Mal den Sechskantschlüssel in der Hand halten, um für eine neue Lebensphase den passenden Wohnraum zu schaffen. Ob die Klarheit der Möbel allerdings auch die Ordnung im Kinderzimmer positiv beeinflusst, ist noch nicht bewiesen.

ADRESSE

SIXEIGHT SYSTEMMÖBELBAU GMBH
Paul-Thomas-Straße 48
40599 Düsseldorf
www.sixeight.de

SKIP HOP

Wenn Eltern zum ersten Mal ihr Baby in den Armen halten, dann überschwemmt sie ein Gefühl des Glücks. Und der Freude darauf, von diesem Moment an das Leben mit dem Kind zu teilen. Sie sind fest entschlossen, Zeit freizuschaufeln im Alltag, um Liebe und Fürsorge, Spiel und Spaß einen Raum zu geben. Das ist ein guter Vorsatz. Ihn zu beherzigen, das ist wohl das Beste, was Eltern für ihr Kind tun können. Aber bald schon merken selbst die ambitioniertesten Eltern, dass die Organisation des Tages, das Managen vieler Aufgaben eine Herausforderung von nie geahnter Dimension erreicht. Das spürten auch Ellen und Michael Diamant. Sie wollten dieser Realität beggnen mit ihrer Idee, dass gut durchdachte Produkte den Pendelschlag zwischen Beruf und Familie abfedern können. Funktional und stylisch sollten sie sein, aus gesunden Materialien und nutzbar für Utensilien für Eltern und Kind. So suchten sie eine Wickelauflage, die Tasche und Unterlage in einem war, die zehn und mehr Fächer bot für Accessoires und die darüber hinaus schick aussah, wenn sie lässig über die Schulter geworfen wurde. Sie suchten und fanden – nichts. Also entwarfen sie eine solche Wickeltasche im Jahre 2003 in New York, kreierten dazu das Label Skip Hop und legten damit den Grundstein zu einem weltweit agierenden Unternehmen, das seither Hunderte Produkte entwickelt hat, die allesamt eines vermögen: den Eltern den Alltag zu erleichtern und die Kinder zu erfreuen. Die Wickeltasche hat längst Standards gesetzt. Sie ist immer wieder verfeinert worden, versehen mit Fächern, wasserdichten Einsätzen, Multi-Mahlzeitboxen und mit Designvarianten, zum Beispiel für Zwillinge. So wundert es kaum, dass das renommierte US Parenting Magazine diese Tasche in die Sphäre der 20 besten Produkte der vergangenen 20 Jahre erhob. Auch die weiteren Produkte zeichnen sich aus durch Styling und Nutzwert, durch einen Reichtum an Details. Und weitere Awards folgten. Skip Hop sieht das als Herausforderung für weitere Leistungen in puncto Sicherheit und Gesundheit: Die Materialien sind robust und giftfrei, hergestellt ohne PVC, BPA und Phthalate. Dafür bürgt Skip Hop mit seinem Namen, beauftragt darüber hinaus unabhängige Institutionen, um die Qualität immer wieder neu zu bestätigen. Erst wenn Ellen und Michael Diamant und ihr engagiertes Team überzeugt sind, dass ihre Produkte den Zeitgeist treffen und Eltern wie Kinder begeistern, verlassen diese die Produktionsstätte. Das weiß auch der deutsche Distributeur Pamper24. Er vertreibt Skip Hop in Deutschland, Österreich und der Schweiz. Neben den Wickeltaschen hat sich die lustige Zoo-Kollektion am Markt als Highlight etabliert. Diese Kinderrucksäcke im Groß- und Miniformat sind ideale Begleiter für die unternehmungslustigen Kleinen, für ihren Hunger nach Abenteuern. Gemacht für Kinder ab drei Jahren, zeigen sich die Rucksäcke in Tierformen mit lustigen Details. Die sinnvolle Aufteilung, das strapazierfähige Material lässt diese Rucksäcke zum Lieblingsstück für viele Jahre werden und die Kinder eintauchen in eine spielerische Welt, in der Tiere zu Freunden werden. Diese Themenwelt mit klaren Farben und Formen eröffnet Skip Hop mit einer ganzen Serie und regt damit die Fantasie der Kinder an, weckt den Spieldrang mit Zootier-Waschlappen, mit Zootieren als Bücherhalter, mit dem Kindergeschirr aus Melamin zum Essen, Matschen, Spielen oder mit den neuen Plüschtieren und -accessoires aus der Serie Treetop. Skip Hop hat Erfolg – und möchte ihn teilen mit Eltern und Kindern, die nicht auf der Sonnenseite des Lebens stehen. So unterstützt das Unternehmen karitative Einrichtungen, Organisationen, die forschen und helfen bei Krankheiten wie Aids und Krebs. Skip Hop setzt ein Signal für die gesellschaftliche Verantwortung eines Unternehmens, indem es seinen Profit teilt mit benachteiligten Menschen. Und das macht die Produkte umso wertvoller und die Herzensangelegenheit von Skip Hop umso glaubhafter, nämlich Fröhlichkeit, Farbe und Leichtigkeit in den Alltag junger Eltern zu zaubern.

ADRESSEN

PAMPER 24 GMBH & CO. KG
Gewerbestraße 33
79227 Schallstadt
www.pamper24.de

SKIP HOP
50 West 23rd Street
10th Floor
US-New York, NY 10010
www.skiphop.com

SMALL WORLD

SMALL WORLD CONCEPTS

Welches Land bringt man mit durchdachtem, geradlinigem und ansprechendem Design für Möbel – gerne aus Nadelbaumholz – in Verbindung? Richtig, Dänemark. Hier hat die Verarbeitung von skandinavischer Kiefer und Fichte eine ebenso lange Tradition wie der Sinn für schnörkellos praktische und dabei ebenso attraktive Gestaltung. In unserem kleinen nördlichen Nachbarland finden sich viele holzverarbeitende Betriebe, die mit Erfahrung und Herzblut Möbel für Groß und Klein fertigen. Zum Beispiel in der Kleinstadt Ans, rund 40 Kilometer von der Küstenstadt Aarhus landeinwärts. Hier liegt in der grünen und von Seen und Flüssen durchzogenen Landschaft der Sitz eines Betriebes, der von der Familie Dahlmann gegründet wurde und seit 2010 vom Unternehmen Marlip A/S weitergeführt wird. Unter dem Namen SMALL WORLD werden hier von 20 Mitarbeitern komplette Wohnwelten für kleine und kleinste Menschen gefertigt. Sie zeichnen sich vor allem dadurch aus, dass sie mit ihren Benutzern mitwachsen und je nach Bedarf verändert werden können. So wird aus dem verspielten Bärenschloss-Kinderbett im Handumdrehen ein normales Kinderbett, dann eine Couch oder ein Hochbett, unter das ein Arbeitsplatz für die Schulaufgaben passt. Dazu sind immer auch Accessoires und Zubehör erhältlich, so etwa Lampen, Teppiche oder andere Raumtextilien im genau passenden Look. Insgesamt bietet Small World vier verschiedene Konzeptlinien an. Unter den Namen Basic, Classic, Modern und Accessoires werden verschiedene Geschmäcker bedient – natürlich mit ein und demselben Qualitätsanspruch. So verbergen sich etwa unter dem Label Small World Basic formschöne und zeitlose Möbeldesigns vom Babybett bis zum Wickeltisch. Helle Farben und klare Linien werden ergänzt durch Schubladen und Türen, die mit offenen Griffmulden geöffnet werden können. Auch Details wie leicht geschwungene Leitern zu den Hochbetten oder sanft abgerundete Kanten zeugen von einem hohen handwerklichen Anspruch und gleichzeitig einem Bewusstsein für die Sicherheit der kleinen Benutzer – und ihrer Eltern. Die Kollektion Small World Classic ist seit rund einem Jahrzehnt der eigentliche Inbegriff von Small World. Hier finden sich vielfältige Möbel, die die Eltern den Bedürfnissen ihres Kindes genau anpassen und vor allem auch individualisieren können. Nicht nur wählen sie zwischen sieben Farbtönen, sondern können die Möbel auch durch das Markenzeichen von Small World einzigartig machen: die Ovale. Diese Plaketten zieren etwa die Stirnseiten der Betten und können mit dem Namen des Kindes, aber auch mit verschiedenen Motiven, etwa aus der Märchenwelt des dänischen Schriftstellers Hans-Christian Andersen, versehen werden. Ob Prinzessin auf der Erbse oder hässliches Entlein – die liebevoll gezeichneten Figuren machen die Möbel zu einem besonderen und unverwechselbaren Hingucker im Kinderzimmer. Außerdem können die Ovale nach Belieben ausgetauscht werden – schließlich ändern gerade Kinder ihren Geschmack oft in rasanter Geschwindigkeit.

Besonders bei mitwachsenden Möbelkonzepten, die ein Kind vom Baby- bis ins frühe Jugendalter begleiten sollen, ist natürlich größte Haltbarkeit gefragt. Small World erreicht diese durch höchste Standards in Material- und Verarbeitungsqualität. Dass dabei auch nur schadstofffreie Werkstoffe und beispielsweise ungiftige Lacke auf Wasserbasis verwendet werden, ist selbstverständlich und durch renommierte Zertifizierungen belegt. Das Unternehmen hat neben der Produktion in Ans einen Showroom im renommierten Kopenhagener Shoppingcenter Fields. Die Möbel werden außerdem über ein weitreichendes Netz von Distributoren in 31 Ländern in Europa und teilweise auch nach Übersee verkauft. Eltern oder Familien, die besonderen Wert auf Sicherheit, Qualität und Umweltfreundlichkeit legen, gibt es schließlich auf der ganzen Welt – und dänisches Möbeldesign hat einen weitreichenden Ruf.

ADRESSE | AUSZEICHNUNGEN

MARLIP A/S
Bodalen 11
DK-8643 Ans By
www.marlip.dk

„GS-Gütesiegel" für SMALL WORLD Babybetten, Laufställe, halbhohe Betten, Etagenbetten und Hochbetten
„Oeko-Tex® Standard 100" für alle SMALL WORLD Textilien

SMOOTHIE

true fruits Obst ist bunt, knackig und steckt voll wichtiger Vitamine, Mineralstoffe und sekundärer Pflanzenstoffe, welche die Abwehr stärken und die Gesundheit fördern. Diese Argumente motivieren leider nicht alle Kinder, ausreichend gesunde Früchte zu essen. Während manche der Kleinen lustvoll nach frischen Apfelschnitzen und Bananenscheiben greifen, essen die anderen Obst am liebsten in Form von Fruchtgummi. Doch für alle Obstmuffel hat die Firma true fruits die perfekte Lösung: Smoothies. Das Obst aus der Flasche ist gesund, lecker und vitaminreich. Denn die Smoothies von true fruits bestehen zu 100 Prozent aus purer Frucht – ohne jegliche Zusätze von Zucker, Farb- und Konservierungsstoffen oder Stabilisatoren.

Um dem hohen Qualitätsanspruch gerecht zu werden, verwendet das Unternehmen nur Südfrüchte aus dem sonnenverwöhnten Brasilien. Diese reifen nicht – wie branchenüblich – in Überseecontainern, sondern bis zum Schluss an Bäumen und Sträuchern. Gleich nach der Ernte wird das Obst verarbeitet, so dass möglichst viele Vitamine und Nährstoffe im Smoothie erhalten bleiben. Während des gesamten Produktionsprozesses wird bei allen Produkten höchste Priorität auf eine schonende Verarbeitung gelegt. Neben den pürierten Früchten, die den Hauptbestandteil der Getränke bilden, wird noch Direktsaft von Äpfeln und Orangen zugesetzt.

Gegründet wurde das Bonner Unternehmen true fruits von den drei BWL-Studenten Inga Koster, Marco Knauf und Nicolas Lecloux, die während eines Auslandsaufenthaltes in Schottland 2005 ihre Liebe zu Smoothies entdeckten. Zurück in Deutschland begannen sie, das pürierte Flaschenobst im Rahmen eines Forschungsprojektes der Fachhochschule Bonn-Rhein-Sieg selbst herzustellen, und legten so den Grundstein für eine Erfolgsgeschichte made in Germany. Sechs Monate lang wurde recherchiert, getüftelt, ausprobiert und experimentiert, bis sie im November 2006 als erster Anbieter für Smoothies vier Sorten auf den deutschen Markt brachten.

Von Anfang an stand dabei Qualität an oberster Stelle. Das gilt auch für das Verpackungsmaterial. Die edle Weißglasflasche spiegelt nicht nur die Philosophie „100 % Frucht - no tricks" wider, sondern ist zudem absolut dicht, sicher und geschmacksneutral. Auf ein Etikett wurde bewusst verzichtet, damit möglichst viel vom Inhalt sichtbar bleibt – schließlich isst nicht nur bei Kindern das Auge mit. Stattdessen gibt ein hochwertiger Keramikdruck auf der Frontseite genau an, welche Früchte in welchen Mengen enthalten sind, und erspart so das Lesen einer kleingedruckten Zutatenliste. Diese Idee kam bei Verbrauchern und Experten so gut an, dass die Glasflasche mit dem iF Design Award in Gold, dem red dot Award, dem Deutschen Verpackungspreis und dem international angesehenen WorldStar Award ausgezeichnet wurde.

Aber nicht nur das Design, auch die Produktqualität wurde mehrfach prämiert: Die Smoothies von true fruits erhielten von der Deutschen Landwirtschaftsgesellschaft und dem Bundesministerium für Ernährung, Landwirtschaft und Verbraucherschutz als einzige Smoothies den Bundesehrenpreis. 2010 erweiterte true fruits sein Portfolio um frisch gepresste Säfte, die komplett unbehandelt und unpasteurisiert sind. true fruits ist übrigens der erste nationale Anbieter, der die Frischsäfte bundesweit ausliefert. Bei einer Haltbarkeit von lediglich sieben Tagen ist das vor allem logistisch eine große Herausforderung, denn die Säfte müssen während des gesamten Transports lückenlos gekühlt werden.

Durch die ebenfalls 2010 eingeführten Fruchtchips bietet das Unternehmen eine weitere praktische Alternative zu klassischem Obst. Im Gegensatz zu normalen Trockenfrüchten, die mit Wärme getrocknet werden, werden bei den sogenannten „Crisps" die Früchte sofort nach der Ernte schockgefroren. Danach wird ihnen lediglich das Wasser entzogen. Das erhält nicht nur die Vitamine und Nährstoffe, sondern macht die Fruchtchips auch besonders knusprig. Knabbern ganz ohne Reuegefühl und schlechtes Gewissen – selten dürfte es so leichtgefallen sein, den Nachwuchs für Obst zu begeistern. Und so sorgt true fruits mit seinen Produkten nicht nur für eine gesunde Ernährung der Sprösslinge, sondern erspart den Eltern auch jede Menge Ärger und nervenaufreibende Diskussionen.

smoothie yellow

true fruits

- maracuja
- mango
- banane
- apfel
- orange

ADRESSE | AUSZEICHNUNGEN

TRUE FRUITS GMBH
Auguststraße 1
53229 Bonn
www.true-fruits.com

„Sehr gut" für Smoothie, ÖKO-TEST 2010 (Ausgabe 6/2010)
„Bundesehrenpreis für Fruchtgetränke" für Smoothie, DLG e.V. & BMELV 2010
true fruits GmbH ist Preisträger beim Wettbewerb „Land der Ideen", Initiative „Deutschland – Land der Ideen", 2011
„DLG Gold-Medaille" für Smoothie, DLG e.V., 2008, 2009, 2010

SOPHIE LA GIRAFE

Es muss ein Glückstag gewesen sein, als am 25. Mai 1961, dem Tag der heiligen Sophie, in einem Örtchen in den französischen Alpen eine kleine Giraffe aus Naturkautschuk das Licht der Welt erblickte. Sophie la girafe war geboren, ein 18 cm langes Tier, mit schwarzen Knopfaugen und braunen Flecken auf dem glatten Körper, das vorwitzig quietscht, wenn man es auf Bauch oder Hals drückt. Bis zu diesem Tag waren Spielfiguren nur als Bauernhoftiere oder als klassisches Haustier zu haben. Aber jetzt wurde alles anders, denn Sophie war da und hielt Einzug in die französischen Kinderzimmer. Erfunden und entwickelt wurde sie von Herrn Rampeau, der als Spezialist in der Verarbeitung von Milchsaft aus dem Kautschukbaum Hevea die Idee für das exotische Wildtier hatte. Diese Hevea-Bäume wachsen in Malaysia und jeden Morgen, bevor die Tageshitze einsetzt, wird der Milchsaft, auch Latex genannt, von Millionen von Hevea-Bäumen aufgefangen. Die Firma Vulli erhitzt diesen Latex und in 14 manuellen Arbeitsschritten wird daraus die wunderbare Sophie. Bis zum heutigen Tag ist dieses Wissen ein Firmengeheimnis und wird wohlgehütet wie ein nationaler Schatz. Die entzückende Giraffe wurde allein durch Mund-zu-Mund-Propaganda zum Verkaufsschlager und schließlich zum Kultobjekt der Franzosen. Große Tageszeitungen wie Le Parisien widmen ihr ganze Artikel zu ihren runden Geburtstagen. Sie sieht heute, 50 Jahre nach ihrer Erfindung, fast noch immer genauso aus wie damals. Man kann davon ausgehen, dass jedes in Frankreich geborene Baby eine Sophie geschenkt bekommt. Auch in Deutschland ist das Tier mit dem langen Hals inzwischen beliebt geworden und wird als Glücksbringer zur Geburt verschenkt. Sophie bringt nämlich viel Gutes mit, was kleine Babyherzen ab ca. drei Monaten höher schlagen lässt. Alle fünf Sinne werden angesprochen: das Sehen durch die kontrastreiche Bemalung des Körpers. Dies kommt dem Sehvermögen von Babys entgegen, weil sie in den ersten Monaten vor allem auf Hell-Dunkel-Unterschiede reagieren. Das Hören durch den lustigen Quietschton, der zunächst den Hörsinn aktiviert und später hilft, die Verbindung von Ursache und Wirkung zu verstehen. Das Schmecken durch die Verwendung von 100 Prozent Naturkautschuk, der unbedenkliches Kauen auf dem Gummitier ermöglicht. Ihre vielen einladenden Möglichkeiten zum Knabbern (Ohren, Hörner und Beine) sind wie gemacht, um Linderung beim Zahnen zu verschaffen. Das Fühlen durch die weiche Haptik von Sophie, die an die Haut der Mutter erinnert und physiologische und emotionale Reaktionen hervorruft. Das Riechen durch den Geruch des natürlichen Kautschuks des Hevea-Baumes. Dieser macht das Spielzeug für das Baby unverwechselbar. Sophies lange Beine und ihr Hals laden einfach dazu ein zuzugreifen, und so wird die kleine Giraffe bei vielen Kindern zum ständigen Begleiter im Kinderbett oder Kinderwagen. Und wehe, Sophie fällt eines Tages aus der Karre heraus! Wie viele Mütter waren schon verzweifelt auf der Suche nach einer verlorenen Giraffe. Zum Glück kann man ihr durch ihre immerwährende gleiche Gestalt durch die Jahrzehnte hinweg einen eventuellen Austausch nicht ansehen. Dennoch ist das Gummitier kein Erbstück geworden, vielmehr hat sich der französische Eindruck verfestigt, dass jedes Kind ein Anrecht auf „seine" neue Sophie hat. Das erfreut natürlich das Unternehmen Vulli, das 1981 die ursprüngliche Herstellerfirma Delacoste aufgekauft hat, und das Örtchen Rumilly in den Hochsavoyen, das als Heimatstätte aller neuen Sophies entspannt und glücklich in die Zukunft blicken darf. Bis heute ist das kleine Gummitier mit dem langen Hals schon über 50 Millionen Mal verkauft worden, und auch in vielen anderen Ländern der Welt erfreut sie sich wachsender Beliebtheit. Das Lächeln wird Sophie la girafe also so schnell nicht vergehen, auch wenn Abertausende von Babys weiterhin glücklich auf ihren Ohren und Beinen herumnagen. Haben Sie schon eine?

ADRESSE | AUSZEICHNUNGEN

ELEMENTS FOR KIDS, INH. SILVIA PANKONIN
Schweidnitzer Straße 6
10709 Berlin
www.efk-berlin.com
www.vulli.fr

„ASTRA-Award", Best Toy for kids (Kategorie Babyspielzeug) für Sophie la girafe, USA 2009
„Mother & Baby Awards Finalist" für Sophie la girafe, UK 2009
„Mumsnet Best Award" für Sophie la girafe, UK 2009

STABILO

Kinder begreifen die Welt buchstäblich mit ihren Händen. Der kindliche Greifreflex ist eine der ersten Reaktionen eines Babys, das sich mit seinen kleinen Händchen an der Mutter festhalten will. Auch in seiner weiteren Entwicklung erkundet ein Kleinkind mit den Fingern und Handflächen alle Dinge und Gegenstände in seiner Umgebung auf Materialbeschaffenheit, Form und Funktion. Ein Gegenstand, der schon früh seinen wunderbaren Nutzen enthüllt, ist der Stift, den kleine Maler gerne mit der ganzen Faust umklammern und als ein erstes Werkzeug erfahren.

Schon im Kindergartenalter sollte jedoch auf eine gute, lockere Stifthaltung geachtet werden - ideal ist der sogenannte Dreifingergriff. Doch leider tun sich Kinder damit immer schwerer, und schon viele Vorschulkinder und Erstklässler tun sich schwer damit, unverkrampft einen Stift zu halten. Die Folge: Die kleine Hand verkrampft, tut schnell weh und beim Malen und Schreibenlernen wird viel zu stark aufgedrückt.

So aber haben Kinder keinen Spaß am Lernen! Dazu kommen dann auch noch Schreibfehler und eine oft schwerlesbare Schrift. Für Pädagogen und Eltern ein bekanntes Problem. Daher fordern Wissenschaftler und Pädagogen ergonomische Stifte. Zusammen mit ihnen hat die Firma STABILO ein spezielles Schreiblernsystem entwickelt. Wie ein gutsitzender Sportschuh unterstützen passgenaue Stifte die Kinderhand von Anfang an beim Malen und Schreibenlernen. Wichtigste Eigenschaften sind die ergonomischen Griffmulden, die der Hand Halt bieten und so schneller Ermüdung vorbeugen. Es gibt sie für verschiedene Handgrößen und in unterschiedlichen Versionen für Rechts- und Linkshänder. Spürbar entlastend ist auch die Leichtigkeit des Materials.

All diese Eigenschaften gelten für die EASYergonomics experts range, unabhängige Gutachten bestätigen es aus wissenschaftlicher Sicht. Mit solchen Stiften fällt das Malen- und Schreibenlernen einfach leichter. Für alle Entwicklungsstufen von fünf Jahren bis ins Teenageralter hat die Firma STABILO mit ihrer mehrfach preisgekrönten Schreibfamilie den richtigen Stift als Begleiter parat: EASY colors und EASY graph sind dreikantige Holz-Farb- und -Bleistifte mit passenden Muldengriffen für die ersten Kunstwerke. Mit den EASYergo Druckbleistiften und verschieden starken Minen gelingen die ersten Schreibversuche spielend, und der Kult-Kulifüller EASYoriginal hat als beliebter Ersatz für den Füllfederhalter Einzug in tausende europäische Federmäppchen genommen. Der bananenförmig geschwungene und mit Griffmulden ausgestattete Kulifüller kratzt und kleckst nicht. Der Gel-Roller EASYgel rundet die Produktgruppe ab und ist für Viel- und Schnellschreiber ab 12 Jahren mit seiner „Anti-Schmier-Formel" das richtige Schreibutensil.

Schwan-STABILO ist eine international tätige Unternehmensgruppe, die 155 Jahre nach Firmengründung in drei unterschiedlichen Geschäftsfeldern tätig ist. Die Marke STABILO ist mit Produkten zum Markieren, Schreiben, Malen und Zeichnen weltweit bekannt. Welche Schreibeigenschaften ein Stift hat oder was er kostet, ist für die Kaufentscheidung nicht mehr allein ausschlaggebend. Immer stärker beeinflusst dafür ein positives Image von Marke und Hersteller die Wahl der Kunden: Engagiert sich ein Unternehmen für den Umweltschutz? Bietet die Marke nachhaltige Produktlösungen an? Fördern die Stifte die kindliche Schreibentwicklung? STABILO kann auf all diese Fragen mit Ja antworten. Nachhaltigkeit und der Umgang mit natürlichen Ressourcen, eine perfekte Schreib-Ergonomie und enge Zusammenarbeit mit erfahrenen Wissenschaftlern sowie Glaubwürdigkeit bei Qualität, Design und Farbe sind typische Attribute für alle STABILO-Produkte. Schließlich hat STABILO als traditionsreiche Familienfirma und globale Marke eine besondere Verpflichtung - sowohl in Sachen Umweltschutz und Nachhaltigkeit als auch für Kinder und Jugendliche. Sebastian Schwanhäußer, selbst Vater von zwei Kindern, ist sich dessen bewusst: „Kunden weltweit vertrauen dem Schwan!"

Mit ihren heute über 1.200 Mitarbeitern ist STABILO einer der führenden Schreibgeräteherstellern in Europa und sorgt mit ständig weiterentwickelten Produkten dafür, dass die Handschrift im Zeitalter des Computers nicht ausstirbt und Kinderhände weiterhin gerne zum Stift greifen.

ADRESSE | AUSZEICHNUNGEN

STABILO INTERNATIONAL GMBH
Schwanweg 1
90562 Heroldsberg
www.stabilo.com

„iF communication Award" für STABILO GmbH
„iF product Award" für STABILO EASYcolors, International Forum Design Hannover, 2010
„iF product design Award" für STABILO EASYergo 1.4 International Forum Design Hannover, 2010
„Focus OPEN Silber Award" für STABILO EASYcolors, Design Center Stuttgart, 2009
„reddot design award" für STABILO EASYergo 3.15, red dot GmbH & Co. KG, 2009

STAEDTLER

Es gibt Markennamen, die sich selbst erklären und bei denen niemand fragt: „Was machen die?" Die Marke STAEDTLER ist ein solcher Markenname – und das zu Recht. Es gibt kaum ein Kind und kaum einen Erwachsenen in unserem Land und anderswo, die die Produkte dieses Hauses nicht bereits besessen, geschweige denn noch nicht in Händen gehalten haben. Ob in der Schule, im Kindergarten oder zu Hause, beim Malen, Schreiben oder Rechnen – besonders Eltern möchten bei der Ausstattung ihrer Kinder nicht auf die hochwertigen Produkte des Stifteherstellers STAEDTLER verzichten. Denn das Sortiment bietet für die Kleinen nicht nur Nützliches, sondern auch Kreatives: von Bleistiften, Buntstiften und Fingermalfarben über Knetmasse und Modelliermasse bis hin zu Tintenschreibgeräten ist alles dabei. Als eines der ältesten Industrieunternehmen der Nation blickt STAEDTLER auf eine über 175-jährige Unternehmensgeschichte zurück. 1835 gründete Johann Sebastian Staedtler seine eigene Fabrik – und bereits um 1840 produzierte er 63 verschiedene Bleistiftsorten. Kein Wunder, denn der Familie Staedtler liegt das Stiftemachen sozusagen im Blut. Schon im Jahre 1662 wurde Friedrich Staedtler, ein Vorfahre des Firmengründers, in den Büchern der Stadt Nürnberg urkundlich als einer der ersten Bleistiftmacher erwähnt. Heute ist aus dem Unternehmen der größte europäische Hersteller für holzgefasste Stifte, Radierer, Feinminen und Modelliermassen geworden. STAEDTLER setzt auf Innovation und erhöht kontinuierlich den Anwendernutzen seiner Produkte. Nach wie vor werden 80 Prozent der Produkte in Deutschland produziert und auch Forschung und Entwicklung sind noch immer am Hauptsitz des Unternehmens in Nürnberg ansässig. Drei Produktionsstandorte zählt man im eigenen Land. Nebenbei verfügt STAEDTLER auch über Niederlassungen und Agenturen in unzähligen Ländern der Welt. Bei allem wirtschaftlichen Erfolg widmet sich das Unternehmen auch dem Thema Nachhaltigkeit: Egal ob im Bereich Gesellschaft und Soziales, Jugend, Bildung oder Wissenschaft. Ein besonders schönes Beispiel hierfür ist der Weltkindermaltag, der 2008 von STAEDTLER ins Leben gerufen wurde. Kreatives Gestalten und Malen sind besonders entscheidend für die kindliche Entwicklung der Kleinsten. Am Weltkindermaltag entdecken kleine Künstler den Spaß am Malen neu und setzen sich gleichzeitig für Kinder in Not ein. Denn die am Weltkindermaltag entstandenen Kunstwerke werden im Anschluss bei Freunden und Verwandten gegen eine kleine Spende eingetauscht. Hohe Qualitätsmaßstäbe sind zudem gestern wie heute handlungsleitender Anspruch, und die Produktsicherheit steht dabei im Vordergrund. Von der Entwicklung über die Rohstoffauswahl bis hin zum fertigen Produkt ist man darauf bedacht, höchstmögliche Qualitätskontrollen zu gewährleisten. Sämtliche Produkte, die für Kinderhände bestimmt sind, erfüllen selbstverständlich die strengen europäischen Spielzeugrichtlinien und versprechen einen besonders hohen Anwendernutzen. So hat STAEDTLER beispielsweise die ersten Farbstifte mit A·B·S entwickelt, die durch einen weißen Minenschutzmantel bis zu 50 Prozent bruchfester sind als herkömmliche Farbstifte, wodurch die Kreativität der kleinen Künstler mit ungebremstem Malspaß unterstützt wird. Und der WOPEX-Bleistift steht für eine effiziente Herstellung bei deutlich höherer Holzausnutzung pro Baum. Dadurch können aus einem Baum mehr Bleistifte hergestellt werden als sonst üblich. Und auch beim Schreiben merkt man den Unterschied, denn WOPEX ist besonders bruchfest und schreibt bis zu doppelt so lang wie konventionelle Bleistifte.
Überhaupt genießt in der STAEDTLER Unternehmensphilosophie der Schutz der Umwelt einen hohen Stellenwert. Über die gesamte Wertschöpfungskette werden Rohstoffe und Energien sorgsam eingesetzt und die Langlebigkeit von Produkten fokussiert, um die Verbrauchseffizienz zu steigern. Ökologische Herstellungsverfahren ohne PVC und Lösungsmittel sowie die Auswahl nachhaltig zertifizierter Rohstoffe sind im Hause STAEDTLER schon lange selbstverständlich. Es gibt eben Marken, die sind ihrer Zeit immer ein Stück voraus!

ADRESSE | AUSZEICHNUNGEN

STAEDTLER MARS GMBH & CO. KG
Moosäckerstraße 3
90427 Nürnberg
www.staedtler.de

„Nürnberger Preis für diskriminierungsfreie Unternehmenskultur" für STAEDTLER MARS GmbH & Co. KG, Stadt Nürnberg, 2010
„iF material award" für WOPEX Bleistift, iF International Forum Design GmbH, 2010
„red dot design award" für STAEDTLER triplus 776, red dot GmbH & Co. KG, 2009
„Biowerkstoff des Jahres" für WOPEX Bleistift, Biowerkstoff-Kongress, Neue Messe Stuttgart 2009

STEIFF

Steiff „Für Kinder ist nur das Beste gut genug" – an diesem hohen, von der Firmengründerin Margarete Steiff Ende des 19. Jahrhunderts formulierten Anspruch hat sich beim heutigen Unternehmen Steiff GmbH nichts geändert, ganz im Gegenteil: Um ihren Kunden die Sicherheit zu geben, mit einem Steiff Tier ein absolut einwandfreies und in jeder Hinsicht unbedenkliches Kuscheltier zu erwerben, hat das Traditionsunternehmen das „Steiff Reinheitsgebot" ins Leben gerufen – eine freiwillige Selbstverpflichtung, die weit über Gesetzesanforderungen hinausgeht und in 10 Punkten allergrößte Ansprüche an Qualität, Sicherheit, Verarbeitung und Materialbeschaffenheit festlegt.

Der anhaltende Erfolg und die hohe Popularität von Steiff – über 90 Prozent der Deutschen kennen die Steiff Tiere mit dem Knopf im Ohr – ist jedoch auf mehr als nur die Güte der Produkte zurückzuführen. Es ist die Begeisterung, mit den Händen etwas zu erschaffen, die Kreativität, das Können und die Fingerfertigkeit, die gelebte Philosophie der Spielzeugmanufaktur, die den Steiff Tieren ihren unverwechselbaren Ausdruck gibt, ihnen gleichsam Seele einhaucht. Mehr denn je ist es nach nunmehr 130 Jahren Steiff-Geschichte dieses Faszinosum, was nicht nur bei den beschenkten Kindern, sondern auch bei den Schenkenden für glückliche Gesichter sorgt – wissen sie doch, dass sie nicht nur ein Spielzeug überreichen, sondern einen treuen Wegbegleiter, der nicht selten ein echter Freund fürs ganze Leben bleibt.

Man darf sich Margarete Steiff, geboren am 24. Juli 1847 in Giengen an der Brenz, als eine außergewöhnliche, sehr willensstarke und lebensbejahende Persönlichkeit vorstellen. Bereits in frühen Kindesjahren erkrankte sie an Kinderlähmung und war zeit ihres Lebens auf den Rollstuhl angewiesen – doch die junge Margarete erkämpfte sich ihren Platz im Leben, schloss mit 17 Jahren eine Schneiderlehre ab und gründete mit 30 Jahren, 1877, ihr eigenes Filzkonfektionsgeschäft. Zunächst fertigte sie Kleidungsstücke und Haushaltsartikel, wobei sie eher zufällig das Kuscheltier fürs Kind erfand: Denn ein von ihr 1880 aus Filz hergestelltes „Elefäntle", eigentlich als Nadelkissen gedacht, wurde unerwartet ein so beliebtes Kinderspielzeug, dass davon schon sechs Jahre später über 5.000 Stück verkauft wurden: Das Kuscheltier war geboren! Daraufhin nahm sie auch andere Tiere in die Produktion auf, und bereits 1897 war das Unternehmen von Margarete Steiff als erste deutsche Filzspielwarenfabrik auf der Leipziger Messe vertreten.

Um die Erfindung von Margarete Steiff in ihrer ganzen Tragweite zu würdigen, muss man sich vor Augen halten, dass zum Ende des 19. Jahrhunderts zwar Puppen längst bekannt, Kuscheltiere jedoch etwas völlig Neues waren. Viele erstaunte es, welch tiefe emotionale Bindung die Kinder zu ihnen entwickelten – vor allem galt dies für den Teddybären, einer Erfindung von Richard Steiff, dem kreativen Lieblingsneffen von Margarete. Vor den schon bald auftauchenden Nachahmern schützte sich die neu gegründete Spielzeugmanufaktur Steiff, indem sie konsequent auf Qualität setzte und dies ab 1904 mit ihrem Markenzeichen, dem berühmtem „Steiff – Knopf im Ohr", unübersehbar dokumentierte. So konnte sich das Unternehmen auch über die Widrigkeiten und Entbehrungen zweier Weltkriege hinweg behaupten und sorgte mit der Natürlichkeit und Langlebigkeit ihrer Produkte dafür, dass auch heute viele „Steiff Tier" sagen, wenn sie „Kuscheltier" meinen. Heute umfasst die Produktpalette angefangen von besonders weichen Plüschtieren und Spielzeugen für Babys über die klassischen Stofftiere in allen Größen bis hin zu Reit- und Schaukeltieren alles, was das Kinderherz begehrt – natürlich ist in vielen Variationen auch der bekannte Teddybär dabei. Gekrönt wird das Sortiment vom neuen Label „Steiff Selection", einer exklusiven Reihe von Stofftieren, Greifringen, Rasseln, Spieluhren und Schmusetüchern für Babys und Kleinkinder aus besonders edlen Materialien wie Kaschmir oder Merinowolle. Es ist kein Zufall, dass wir hier auch einer gelungenen Neuinterpretation des „Elefäntle" wiederbegegnen, mit dem Margarete Steiff einst den Ruhm des Unternehmens begründete.

ADRESSE | AUSZEICHNUNGEN

MARGARETE STEIFF GMBH
Richard-Steiff-Straße. 4
89537 Giengen/Brenz
www.steiff.com

„sehr gut" für Schlenkerteddy Charly, Öko-Test (12/2008)
Siegel „Textiles Vertrauen", Oeko-Tex® Standard 100
LGA-Zertifikat vom TÜV Rheinland/LGA
„spiel gut" Auszeichnung

TALASSIO

Erkältete Kinder sind ein echter Jammer. Laufende Nasen, tiefer, bellender Husten, eine fiebrig-heiße Stirn und abends ist an Schlaf nicht zu denken. Jeden Winter ist es dasselbe. Aber auch die Übergangszeit zum Sommer birgt Gefahren. Denn dann herrschen oft wechselnde Außentemperaturen und somit kann die Luft weniger Wasser binden – sie ist viel trockener als sonst. Eine zu geringe Luftfeuchtigkeit begünstigt Infekte, da sich die Atemwege und Schleimhäute nicht ideal gegen Erreger wehren können. Und schon ist sie da – die gefürchtete Erkältung. Was zu jeder Jahreszeit dagegen hilft, ist ausreichend feuchte Raumluft. Insbesondere im Kinderzimmer sollte hierauf geachtet werden. Zumindest im Winter bei wärmender Heizung könnte man sich mit einer Schale Wasser auf dem Heizkörper behelfen, doch die birgt gerade im Tobezimmer der Kinder Risiken und ist bei weitem nicht so effektiv. Zum Glück gibt es eine einfache und jederzeit einsetzbare Lösung: Raumluftbefeuchter aus der Talassio-Produktserie.

Getreu dem Motto „Design for Better Living" wurden sie konzipiert, um Kindern und Babys mehr Lebensqualität zu ermöglichen. Damit Kinder zwischen 0 und 12 Jahren die Geräte auch mögen, sind sie in einer kindgerechten und ansprechenden Form gestaltet. Denn während die meisten anderen Luftbefeuchter technisch, nüchtern und am ästhetischen Geschmack von Erwachsenen orientiert daherkommen, sehen die Talassio-Luftbefeuchter so aus, wie Kinder es lieben. Neben einem farbenfrohen Standard-Modell in Tropfenform ist er z. B. auch als Ente, Elefant oder Frosch erhältlich. Ein echter Hit sind die lustigen Modelle im angesagten SpongeBob- oder Hello-Kitty-Design. Im Innern der niedlichen, rund 30 Zentimeter hohen Geräte befindet sich ein Wassertank für 3,78 Liter Wasser. Damit kann ein Raum von bis zu 90 Kubikmetern für eine Zeit von ca. elf Stunden ausreichend befeuchtet werden. Dabei verbrauchen die Talassio-Luftbefeuchter extrem wenig Strom.

Mittels moderner Ultraschalltechnologie sorgen sie für eine mikrofeine Vernebelung des Wassers und sind flüsterleise. Auch an die Sicherheit im Kinderzimmer wurde sorgfältig gedacht. Da die Geräte kaltes Wasser verdampfen, ist eine Verbrühungsgefahr durch kochendes Wasser oder heißen Dampf ausgeschlossen. Ein Niedervoltadapter sorgt dafür, dass ein elektrischer Schlag ebenso unmöglich ist. So erfüllen die Geräte sämtliche Anforderungen der strengen EU-Sicherheitsrichtlinien. Doch die Artikel leisten noch mehr. Sobald der Tank leer ist, schalten sich die Geräte selbstständig ab. Zusätzlich sind sie mit einem gemütlichen Nachtlicht ausgestattet, das bei Bedarf zugeschaltet werden kann.

Auf dem europäischen Markt werden die Talassio-Artikel vom Hamburger Handelshaus AHG Wachsmuth & Krogmann mbH vertrieben, einer traditionsreichen Außenhandelsgesellschaft, die im Jahr 1797 gegründet wurde und schon früh mit einer eigenen Handelsflottille Überseemärkte ansteuerte. Heute ist das Unternehmen mit Standorten im französischen Rouen, aber auch in Chicago, Hongkong und Shanghai ein begehrter Partner im Food- und Nonfood-Handel. Unter anderem beliefert die Firma Wachsmuth & Krogmann einen der größten Discounter Europas. Auch auf dem US-amerikanischen Markt ist die Talassio-Produktlinie unter dem Markennamen „Crane" bestens etabliert. Als Marktführer von Luftbefeuchtern im Kinder- und Jugendbereich wurden schon viele renommierte Preise und Auszeichnungen gewonnen.

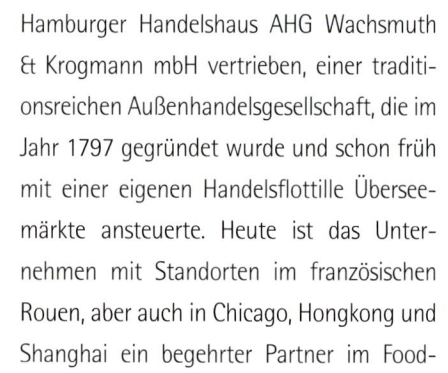

Nicht nur zur Erkältungsprophylaxe und zum Lindern von Beschwerden bei Infekten hilft die Feuchtigkeit aus den Talassio-Luftbefeuchtern. Allergiker können damit ebenfalls aufatmen. Ärzte empfehlen die Luftbefeuchtung in der winterlichen Heizperiode als Prävention und zur Unterstützung bei Erkältungen. Auch gegen trockene und rissige Haut wirkt mehr Luftfeuchtigkeit häufig Wunder. Am wichtigsten und wertvollsten ist aber, dass die erkälteten Kleinen wieder leichter ins Reich der Träume finden – und sich schnell und tief gesundschlafen können!

ADRESSE | AUSZEICHNUNGEN

AUSSENHANDELSGESELLSCHAFT WACHSMUTH & KROGMANN MBH
Lange Mühren 1
20095 Hamburg
www.wachsmuth-krogmann.com
www.crane-usa.com

Empfehlung „Kidsgo" für Talassio, 02/2010
„Kauftipp" Label für Talassio, 02/2010

TEUTONIA

Wie eine Limousine im Gewand eines Kleinwagens: Sanft gleitet er dahin, lässt sich leichtgängig lenken und überwindet spielend jede Kante: der Kinderwagen aus dem Hause teutonia. Qualität, Design und Sicherheit in Verbindung mit ausgezeichneter Wertarbeit und einer großen Menge Leidenschaft sind seit über 60 Jahren die Pfeiler des Erfolges des westfälischen Kinderwagenherstellers. teutonia setzt seit langem Standards und überzeugt mit innovativen Produkten, die genau auf die Bedürfnisse von Eltern und Babys zugeschnitten sind und gleichzeitig durch höchsten Komfort überzeugen. Mit dem neuen Trendmodell BeYou! präsentiert teutonia ein Multifunktionsgestell aus hochwertigem Aluminium – so klein zusammenfaltbar, dass dieser Kinderwagen der kompakteste seiner Klasse ist. Das macht die Handhabung im Alltag besonders einfach und der Platzbedarf wird auf ein Minimum reduziert. Außerdem bietet er ein bequemes, kuscheliges Innenleben und ermöglicht so viele gemeinsame entspannte Momente. Kurzum: der BeYou! ist die neue Wohlfühlklasse für Babys und Eltern – mit Premium-Komfort, einem hohen Wohlfühlfaktor und multifunktionalen Verwendungsmöglichkeiten.

Als kleines Familienunternehmen im Jahr 1947 in Westfalen gegründet, ist teutonia heute Marktführer in Deutschland und hat sich zu einem der führenden Anbieter in Märkten wie Skandinavien und Osteuropa entwickelt. Der Name ist eine Erinnerung an die Herkunft, denn der Teutoburger Wald liegt in direkter Nähe von Hiddenhausen und hat dem Unternehmen seinen Namen gegeben. Seit 2007 gehört teutonia zum weltweit bekannten Spezialisten für Mobilitäts- und Home-Produkte für Babys und Kinder Newell Rubbermaid, Inc. mit Hauptsitz in Atlanta. In seinen acht Niederlassungen beschäftigt teutonia mittlerweile 205 Mitarbeiter und ist mit seinen Produkten in 29 europäischen Ländern vertreten. Exportiert wird vor allem in die Schweiz, nach Österreich, Skandinavien, Finnland, UK, Osteuropa und Russland. Durch langjährige Erfahrung und intensive, regelmäßige Marktforschung versteht teutonia die Bedürfnisse von Eltern und Kindern besonders gut und setzt diese in seinen Produkten um.

Die Basis des Erfolges bildete dabei immer die Leidenschaft für Menschen, sowohl im Unternehmen als auch für die Kunden und ihre Kinder. Hinzu kommt bei allen Produkten die Verbindung von Qualität mit deutscher Ingenieurkunst. Diese verbindet Multifunktionalität mit formvollendetem Design und bietet dabei Komfort bis ins kleinste Detail. Ein weiterer Eckpfeiler ist das teutonia Made for You-Programm, mit dem jeder Kinderwagen individuell gestaltet werden kann. Hier können die Kunden selbst zu Designern werden, indem sie die einzelnen Basis-Elemente wie Gestell und Räder individuell aussuchen und kombinieren. Auch Accessoires wie Tragetasche, Sportsitz oder das Verdeck stehen zur Auswahl. Im nächsten Schritt kann der Kinderwagen dann farblich gestaltet werden, denn alle Teile gibt es in zahlreichen Farben, die jede Saison variieren. Zusätzlich besteht die Möglichkeit, den Bezug für den Sitz oder die Tragetasche aus mehreren Muster-Dessins auszuwählen. So entstehen ganz individuelle Kombinationen, die immer so einzigartig sind wie der jeweilige kleine Passagier.

Eine besondere Bedeutung hat bei teutonia die durchgängige Qualitätskontrolle. Bei allen Entwürfen und vor allem bei der Materialauswahl steht optimale Qualität für die Kleinen an erster Stelle. Deshalb werden für die Gestelle nur Materialien verwendet, die zuvor einem aufwendigen Prüfverfahren unterzogen wurden. Dieser Prozess setzt sich in allen Stationen der Produktion fort und wird bis zur Endmontage laufend kontrolliert. Die Produkte werden vom TÜV Rheinland geprüft und tragen das GS-Zeichen, das höchste Anforderungen an die mechanische Sicherheit und die Erfüllung der Forderungen der DIN EN 1888 bestätigt. Der Blick für die Details und die einwandfreie Fertigung jedes einzelnen Kinderwagens sind in allen ausgelieferten Produkten von teutonia spürbar – das merken die Neukunden spätestens beim ersten sanften Dahingleiten.

ADRESSE

TEUTONIA KINDERWAGENFABRIK GMBH
Siemensstraße 35
32120 Hiddenhausen
www.teutonia.de

THERALINE

Das Stillen des Kindes zählt zu den intensivsten Erfahrungen des ersten Lebensjahres. Für Mutter und Kind. Diese Zeit ist geprägt von Zuwendung und Zärtlichkeit und geht weit über das Befriedigen des Hungers hinaus. Denn in solch gefühlvollen Momenten erfährt das Kind, was Vertrauen bedeutet, was Umhüllung vermag. Nämlich mit den Sinnen seine kleine Welt wahrzunehmen durch Tasten, Fühlen, Spüren.

So wird die Zeit des Stillens zu einer ganzheitlichen Förderung der frühkindlichen Entwicklung und zu einem sensiblen Genuss: Weil die Muttermilch all jene feindosierten Nährstoffe enthält, die das Kind wachsen und gedeihen lassen, und weil der Dialog mit dem Kind alle Aufmerksamkeit bündelt, die die Intelligenz und Neugierde auf die Welt weckt. Als Theraline 1993 erstmals ein Stillkissen entwarf, hatten die Inhaber genau diese zauberhaften Augenblicke im Kopf. Sie wollten mit ihrem Kissen eine bequeme Position ermöglichen, Halt und Schutz geben und einen samtweichen, kuscheligen und vor allem schadstofffreien Rahmen schaffen für diese Zweisamkeit. Es ist ihnen gelungen.

Drei markante Kriterien stehen bei der Idee von einem perfekten Stillkissen im Vordergrund: Qualität, Gesundheit und Komfort. Und diese drei Merkmale machen bis heute die Theraline-Stillkissen zum Marktführer in Deutschland und darüber hinaus in Europa: Theraline-Stillkissen sind anschmiegsam und samtweich. Sie sind mit geräuschlosen und vor allem schadstofffreien Mikroperlen gefüllt. Und diese Füllung verspricht ein vollkommen gesundes Stillen. Denn Theraline weiß um die Sorge der Eltern, um die Gefahr der Allergien und hat seit Firmengründung einen Leitsatz formuliert, der das Handeln seither bestimmt, nämlich in aufwendiger Verarbeitung die Mikroperlen von jeglichen schädlichen Ausdünstungen zu befreien. Diese Maxime treibt an, immer weiter zu forschen und zu entwickeln und dem Schutz des Kindes und der Umwelt erste Priorität zu geben.

So wurde bereits 1998 gemeinsam mit dem TÜV Rheinland/Brandenburg das Toxproof-Label erarbeitet, um zu zeigen, dass Stoffe und Füllungen nach strengsten Maßstäben geprüft werden. Damit können Eltern sicher sein: Bezugmaterial, Farben, Mikroperlen und Hohlfaserfüllungen formen sich zu einem Stillkissen, in dem mehr als 15 Jahre Erfahrung stecken. Vielfach ausgezeichnet von TÜV und Ökotest und vielfach gelobt von Designexperten ist das Theraline-Stillkissen die Nummer eins der Branche und durchdacht bis ins kleinste Detail. Und es liegt im Sinne des Erfinders, das liebgewonne Stillkissen über die erste Zeit hinaus zum Schmusekissen, zur Krabbelhilfe, zur Einschlafhilfe zu erklären und Mutter wie Kind an die Zeit des Stillens noch lange zu erinnern.

Seit der Erfolgsgeschichte des Original-Theraline-Stillkissens kreiert Theraline viele weitere Kissen – vom Schlummerkissen bis zum Sitzsack. Und mit diesem Repertoire wird Theraline zu einem Begleiter durch die gesamte Kinderzeit, und zwar zu besten Preisen. Denn man verzichtet auf teure Marketingstrategien, stellt die Qualität, die Forschung, den Preis und sein Engagement für Klima und Umwelt in den Fokus des Denkens. Es gelingt dem Unternehmen gemeinsam mit „ClimatePartner", Teile des CO_2-Emissions-Ausstoßes im Produktionsprozess auszugleichen und ein klimaneutrales Projekt zu realisieren. Sich für ein gesundes Klima einzusetzen, versteht Theraline als internationale Aufgabe. So unterstützt das Unternehmen Klimaschutzprojekte in Indien, um dort Windenergie in ländlichen Teilen zur Stromerzeugung zu nutzen. Denn alle Kinder dieser Erde haben einen Anspruch auf eine glückliche und gesunde Zukunft. Dieser Anspruch ist universell und er ist eng verwoben mit dem Schutz unserer Erde und dem Wohl unserer Mitmenschen und der Gesundheit unserer Kinder. Diese beginnt mit dem Stillen, mit den schönen Momenten zwischen Mutter und Kind, und wird fortgeführt mit jedem weiteren Schritt ins Leben.

ADRESSE | AUSZEICHNUNGEN

THERALINE
Industriepark Nord 56
53567 Buchholz
www.theraline.de

Klimaneutrales Produkt Zertifikat für THERALINE Stillkissen, ClimatePartner, seit 2007
TOXPROOF®-Zertifikat für THERALINE Stillkissen, TÜV Rheinland, 1998
„sehr gut" für THERALINE Stillkissen, ÖKO-TEST, Ausgabe 5/2011
„sehr gut" für THERALINE Stillkissen, Kleinkinder Jahrbuch 2006
„sehr gut" für THERALINE Stillkissen, ÖKO-TEST, Ausgabe 9/2003

THRONFOLGER

Spucktuch, Mullwindel, Sonnenschutz, Kuscheltuch – ohne dieses Utensil würde keine Mutter mit kleinem Kind das Haus verlassen. Dabei handelt es sich hier einfach um ein quadratisches Stück Stoff aus Baumwolle, das alle diese Funktionen und Namen vereint. In der üblichen Standardversion sind die Tücher weiß, mit der Zeit verwaschen und leider wirklich keine Hingucker. Aus diesem Grund nähte Kristin Wegner einst für ihren neugeborenen ersten Sohn eine kleine Krone aus buntem Stoff auf ein solches Tuch und legte damit nichtsahnend den Grundstein für das Label Thronfolger und eine unvermutete Karriere als Geschäftsfrau. Prompt wurde sie auf einem Geburtstag von einer anderen Mutter auf das besondere Babyaccessoire angesprochen mit der Bitte, doch mehr davon zu nähen. Dana Reardon hatte die Idee, diese Unikate an andere Mütter weiterzuverkaufen. Damit bewies sie als erste Kundin von Kristin Wegner den richtigen Riecher, denn die Tücher fanden bei vielen Mamas reißenden Absatz. Eines Nachts bekam Kristin dann eine SMS von Dana mit der Ansage „Ich muss bei Dir mitmachen!". Die beiden Damen krempelten alsdann die Ärmel hoch und ließen nicht locker, bis die Firma im Jahre 2006 als eingetragenes Label unter dem Namen „Thronfolger" aus der Taufe gehoben war. Im nächsten Jahr zogen sie dann in ein frisch-buntes Ladenlokal in Lübeck und bauten nach und nach den Vertrieb des Labels aus. Den bunten Spucktüchern folgten Lätzchen, Kissen, Bodys, Waschlappen und Kapuzenhandtücher, auf denen die kleine Krone nicht fehlen durfte. Aber auch andere „Insignien" finden inzwischen ihren Platz auf den schönen Dingen des Kinderalltags: Kleine Bambis, Schmetterlinge, Piraten oder Leuchttürme verzieren das immer größer werdende Portfolio. Heute kann man die Thronfolgerprodukte online in der ganzen Welt bestellen und bei Händlern europaweit im ausgesuchten und gehobenen Einzelhandel finden. In liebevollen Verpackungen sind die handgefertigten Stücke ein beliebtes Geschenk, und farblich aufeinander abgestimmte Sets lassen jedes Mutterherz vor Freude hüpfen. Ob für Jungen oder Mädchen, es gibt für jeden das richtige Krönchen in den Lieblingsfarben. Über 4.000 Kunden haben sich diese bis heute geleistet, und durch regelmäßige Veröffentlichungen in Zeitschriften, Tageszeitungen und Listungen auf Online-Portalen wird der Kundenkreis jeden Tag größer. Um das Angebotsspektrum zu erweitern, haben die Lübeckerinnen auch Produkte anderer Hersteller in ihren Laden aufgenommen. Jetzt findet man dort und auf der Website wirklich alles, was designbewusste Eltern, die kleinen und großen Geschwister oder stolze Großeltern glücklich machen kann. All diesen Schätzen gemeinsam ist die gute Verarbeitung, die Liebe zum Detail und die Verbindung vom Einfachen mit dem Schönen, sei es Blumentopf oder Bettwäsche, Button oder Bilderrahmen. Um dieser großen Auswahl Herr zu werden, wurde die Thronfolgerfamilie auf insgesamt fünf Mitarbeiter erweitert, welche die Bereiche Design, Vertrieb, Marketing und Buchhaltung vertreten. Die Selfmade-Geschäftsfrauen bauen mit ihrem Firmenkonzept auf Handarbeit – so wird bei Thronfolger wirklich alles selbst gemacht: vom Design bis zur Fertigung der Produkte, von der Texterstellung bis zum Gestalten der Website. Und ihre eigenen Kinder sind die besten Testpersonen und Models für die Fotos. Im Familienurlaub präsentieren sie freudestrahlend am Strand von Mallorca freche Badetücher und Bodys mit Piraten auf dem Po. Inzwischen haben die beiden Gründerinnen insgesamt sechs Kinder, die von Anfang an mit den kleinen Kronen aufwachsen durften. In der Lübecker Manufaktur für Kinderschätze darf aber natürlich jeder Schatzgräber der Krone nachjagen und ein kleiner Thronfolger werden. Ob aus ihnen vielleicht später echte Prinzessinnen oder Prinzen werden, bleibt allerdings noch offen.

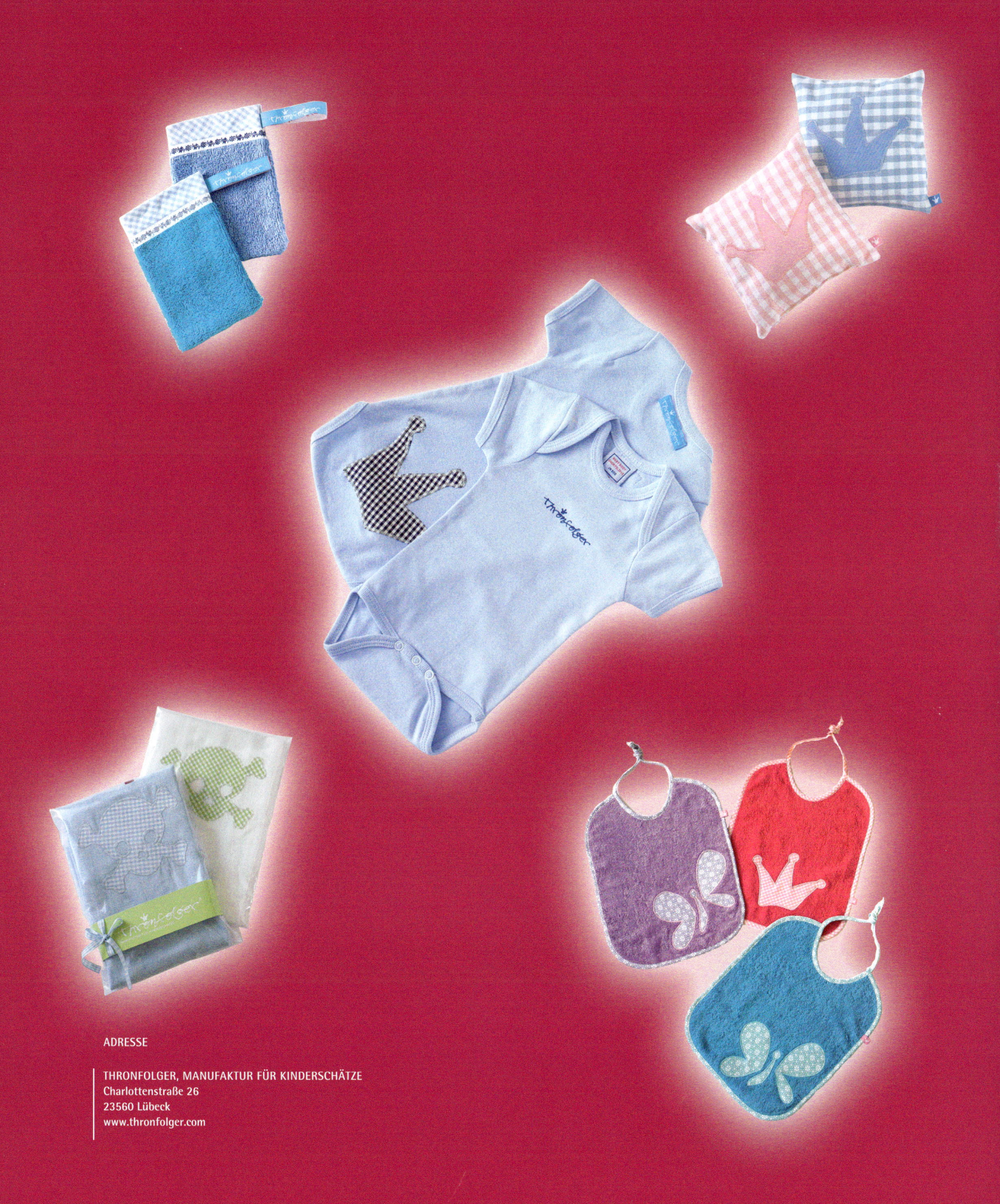

ADRESSE

THRONFOLGER, MANUFAKTUR FÜR KINDERSCHÄTZE
Charlottenstraße 26
23560 Lübeck
www.thronfolger.com

TINTI

Die Welt ist bunt und es gibt unendlich viel zu entdecken. Neben Matsch und großen Pfützen übt kaum etwas eine derart große Anziehung auf Kinder aus wie bunte und knallige Farben. Hauptsache, die kleinen Rabauken können ihrer kreativen Fantasie freien Lauf lassen und sich ordentlich austoben! Dank Tinti, der Marke mit dem lustigen Tintenfisch, können Eltern ihren kleinen Sprösslingen bereits im Badezimmer ein spielerisches und kunterbuntes Farberlebnis bescheren. Denn mit den Spiel-, Bade- und Pflegeprodukten aus dem Hause Tinti wird das heimische Badezimmer auch für wasserscheue Kinder zum quietschbunten Spiel- und Waschplatz.

Das Unternehmen hat früh erkannt, dass sich Kinder besonders wohlfühlen, wenn sie von fröhlichen Farben umgeben sind, denn diese signalisieren Sicherheit und Wärme. Für die Kleinen ist es außerdem faszinierend, Farben zu erkennen und in ihrem Wesen zu begreifen: Was passiert, wenn ich Blau und Gelb mische? Welche Farbe entsteht eigentlich aus Rot und Gelb? Kinder, die mit Badewasserfarben von Tinti baden, kennen die Antworten auf diese Fragen und sind damit ihren Altersgenossen bereits einen wichtigen Entwicklungsschritt voraus. Viele Produkte enthalten zudem Naturfarben. So ist bunter Badespaß garantiert, ohne dass sich Haut oder Badewanne verfärben. Doch die vielfältigen Produkte aus dem Hause Tinti helfen nicht nur bei der Farbwahrnehmung, sie sprechen nahezu alle Sinne an: Unterschiedliche Duftaromen und spannende Effekte, wie beispielsweise das prickelnde Knisterbad, sprechen den Geruchssinn an und fördern die taktilen Fähigkeiten der Kinder.

Das Produktportfolio des Unternehmens enthält zudem zahlreiche Spielideen, die die Kreativität der Kinder fördern, ihre Abenteuerlust wecken und einfach Freude machen: Bei den Quietschetintis, dem Zauberstab für Badewasserfarben, den Wannenpuzzles oder dem Zaubertuch kommt der Spaß im Bad garantiert nicht zu kurz. Zudem erfüllen alle Tinti Produkte höchste Qualitätsanforderungen und sind frei von Konservierungsstoffen. Dermatologische Tests bestätigen ihre sehr gute Hautverträglichkeit. Grundlage des Unternehmenserfolges und der Klassiker schlechthin ist und bleibt die Badewasserfarbe – eine geniale Idee, die das Unternehmen seinem Gründer Prof. Dr. Rainer Wild verdankt. Er gründete 1997 die Heidelberger Naturfarben GmbH & Co. KG mit dem Ziel, Non-Food-Artikel für die Bereiche Kosmetik, Pharmazeutik, Bedarfsgegenstände, Spielwaren und Textilien zu entwickeln. Das erste eigenständige Kinderprodukt, der Kindermalkasten von 1998, wurde im gleichen Jahr von der Branchenleitmesse BioFACH zum Produkt des Jahres gekürt, und auch Öko-Test befand das Produkt für „empfehlenswert". Damit war der erste Meilenstein in der Entwicklung kreativer und innovativer Spielprodukte für Kinder erreicht. Mit der Entwicklung der Marke Tinti folgte kurz danach der Durchbruch: Im September 1999 kamen die ersten Produkte der Marke Tinti in den Handel. Bereits mit der ersten Charge von einer Million Badewasserfarbtabletten konnte Erfolgsgeschichte geschrieben werden und die komplette Produktionsmenge wurde innerhalb kurzer Zeit verkauft. Mit dem Öko-Test Urteil „sehr gut" für die Badewasserfarben im Februar 2002 stieg der Umsatz rasant an. Heute verkauft die Tinti GmbH & Co. KG etwa 30 Millionen Badewasserfarbtabletten pro Jahr und ist der führende Hersteller bunter Badespaß- und Spielprodukte für Kinder in Europa. Seit 2010 firmiert das Unternehmen unter dem Namen Tinti GmbH & Co. KG. Das Unternehmen gehört zur Dr. Rainer Wild Holding und steht seit 2006 unter der Leitung des Geschäftsführers Christoph Langen. Mit insgesamt 50 Mitarbeitern entwickelt der Innovations- und Marktführer in Heidelberg kontinuierlich neue Spiel- und Badeprodukte, die kleine und große Wasserratten begeistern. Wir sind gespannt, was die Zukunft bringt, und sagen: Danke, Tinti!

ADRESSE | AUSZEICHNUNGEN

TINTI GMBH & CO. KG
Mittelgewannweg 10
69123 Heidelberg
www.tinti.eu

Sehr gut hautverträglich für alle Kosmetika, Zertifikat der dermatest® Medical Research Company
BDIH–Standard (kontrollierte Natur-Kosmetik) Zertifikat der International Organic and Natural Cosmetics Corporation
für Tinti Knister Pflegebad
„Sehr gut" für Tinti Badewasserfarben, Ökotest (Ausgabe 2/2002)

TOGGO & TOGGOLINO

Kinder lieben Fernsehen. Kaum etwas übt auf sie eine größere Faszination aus, prägt ihre Lebenswelt nachhaltiger und schafft mehr Gesprächsstoff unter Gleichaltrigen. Mädchen und Jungen gefallen häufig die gleichen Sendungen, sie tauschen sich darüber aus oder sammeln Merchandising-Produkte. Verantwortungsvolle Eltern haben dabei stets ein wachsames Auge auf den Medienkonsum ihres Nachwuchses – die Kleinen sollen weder zu viel Fernsehen noch das falsche Programm sehen. SUPER RTL möchte beiden Seiten gerecht werden: Schon seit rund 16 Jahren setzt der Kölner Familiensender ganz auf die Wünsche und Bedürfnisse von Kindern und Ansprüche der Eltern. Um die unterschiedlichen Kinderzielgruppen optimal bedienen zu können, entstanden die Marken TOGGO und TOGGOLINO. Unter TOGGO wird das Unterhaltungsprogramm für Kinder von 6 bis 13 Jahren zusammengefasst. TOGGO bietet Kindern Spaß und zeigt ihre Lieblingssendungen wie beispielsweise die Fünf Freunde. Hier dreht sich alles nur um Spaß und es gibt viele Aktionen zum Mitmachen. Für die Kleinen im Alter von 3 bis 6 Jahren wird das Programm unter der Marke TOGGOLINO gebündelt. Täglich zwischen 6.00 und 10.45 Uhr laufen hier sorgfältig ausgewählte Sendungen und Serien mit den Lieblingsstars der Kinder, darunter Bob der Baumeister, Chuggington oder Caillou. Zwischen den Formaten tritt der Hauptcharakter der Marke, das Stierkälbchen Toggolino, mit seinen Freunden Florina, Carlito und Monti in Form von TV-Kurzepisoden und Fragespielen mit den Kindern in Kontakt. Nützlich für Eltern: Zur Orientierung wird hier nicht nur das SUPER RTL-Logo, sondern auch durchgehend das TOGGOLINO-Kälbchen eingeblendet. Somit ist durchweg erkennbar, dass es sich hierbei um einen Schutzraum für Kinder handelt, in dem sie sich sicher bewegen können und mit positiven Inhalten beim Aufwachsen begleitet werden. Mit TOGGO und TOGGOLINO hat SUPER RTL die heute erfolgreichsten Kinderunterhaltungsmarken in Deutschland etabliert. Beide funktionieren crossmedial auf vielen Plattformen auch außerhalb des Fernsehens. So gibt es im Internet unter www.toggo.de die meistbesuchte Website für Kinder mit vielen lustigen Spielen sowie den TOGGO CleverClub und den TOGGOLINO-Club, die als kostenpflichtige Clubsites hochwertige pädagogische Angebote bereitstellen – kindgerecht, passwortgeschützt und werbefrei. Zudem wurden mit verschiedenen Lizenzpartnern auch TOGGO und TOGGOLINO Produkte im Handel platziert. Hierzu zählen beispielsweise Bücher, Musik-CDs, Kekse und Eis. Aber auch in Eventform treten die beiden Marken auf der TOGGO Tour auf. Somit sind TOGGO und TOGGOLINO zu Gesamtmarken für hochwertige Kinderunterhaltung geworden. Etwa mit der regelmäßigen Weihnachtsaktion „Kinder helfen Kindern", bei der die kleinen Zuschauer Spielzeug für Bedürftige spenden können, die SUPER RTL dann weiterleitet und mit einer zusätzlichen Spende aufstockt.

Hinter dieser Erfolgsgeschichte steht SUPER RTL, seit 13 Jahren unangefochtener Marktführer im deutschen Kinderfernsehen. Der Kölner Sender, je zur Hälfte von den Gesellschaftern RTL Group und The Walt Disney Company gehalten, ist dabei nicht nur für junge Zuschauer attraktiv: Er bietet ein Programm für die ganze Familie – vom kindertauglichen Spielfilm bis zu Comedy-Formaten in der Primetime ab 20.15 Uhr. Als Kinder- und Familiensender ist sich SUPER RTL einer besonderen gesellschaftlichen Verantwortung bewusst und engagiert sich bei gemeinnützigen Initiativen wie beispielsweise der Plattform Ernährung und Bewegung, Media Smart e.V., fragFINN e.V. und anderen. Denn wer viel Einfluss hat, hat auch viel Verantwortung. Das wissen Eltern – und das weiß auch SUPER RTL.

ADRESSE | AUSZEICHNUNGEN

SUPER RTL
RTL DISNEY FERNSEHEN GMBH & CO. KG
Picassoplatz 1
50679 Köln
www.superrtl.de
www.toggolino.de
www.toggo.de

TOGGOLINO:
„Eyes and Ears of Europe Trailerfestival 2011", Kategorie: Promotion-Spot, Kinder & Familie für TOGGOLINO Imagespot, 2011

TOGGO:
„Eyes and Ears Awards", Kategorie: Bester Social Spot für Weihnachtskampagne „Kinder helfen Kindern" 2008, 2009
„Eyes and Ears Awards", Kategorie: Beste integrierte Eventgestaltung & -promotion für TOGGO SpaßTag 2006, 2007

TRIPP TRAPP®

STOKKE®

Nähe und Geborgenheit – davon lebt die Eltern-Kind-Beziehung besonders im ersten Lebensjahr. Denn es gibt nichts, was für die kindliche Entwicklung in dieser Phase wichtiger sein könnte als die liebevolle Zuwendung der Eltern. Umso schöner ist es, wenn sich frischgebackene Mütter und Väter auf qualitativ hochwertige und sichere Produkte verlassen können, die auf der Grundlage dieser Maxime entwickelt wurden. Produkte, die ganz gezielt die intensive Bindung zwischen den Eltern und ihrem Nachwuchs stärken und darüber hinaus auch noch langlebig und intelligent designt sind. Genau dieser Aufgabe widmet sich das norwegische Unternehmen Stokke AS seit über 40 Jahren.

Die Entwicklung des 1932 von Georg Stokke and Bjarne Møller in Ålesund gegründeten Unternehmens vom Möbelhersteller zum Spezialisten für mitwachsende Kindermöbel fand ihren Ursprung im Jahr 1972. In diesem Jahr beobachtete der Designer Peter Opsvik seinen Sohn Tor beim gemeinsamen Essen. Aus seinem Hochstuhl war Tor herausgewachsen, aber immer noch viel zu klein, um auf einem „normalen" Stuhl gemütlich mit den anderen Familienmitgliedern am Tisch zu sitzen. Also machte sich der Designer daran, eine angemessene Lösung für dieses Problem zu finden, also einen Stuhl, „auf dem Menschen jeder Größe auf natürliche Art am gleichen Tisch sitzen" können. Aus diesen Überlegungen heraus entstand der fast schon legendäre Tripp Trapp® Hochstuhl, der zur damaligen Zeit die Vorstellungen von kindgerechten Sitzgelegenheiten revolutionierte und auch heute noch – 40 Jahre später – mit über 7 Mio. weltweit verkauften Exemplaren den Standard definiert. Im Gegensatz zu herkömmlichen Hochstühlen verfügte der aus nachhaltigen Materialien hergestellte Tripp Trapp® Stuhl erstmals über eine Sitz- und eine Fußplatte, die unabhängig voneinander an die Größe des Kindes angepasst werden konnten. Auf diese Art und Weise wuchs der Stuhl nicht nur mit, sondern das Kind saß jederzeit komfortabel und ergonomisch einwandfrei.

Viel hat sich seit 1972 verändert: Heute leitet Tomas Settvik das Unternehmen, das zwischen 2004 und 2009 umstrukturiert wurde und sich seit 2006 ausschließlich auf Kindermöbel und Kleinkindausstattung konzentriert. Das Portfolio von Stokke AS umfasst heute neben dem Tripp Trapp® Stuhl Lösungen für die Bereiche Kinderwagen und Kinderzimmer, darunter der Kinderwagen Stokke® Xplory® und das Bettsystem Stokke® Sleepi™, die beide 2004 den red dot design award erhielten. Der Tripp Trapp® Stuhl selbst ist seit 1972 nahezu unverändert und somit der Vorreiter aller Treppenhochstühle – der absolute Designklassiker. So ist er mittlerweile in zwölf verschiedenen Farblackierungen erhältlich – von den Klassikern in Natur oder Kirsche bis hin zum modernen Brombeer. Seit Frühjahr 2011 ist der Tripp Trapp® Stuhl nun auch in einer Exclusive Collection in amerikanischem Walnuss und europäischer Eiche erhältlich und lässt sich somit stilvoll in jedes Ambiente integrieren.

Das jüngst entwickelte Tripp Trapp® Newborn Set™ ist eine speziell für Neugeborene konzipierte Innovation, die es Eltern ab dem ersten Lebenstag erlaubt, ihr Baby an gemeinsamen Mahlzeiten und anderen Familienaktivitäten, die am Tisch stattfinden, teilhaben zu lassen. Ganz selbstverständlich wird damit soziales Verhalten in der Gruppe erlernt, das Zusammengehörigkeitsgefühl gestärkt und die Sprachkompetenz verbessert. Doch Stokke legt nicht nur Wert auf intelligentes Design, Ergonomie und Sicherheit der Qualitätsprodukte – auch Langlebigkeit und Nachhaltigkeit zählen zu den Grundwerten des Unternehmens. Erklärtes Ziel von Stokke ist es, Produkte zu entwickeln, die ein Leben lang mitwachsen. Neben dem zeitlosen Design, das modische Trends überdauert, verwendet Stokke haltbare und robuste Materialien, die gleichzeitig umweltfreundlich und ökologisch nachhaltig sind. Von der Entwicklung über die Produktion bis hin zum Vertrieb werden die CO_2-Emissionen so gering wie möglich gehalten. Damit unser Planet auch für zukünftige Generationen erhalten wird und noch viele Kinder und Erwachsene in den Genuss von Möbeln kommen, die für Nähe und Geborgenheit auf gleicher Augenhöhe sorgen.

ADRESSE | AUSZEICHNUNGEN

STOKKE GMBH
Burghaldenstraße 2
71065 Sindelfingen
www.stokke.com

„Gut (1,6)" für Tripp Trapp®, Stiftung Warentest (Ausgabe 8/2007)

TRUDI

Die Lust am Spiel begegnet uns in allen Kulturen und in den unterschiedlichsten Formen – im Theater, in der Kunst, im Zirkus. Spielen ist Fantasie, Freiraum und Neugierde zugleich, Entdeckung, Entwicklung und Ausdruck innerer Kreativität. Wenn Kinder spielen, tauchen sie tief ein in die Welt ihrer eigenen Fantasie - das richtige Spielzeug fördert und unterstützt Kinder darin, ihren Spieltrieb immer weiter zu entwickeln, lässt Freiräume und setzt doch die richtigen Anreize, denn Spielen ist nicht gleich Spielen.

Diese Philosophie steht seit jeher im Mittelpunkt jeden Handelns der Trudi GmbH. Die hochwertigen Trudi-Plüschwelten vereinen den Sinn des Spielens mit den wohligangenehmen Eigenschaften des Plüschs. Kinder aller Altersgruppen erleben hier eine ganz besondere Art der Interaktion, denn die Weichheit des Plüschs, die Fröhlichkeit der Charaktere und die hochwertige Verarbeitung laden zum fantasievollen Spielen ein – übrigens nicht nur Kinder, auch die Eltern können sich dem Charme der Figuren schwer entziehen. Die Palette der Trudi-Welten hält mit der Kollektion Trudy Baby Kuscheliges für die Kleinsten bereit, die Figuren der Serien Trudi Classic oder Trudi Tender werden von älteren Kindern liebkost und die kunterbunte Sammelserie von Trudi Collectable spricht jede Altersstufe an.

Alle Kollektionen des italienischen Marktführers für Spielwaren aus Plüsch und Holz sind perfekt auf die Bedürfnisse der Altersgruppen zugeschnitten. So wurden z. B. die Trudi-Baby-Charaktere als weiche Plüschtiere für die Allerkleinsten konzipiert, denn gerade in den ersten Lebensmonaten sind Berührungen für die neuen Erdenbürger von größter Bedeutung. Trudi Baby regt die Sinneswahrnehmungen durch Lernspiele an und unterstützt und begleitet damit die Entwicklung. Die Produkte sind zugleich nützliches wie didaktisch wertvolles Zubehör bei der Einnahme der Mahlzeiten oder sie verschönern die Kinderzimmer dieser Welt. Die kompetenten und kreativen Ideen reichen dabei vom „Guten Appetit"-Set mit Tellern und Trinkbechern über wunderschöne Handpuppen und Mobiles bis hin zu Rasseln und Spieluhren in allen erdenklichen Tier-Varianten. Ein echtes Highlight und verlässliches Kinderspielzeug sind auch die Trudi Rocking Animals: Die Schaukel-Tiere überzeugen Eltern rund um den Erdball durch die Verwendung hochwertiger Rohmaterialien sowie ein Höchstmaß an mechanischer Belastbarkeit.

Wie jedes Produkt aus dem Hause Trudi unterliegen auch sie umfassenden Sicherheitsstandards, denn das Unternehmen hat die Berücksichtigung strengster Richtlinien veranlasst, obwohl sie für diesen spezifischen Sektor nicht zwingend vorgesehen sind. Alle Produkte werden gründlichen Kontrollen unterzogen und müssen penible Sicherheitstests bestehen, bevor sie in die Spielzeugläden und damit in Kinderhände kommen. Denn der eigene hohe Anspruch an Qualität und Sicherheit ist seit Gründung des Unternehmens im Jahr 1954 Fundament des Erfolgs.

Nach den Anfangsjahren, in denen die liebenswerten Plüschtiere per Hand genäht wurden, folgten Jahre des Wachstums und der ersten internationalen Markterfolge. Die hohe Qualität der Rohstoffe und ihre sorgfältigste Verarbeitung waren dabei stets tragende Leitgedanken der Firmenphilosophie, die Nachhaltigkeit und Wachstum in Einklang bringt. Und das italienische Design mit seiner Liebe zum Detail, das dem Spielen mit allen Sinnen einen neuen Charakter verleiht, ist bis heute ein unverwechselbares Markenkennzeichen aller Trudi-Produkte. Damit setzt das Unternehmen Trudi konsequent fort, was von Beginn an sein Credo war: Kinder altersgerecht zu fördern und ihren Spieltrieb zu wecken. Die Produkte werden diesem Ziel stets gerecht und kommen wohltuend anders daher als heutzutage viele vermeintlich kindgerechte Angebote - blinkende Lärmquellen, die ihr batteriebetriebenes Eigenleben führen, haben keinen Zugang zum Trudi-Sortiment. Spielzeug, das so hohen Ansprüchen genügt, gibt man gern in die Hände des eigenen Nachwuchses. Spielen ist eben nicht gleich Spielen.

ADRESSE

TRUDI GMBH
Jakobinenstraße 14
90762 Fürth
www.trudi.de

WALLABOO

Eltern geben sich vor der Geburt ihres Kindes besonders viel Mühe, das neue Zuhause des Babys so kuschelig und fantasievoll wie möglich einzurichten. Das Problem dabei: Viele Babysachen sind zwar überaus praktisch, dafür aber nicht unbedingt schön anzusehen. Das muss nicht sein, dachten sich die Gründerinnen des niederländischen Unternehmens Wallaboo und machten sich im März 2006 kurzerhand selbst ans Werk. Ihr Ziel war es, innovative Kinderprodukte zu entwerfen, deren Grundlage Form, Material, Sicherheit und Bequemlichkeit sind. Gewappnet mit Nadel, Faden, einer alten Wildlederjacke und einer ordentlichen Portion guten Geschmacks und kreativer Leidenschaft legten sie los. Das erste Ergebnis ihrer Arbeit war ein wunderschöner und zugleich funktioneller Fußsack, der auch heute noch als Vorbild für die zahlreichen Wallaboo-Produkte dient.

Mit seinen Gute-Laune-Farben strahlt er nicht nur die typisch kindliche Lebensfreude aus, sondern bietet gleichzeitig ein Plätzchen, in dem sich Babys und Kleinkinder wohl- und geborgen fühlen können. Dafür sorgt neben der warmen und robusten Außenseite aus Mikrofaser und Veloursleder vor allem das weiche Schaffellimitat im Innern des Sacks. Da sich die Wallaboo-Fußsäcke zu einem Verkaufsschlager entwickelten, erweiterte das Unternehmen die Produktpalette schon bald um Kuscheldecken und Wickeltaschen. Doch damit nicht genug: Im Laufe der Jahre brachte Wallaboo immer neue, überraschende und vor allem benutzerfreundliche Produkte für unterwegs auf den Markt.

Ein gutes Beispiel für die beeindruckende kreative Vielfalt der Niederländerinnen ist der multifunktionale Babyoverall. Dabei lässt sich die Jacke mit Druckknöpfen am warmen Schlafsack befestigen. Dieser wiederum kann mit Knöpfen schnell und einfach zur Hose umfunktioniert werden. Aber auch alltägliche Dinge wie Babytragetücher und -schuhe, Autositzbezüge sowie Kuscheltiere, Spucktücher und Mützchen aus 100 Prozent ultraleichter Baumwolle gehören zum Produktportfolio von Wallaboo. Das Team um Geschäftsführerin Josè Kok verlor dabei jedoch nie das Zusammenspiel von Schönheit und praktischer Nutzung aus den Augen: „Einfach schön, schön einfach!" lautet bis heute das Motto, nach dem Wallaboo-Produkte entworfen und hergestellt werden.

Wie sehr sich die Firma um das Wohl der Kinder sorgt, zeigt sich bereits am Namen Wallaboo, der auf das Wallaby, ein kleines australisches Känguru, zurückgeht. Das Wallaby-Baby sitzt warm, beschützt und herrlich bequem im Beutel seiner Mutter. Dieses Bild nutzt man auch bei der Entwicklung neuer Produkte. Auf überflüssige Klein- und Metallteile wird komplett verzichtet, so dass die Artikel bereits für die Jüngsten geeignet sind. Druckknöpfe und Klettverschlüsse sind so verarbeitet, dass sie weder drücken noch kratzen, und auch bei der Auswahl der Reißverschlüsse wird auf hochwertige Qualität geachtet. Zudem sind die Taschen, Decken und Schlafsäcke besonders pflegeleicht und können problemlos bei 30 Grad in der Waschmaschine gereinigt werden.

Da macht das innovative und vor allem gut durchdachte Design nicht nur den Kindern, sondern auch den Eltern viel Spaß. Produkte von Müttern für Mütter, mit dieser Strategie feiert das sympathische Label nicht nur in den Niederlanden großen Erfolg. Mittlerweile werden Wallaboo-Produkte in mehr als 600 Geschäften in 16 Ländern auf drei Kontinenten verkauft. Über das Netzwerk internationaler Vertriebsorganisationen kommen Woche für Woche neue Verkaufsstellen hinzu. Für den Vertrieb in Deutschland, Österreich und der Schweiz ist hauptsächlich die Schallstädter pamper24 GmbH zuständig. Um den stetig wachsenden Kundenansprüchen auch in Zukunft gerecht werden zu können, arbeitet Wallaboo jeden Tag an neuen Designs für kindgerechte Produkte. Designs, die das Leben der Eltern ein wenig leichter und stylisher machen. Und vor allem Designs, die jedem Baby eine warme und weiche Umgebung bieten. Designs, in denen sich der Nachwuchs geliebt und versorgt fühlt – eben genauso wie ein Känguru-Junges im Beutel seiner Mutter.

ADRESSEN

PAMPER 24 GMBH & CO. KG
Gewerbestraße 33
79227 Schallstadt
www.pamper24.de

WALLABOO BV
Hof ter Weijdeweg 11
NL-3451 ST Vleute
www.wallaboo.nl

WEEGO BABYTRAGESACK

Blicke über den Tellerrand lohnen sich immer. Als sich die Amerikaner Ann und Mike Moore als ehrenamtliche Entwicklungshelfer in den 60er-Jahren längere Zeit in Afrika aufhielten, machten sie eine erstaunliche Beobachtung: Afrikanische Babys, die auf dem Rücken ihrer Mütter getragen wurden, waren fast immer zufrieden und schrien nur sehr selten. Als die Moores einige Jahre später ihr erstes eigenes Kind bekamen, erinnerten sie sich an die zufriedenen Babys in Afrika. Sie entwickelten einen Tragesack, mit dem sie ihr Baby ebenso nah und bequem bei sich haben konnten, wie sie dies bei den afrikanischen Müttern erlebt hatten. Wo immer sich die Moores mit diesem Babytragesack zeigten, riefen sie begeisterte Reaktionen hervor. Und was eigentlich zunächst nur für die Familie und Freunde geplant war, wurde der Vorgänger des Weego Babytragesacks – der erste Babytragesack überhaupt.

Die Moores sind inzwischen Großeltern und um viele Erfahrungen reicher, die sie in die Weiterentwicklung ihrer Erfindung eingebracht haben. Und die Forschung weiß inzwischen, warum Babys es so lieben, getragen zu werden. Schließlich zählt zu den jedes Baby prägenden Erfahrungen die Zeit im Mutterleib. Hier sind sie warm und geborgen, spüren in jeder Sekunde die Nähe zur Mutter. Bewegungen, Herzschlag und Stimme von Mama sind allgegenwärtig und beruhigend. Darum hat das Baby nach der Geburt ein großes Bedürfnis nach dieser Nähe und sehnt sich nach Körperkontakt zu den ihm vertrauten Menschen. Wissenschaftliche Studien belegen, dass regelmäßiges Tragen Kinder zufriedener macht und sie dadurch weniger schreien. Außerdem festigt es die Eltern-Kind-Beziehung, fördert die Bildung der Persönlichkeit und des Selbstbewusstseins des Kindes und unterstützt sogar die Ausbildung der motorischen und sprachlichen Fähigkeiten.

Heutige Weego Babytragesäcke ermöglichen dieses enge Miteinander. Sie geben Kindern von 0 bis 24 Monaten den Raum, die Welt zu entdecken, und lassen Eltern freie Hand, sich nebenbei praktischen Dingen zu widmen. Dabei können die Erwachsenen wählen, ob sie das Kind auf dem Rücken oder vor dem Bauch tragen wollen. Gleichzeitig erfüllt der Weego alle orthopädischen und pädiatrischen Anforderungen, dank eines speziellen 2-Beutel-Systems. So sorgt er dafür, dass das Baby immer in der korrekten Spreiz-Anhockstellung – gemeinhin als „Froschposition" bezeichnet – sitzt. Der Außenbeutel schützt das Baby und gibt seinem Kopf einen festen Halt. Darüber hinaus gewährleisten vielfältige Verstellmöglichkeiten, dass der Weego mit seinem kleinen Passagier mitwächst.

Neben dem regulären Babytragesack bietet Weego auch zwei Spezialmodelle an. So ist der Weego TWIN der erste Tragesack für Zwillinge. Er ist vor allem für die ersten Monate gedacht und ermöglicht es, beide Kinder gleichzeitig vor dem Bauch zu tragen. Dadurch können die Eltern ihren zwei Sprösslingen nicht nur viel Nähe und Körperkontakt geben, sondern gleichzeitig auch viele Alltagssituationen deutlich einfacher bewältigen, ohne dass sie zum Beispiel ständig einen großen Zwillingskinderwagen mitnehmen müssen. Der TWIN kann vom Tag der Geburt der Kinder an verwendet werden, und zwar bereits ab einem Gewicht von rund 1.600 Gramm. Je nach Größe und Gewicht der Zwillinge ist sein Einsatz bis zu einem Alter von etwa 5 bis 6 Monaten möglich. Außerdem bietet Weego auch einen speziellen Frühgeborenentragesack an, den Weego PREEMIE. Auch er kann ab 1.600 Gramm Gewicht benutzt werden und erlaubt den besonders nähebedürftigen Frühchen, dank Fertigung aus besonders leichtem Seersucker-Stoff, viel Körperkontakt und Wärme zu erleben. Der PREEMIE findet bereits auf Frühchenstationen in vielen Universitätskliniken und Krankenhäusern Verwendung, wo er sowohl vom Pflegepersonal als auch von den Frühcheneltern eingesetzt wird. Sein Innenbeutel ist speziell konstruiert, um besonders kleine Körper sicher und dennoch sanft zu halten. Viele Möglichkeiten bieten die Weego Babytragesäcke – nicht zuletzt die einer wertvollen Hilfe im Alltag für alle Eltern.

ADRESSE

WEEGO BABYTRAGESÄCKE STEFANIE HOLLERBACH
Dubrowstraße 29
14129 Berlin
www.weego.de

WILESCO

Im Prinzip ist es ganz einfach: Feuer und Wasser, ein Kessel, ein Zylinder mit Kolben, ein Schwungrad. Fertig ist die Dampfmaschine. Fertig ist eine Maschine, die die Welt verändert hat und für die Industrialisierung, den Fortschritt und unseren heutigen Wohlstand maßgeblich verantwortlich ist. Die Idee, aus Wärme mechanische Energie zu gewinnen, mit der man Werkzeuge, Generatoren oder sogar Fahrzeuge betreiben kann, war seinerzeit revolutionär. Damit sind große Dampfmaschinen zu Wegbereitern vieler weiterer Erfindungen geworden – und kleine Dampfmaschinen zu absoluten Klassikern im Spielzeugbereich.
Mit der Dampfmaschine im Miniaturformat ist seit jeher ein Name verbunden: Wilesco. Die Metallwarenfabrik Wilhelm Schröder GmbH & Co. KG mit Sitz in Lüdenscheid gibt es schon seit 1912. Ursprünglich als Kokillengießerei gegründet, erwarb sich das Unternehmen in den nächsten Jahrzehnten weitreichende Kompetenzen im Druckgussbereich, schon damals auf dem Spielzeugsektor. So produzierte man etwa vielfältige Puppenbestecke und -töpfchen, die vor allem in die USA exportiert wurden. Im Jahr 1950 wurde dann mit der Herstellung von Spielzeug-Dampfmaschinen begonnen, die aufgrund ihrer Qualität und Detailtreue schnell einen festen Marktanteil gewannen. Ihre Funktion und ihr Aufbau sind bis heute im Prinzip gleich: Ein kleiner Wasserkessel wird mit einem Trockenbrennstoff beheizt. Der entstehende Dampf wird durch eine Leitung zu einem Aggregat geführt, wo er in einem Zylinder einen Kolben hin und her bewegt. Über ein System von Antriebsriemen können so verschiedene kleine Werkzeuge wie etwa Bohrer und Sägen, aber auch ein Dynamo zum Betrieb einer Lampe angeschlossen werden. Damit bietet Wilesco heute das einzige serienmäßige und voll funktionsfähige Dampfmaschinenmodell auf dem Markt. Daneben ergänzt die schon 1966 entwickelte voll funktionsfähige Dampfwalze „Old Smoky" das Sortiment, 1987 kam ein dampfbetriebenes Feuerwehrauto nach einem Originalvorbild von Magirus dazu.

Traditionell waren es meist Jungen und Männer, die mit den Dampfmaschinen aus Lüdenscheid für Betriebsamkeit in deutschen Haushalten sorgten. Heute sind auch viele Mädchen an der filigranen und lehrreichen Technik interessiert. Als Zielgruppe gibt Wilesco die Altersklassen von 9 bis 99 Jahren an – und setzt damit zu Recht voraus, dass die Faszination für Dampfmaschinen ab einem gewissen Alter jeden packen kann. Damit die großen und kleinen Maschinenbauer völlig beruhigt sein können, werden alle Dampfmaschinen vor dem Versand auf Herz und Nieren geprüft. Eine Fachkraft testet Dichtigkeit und Funktion jedes Teils. Daher kann Wilesco seine Maschinen mit dem GS-Zeichen für „Geprüfte Sicherheit" des TÜV Nord auszeichnen. Außerdem verfügt jeder Kessel über ein Sicherheitsventil, das bei einem entstehenden Überdruck für Ausgleich sorgt. So bieten die kleinen Technikwunder eine ideale Gelegenheit, physikalische Grundgesetze und maschinelle Prinzipien am bewegten Objekt zu verstehen und nachzubilden. Natürlich gibt es die Dampfmaschinen nicht nur als fertige Spielzeuge, sondern auch als Bausatz zu kaufen – für noch tiefere Einblicke in die Materie. Inzwischen gibt es im Wilesco-Katalog sogar ein dampfbetriebenes Schiff: Der 70 Zentimeter lange Holznachbau der berühmten „African Queen" ist nicht nur schwimm- und funktionsfähig, sondern verfügt außerdem stilecht über einen rauchenden Kamin.
Heute sind am Standort Lüdenscheid 50 Mitarbeiter tätig. Sie vertreiben ein umfangreiches Produktportfolio rund um Dampfmaschinen und Zubehör, aber auch verschiedenes Blechspielzeug, vor allem in Deutschland, den USA, England und Australien. Neben dem festen Bekenntnis zum Standort bleibt das Unternehmen auch fest in Familienhand. Eine Übergabe der Verantwortung von der dritten zur vierten Generation der Familie Schröder steht in näherer Zukunft an. So wird gewährleistet, dass es auch bei den kommenden Generationen technikinteressierter Familien in den Wohn- oder Hobbyzimmern wieder heißen kann: mit Volldampf voraus!

ADRESSE

WILHELM SCHRÖDER GMBH & CO. KG, METALLWARENFABRIK
Schützenstraße 12
58511 Lüdenscheid
www.wilesco.de

WIN GREEN

WIN GREEN Win Green feiert Geburtstag. Zehn Jahre steht der Name für Zelte, Kuschelkissen, Decken, für außergewöhnliche Dekorationen im Kinderzimmer. 2001 wurde sie geboren, die Idee von der Produktion detailverliebter Kinderzelte und Krabbeldecken, und sie wurde schnell verwirklicht. Den Grundstein dazu legte ein Treffen des Londoner Unternehmens mit der Firma Vividha in Indien. Auf einem Stoffmarkt trafen sich die beiden Partner. Bereits in diesem ersten Gespräch wurde klar, dass die Vorstellung von Qualität und Design die gleichen waren, und die Zusammenarbeit begann noch an diesem Tage. Mittlerweile hat sie sich verfestigt und verfeinert und das Unternehmen im Premiumsegment für Spielhäuser zum Marktführer gemacht. Diese Harmonie ist spürbar an jedem einzelnen Produkt der Win-Green-Kollektion. Win Green bringt Farbe, Fantasie und Träume in die Kinderzimmer der Jungen und Mädchen, weckt die Lust auf Abenteuer und gibt den Kindern mit seinen Zelten und Spielhäusern Raum, sich eine eigene kleine Welt zu schaffen. Genau aus dieser Intention heraus entwickelte Win Green sein erstes Spielhaus und erweitert seither das Repertoire stetig. Ob Feuerwehr, Bauernhof oder Werkstatt, die Zelte spiegeln die Themen der Kinder wider. Viele besondere Details, liebevoll entworfen und immer handgenäht, lassen die Zelte schimmern und die Kinderaugen strahlen. Kinder ab drei wollen sich verstecken und sich reinkuscheln in Zelte und Kissen. Sie wollen sich schützen vor den Reizen von außen und eintauchen in ihr inspirierendes Spiel aus Abenteuerlust und Entdeckungsreise. Psychologen werden nicht müde zu betonen, wie wichtig diese Phasen des Rückzugs sind für die kindliche Entwicklung: Das Vertrauen in die eigenen Fähigkeiten wächst. Das Kind darf seine Rolle wählen, ändern, entwerfen nach Stimmung und Lust. Das macht die Kinder stark und kreativ zugleich. Diese Spiele liebt das Kind, oftmals bis zum 10. Lebensjahr, und die Produkte von Win Green fördern diese wichtigen Schritte mit Details, aufwendiger Verarbeitung und vielen Accessoires. In London entworfen und in Indien hergestellt, setzen die Produkte Standards in der Branche. Denn die Stoffe sind immer handgewebt und schadstofffrei. Nach traditioneller Manier werden sie gebleicht und gefärbt. Viele Arbeitsschritte sind nötig, bis die Baumwolle den Schimmer, den Glanz und die Farbintensität erhält, die für die Win-Green-Produkte typisch sind. Typisch sind ebenso die immer wieder überraschenden Details, wovon jedes von ausgebildeten Näherinnen mit der Hand befestigt wird. So wird jedes Produkt einzigartig. Dafür arbeiten die Designer in London und die mehr als 250 Näherinnen in den ländlichen Gebieten von Andhra Pradesh. Die Ausbildung der Frauen wird in enger Zusammenarbeit mit der District Rural Development Agency durchgeführt und sie verbessert die Rolle der Frau in den ländlichen Gebieten Indiens erheblich. Waren die Frauen bislang abhängig vom Verdienst der Männer, so können sie nun mit ihrer Tätigkeit das Leben selbstbestimmt und unabhängig gestalten. Das ändert die gesellschaftlichen Bedingungen und ist ein wertvoller Beitrag für das Wachsen der Region, für die wirtschaftliche und vor allem für die persönliche Entwicklung einer jeden Frau, die berufstätig ist. Win Green übernimmt mit der Schulung der Frauen, mit der engen Begleitung durch den Arbeitstag und mit Weiterbildungen eine soziale Verantwortung. Mehr noch: Das Unternehmen richtet eine Kinderkrippe nahe des Arbeitsplatzes ein, um die Work-Life-Balance zu fördern und um auch in Zukunft Arbeit und Familie als Lebensentwurf zu verwirklichen. So steht hinter jedem Spielhaus, hinter jedem Kuschelkissen, hinter jedem einzelnen Produkt von Win Green eine ganzheitliche Philosophie, nämlich mit viel Liebe zum Detail, mit Know-how und Fantasie den Kindern eine Welt zu eröffnen, in der das Spiel und die Entwicklung der Persönlichkeit Raum finden, in der Träume wahr werden können.

ADRESSE

HASELBACH SPIELWAREN AGENTUR
Haßlinghauser Straße 156
58285 Gevelsberg
www.haselbach-spielwaren.de

WISHBONE

Die perfekten Designer für Kinderprodukte sind natürlich Eltern. Sie wissen genau, was Kinder brauchen, schließlich sind sie mittendrin im familiären „Tagesgeschäft". Noch besser wird es, wenn sie es schaffen, mit ihren Produkten an ihre eigene Vergangenheit anzuknüpfen. Denn früher war vielleicht nicht alles besser – aber doch so einiges. Nehmen wir Jennifer McIver und Richard Latham, die Gründer von Wishbone Design. Ihre eigene Kindheit erlebten sie in einer ländlichen Kleinstadt in Neuseeland. Das Gras war hoch, die Luft sauber und Kinder wurden nicht ständig von Erwachsenen kontrolliert. Sie rannten den ganzen Tag, wohin sie wollten, radelten bis in die Dunkelheit herum und fielen dann mit einem Lächeln im Gesicht ins Bett. Dieses Gefühl von unbeschwerter Freiheit in der Natur wollten die beiden erhalten und vermitteln. Nicht nur ihren eigenen drei Sprösslingen.

Das Wishbone Bike ist Ausdruck dieses Wunsches. Als die beiden „Kiwis" – wie die Neuseeländer sich selbst nennen – für eine Zeit in New York lebten, entwarf Richard im Badezimmer ihrer kleinen Wohnung den Prototypen eines ganz besonderen Fortbewegungsmittels: ein multifunktionelles, mitwachsendes Laufrad. Das aus Holz gefertigte Bike beginnt seine Existenz mit zwei Hinterrädern, um Kippsicherheit zu bieten. Sind die kleinen Fahrerinnen und Fahrer geübt genug, lässt es sich einfach zu einem waschechten, niedrigen Zweirad umbauen. Der Korpus des Gefährts ist ein geschwungenes Holzteil, das sich später umgedreht einbauen lässt, so dass der Sattel dann wesentlich höher liegt. So können auch noch 4- bis 5-Jährige das Wishbone Bike nutzen. Das Ergebnis, so schreiben es die stolzen Erfinder, ist ein ökologisch einwandfreies und gleichzeitig liebevoll gestaltetes Fortbewegungsmittel, das mit einem Schlag eine Vielzahl anderer Gefährte ersetzt, die man in der gleichen Zeit gekauft, gefahren, demoliert und weggeworfen hätte. Zurück im neuseeländischen Wellington, bauten Jennifer und Richard das im Jahr 2007 gegründete Wishbone Design Studio aus. Das vierköpfige Team vertreibt das Wishbone Bike mit der Hilfe von Länderdistributoren in über 30 Länder auf allen Seiten der Weltkugel. Besonders wichtig ist ihnen neben dem liebevollen Design auch die größtmögliche Umweltverträglichkeit. So besteht das Bike aus ökologisch einwandfreiem Plantagenholz, vornehmlich Birke und Eukalyptus, und wird ausschließlich mit ungiftigen Lacken und Klebstoffen verarbeitet. Von Anfang an haben die Firmengründer auf Nachhaltigkeit Wert gelegt. So wird das Rad komplett ohne Plastikverpackung verkauft, alle Druckmaterialien von Wishbone werden auf Recyclingpapier gedruckt und Ersatzteile werden in Tüten aus organischer Baumwolle verpackt – die Liste guter kleiner und großer Ideen zur Umweltfreundlichkeit ließe sich beliebig fortsetzen. Kein Wunder, dass das renommierte US-Magazin TIME das Wishbone Bike in die Liste der 100 einflussreichsten grünen Produkte aufnahm. In Deutschland, Österreich und der Schweiz wird das Wishbone Bike von der pamper24 GmbH mit Sitz im deutschen Schallstadt vertrieben.

Neben der schlichten Naturholz-Variante gibt es das Wishbone Bike auch in drei limitierten Sondereditionen. Drei verschiedene internationale Künstlerinnen und Künstler haben jeweils ein Rad mit ganz besonderen Designs kreiert. So gibt es das Modell „Koru", bei dem traditionelle Motive der Ureinwohner Neuseelands, der Maori, verwendet werden. Ein zweites, das „Snail-Bike", beschäftigt sich mit der vom Aussterben bedrohten Kauri-Schnecke und dem Erhalt der Artenvielfalt auf unserem Planeten, und das Modell „Wollemi" hat einen australischen Pinienbaum zum Thema, den es schon seit über 200 Millionen Jahren gibt. Neben der Ästhetik des Produkts Laufrad, das Eltern und Kinder gleichermaßen lieben werden, kommt also auch noch eine Botschaft ins Spiel: Wir sollten achtgeben, auf unseren Planeten, auf unsere Kinder und auf uns selbst. Denn – so liest man es auf der Firmenwebsite in der Sprache der Maori – Kotahi tangata. Wir sind eins.

ADRESSEN

PAMPER 24 GMBH & CO. KG
Gewerbestraße 33
79227 Schallstadt
www.pamper24.de

WISHBONE DESIGN STUDIO
26/369 Adelaide Road
NZ-Wellington 6023
www.wishbonedesign.com

WOHNSTUECKE

wohnstuecke *modern tradition* „Dieses Jahr wünsche ich mir gar nichts zu Weihnachten. Nur ein Pony." Es ist nicht nur eines der großen Rätsel der Pädagogik und Verhaltensbiologie – sondern auch ein unumstößlicher Fakt: Fast alle Kinder, vor allem die Mädchen, lieben Ponys und Pferde. Die großen Tiere mit den sanften Augen und den strubbeligen Mähnen ziehen menschliche Sprösslinge schon seit Jahrhunderten in ihren Bann. Welche Eltern sind noch nie in krakeliger Kinderschrift mit dem Wunsch nach einem solchen Vierbeiner konfrontiert worden?

Glücklich, wer Eltern hat wie Joachim und Birgit Sauer aus dem oberbayerischen Riedering. Vor über 20 Jahren hatte ihr damals 3-jähriger Sohn ebendiesen Wunsch. Weil ein echtes Pferd aus nachvollziehbaren Gründen nicht infrage kam, baute ihm der Vater ein Schaukelpferd in der heimischen Werkstatt. Und es wurde nicht irgendein Schaukelpferd – es wurde ein einzigartiges Exemplar. Es wurde viel echter und viel größer als alle anderen Schaukelpferde auf dem Markt: Schon es zu erklimmen war eine Herausforderung, darauf zu reiten ein vergnügliches Abenteuer. Zehn Jahre später inspirierte dieses Pferd seine Erbauer zur Gründung einer eigenen Firma: Wohnstuecke war entstanden. Die ersten beiden Produkte waren Schaukelpferde, das herausragend große „Premium" und das kleinere „Pony".

Diese Schaukelpferde ähneln echten Pferden sehr und strahlen große Lebendigkeit aus. Das macht es einfach, sie in das Kinderspiel einzubeziehen. Sie fördern Geschicklichkeit und Gleichgewichtssinn, das Schaukeln auf ihren langen Kufen steht gleichermaßen für Abenteuer und Harmonie. Doch nicht nur die Größe und Solidität der Schaukelpferde sind besonders, auch ihr Material fällt auf. Massive Hölzer wie Ahorn, Kirschbaum oder Nussbaum mit streichelsanften Oberflächen, mal ruhiger, mal lebhafter Maserung, Mähnen und Schweife aus echtem Rosshaar und Sättel, die von einer Sattlerin aus feinem Leder handgefertigt werden, vermitteln fühl- und sichtbare Hochwertigkeit. Das „Pony" ist geeignet für Kinder zwischen anderthalb und sechs Jahren, während kleine Reiter ab drei Jahren auf das „Premium"-Pferd umsteigen können. Nach oben hin gibt es keine Altersbegrenzung – und oft genug kaufen es auch Kunden, die gar keine Kinder haben.

Als Wohnstuecke sein erstes Pferd im Jahr 2002 auf der Nürnberger Spielwarenmesse präsentierte, war das internationale Interesse sofort groß. Erste Verkäufe gingen bis nach Tokio. Heute werden die Wohnstuecke-Produkte in fast alle europäischen Länder verkauft, darüber hinaus in die Schwerpunktmärkte USA, Russland, Japan und die Arabischen Emirate.

Auch das Produktportfolio hat sich über die Jahre vergrößert und wird weiter wachsen. Die Pferde bekamen Gesellschaft von ebenso hochwertigen und liebevoll gefertigten Kindermöbeln. Der Kinderhochstuhl, das Kindermöbelset mit Tisch und Stuhl, ein Bett- und Beistelltisch und – besonders reizvoll – das hölzerne Hausboot.

Dieses „Moby Dick" genannte innovative Möbelstück gleitet auf Rollen über den Kinderzimmerboden wie ein Segelboot auf dem Wasser – und funktioniert als Spielschiff, als Puppenwagen, als Spielzeugkiste oder Babybett. Dabei bietet es vielfältigste Anregungen für Fantasie und Kreativität.

Dies eint die Wohnstuecke-Möbel allesamt: Sie legen die Benutzer niemals fest, sondern bieten unterschiedlichste Anreize, etwas mit ihnen anzufangen. Daneben sehen sie edel und schön aus. Das erklärt auch, warum Eltern und Großeltern die hochwertigen Stücke nicht nur für ihre Kinder und Enkel kaufen, sondern auch für das heimische Wohnzimmer.

Aber auch Gastronomen, Hoteliers und andere Kunden, die eine Besucherattraktion wünschen – Museen, Bibliotheken, Ärzte, Shops –, bestellen sie, um ihre Räume mit einem ästhetischen Möbelstück zu bereichern, das auf Kinder große Anziehungskraft ausübt und oft genug sogar unvergesslich wird. So erinnern sich Menschen an bestimmte Orte in ihrer Kindheit, etwa das Ferienhotel oder das Lieblingsrestaurant der Eltern, genau so: „Ich weiß nur noch, dass es da dieses tolle Schaukelpferd gab!" Ab sofort ist jeden Tag Weihnachten.

ADRESSE

wohnstuecke
Bergstraße 6
83083 Riedering
www.wohnstuecke.com

WWF PLÜSCHKOLLEKTION

Kinder und Plüschtiere sind eine kaum zu trennende Einheit. Kinder lieben Tiere, und wenn sie als weiches Kuschelexemplar im heimischen Kinderzimmer einziehen, beginnt so manche Freundschaft, die nicht selten ein Leben lang hält. Und auch, wenn der liebste Hase irgendwann nur noch ein Ohr hat oder ein Auge fehlt, kann kein Gedanke daran verschwendet werden, das geliebte Tier etwa zu entsorgen. Noch schöner ist der Gedanke, wenn man weiß, dass man nicht nur Kindern mit einem Kuscheltier eine Freude machen kann, sondern auch den lebenden Vorbildern in der Natur. Der WWF hat deshalb in Zusammenarbeit mit dem niederländischen Hersteller Mimex eine umfangreiche Plüschtierkollektion entwickelt, die in ihrer Auswahl und Lebensechtheit ihresgleichen sucht. Mit dem Kauf eines Plüschtieres aus dieser Kollektion unterstützt man so auch die Arbeit des WWF. Der World Wide Fund for Nature, der bereits vor 50 Jahren gegründet wurde, ist eine der größten Naturschutzorganisationen weltweit und setzt sich nicht nur für die Erhaltung bedrohter Tierarten ein, sondern arbeitet auch im globalen Zusammenhang für eine Zukunft, in der Menschen und Tiere in Harmonie leben können. Der Erhalt der biologischen Vielfalt unserer Erde ist einer seiner Leitsätze, darunter fallen heutzutage auch Themen wie der Einsatz und Ausbau von erneuerbaren Energien.

Neben den direkten Möglichkeiten, der Organisation durch Mitgliedschaften und Spenden zu helfen, trägt auch die WWF Plüschtierkollektion dazu bei, die Arbeit des WWF bekannt zu machen und zu unterstützen. Die Kollektion umfasst heute über 100 Tierarten aus den unterschiedlichsten Lebensräumen und hat so auch einen pädagogischen Effekt. Kinder und Erwachsene können auswählen aus den Bereichen „Fluss- & Meerestiere", „Wald & Urwald", „Steppe, Savanne & Wüste" und „Polarregionen". Die Auswahl wurde in den letzten Jahren auch noch durch viele europäische Waldtiere ergänzt. Neben Fuchs, Hase und Igel findet man Hirsch, Wildschwein, Wolf, Waschbär, Fledermaus und Wildente. Neu im Sortiment sind außerdem: Tiger, Panda, afrikanischer Wildhund, Kaiserpinguin und Seelöwe. Hier findet also wirklich jeder noch so spezialisierte Tierfreund sein Lieblingstier. Einige kann er sogar in fünf verschiedenen Größen von 14 bis 81 cm bekommen und dazu noch in den Variationen „sitzend", „liegend" oder „aufwartend". Die beliebtesten Tierarten sind auch im Miniaturformat als Schlüsselanhänger erhältlich. Speziell für Babys und Kleinkinder gibt es die WWF Junior Kollektion mit gestickten Augen oder als Rassel, Spieluhr oder Kuscheltuch. Der bei allen Tieren verwendete Plüsch ist aus hochqualitativen und umweltfreundlichen Materialien gefertigt und entspricht u. a. dem Oeko-Tex® Standard 100 für Babykleidung. Außerdem sorgt der WWF bei der Herstellung für regelmäßige Kontrollen in den Fabriken durch unabhängige, im fairen Handel spezialisierte Organisationen für Arbeitsbedingungen. So wird zum Beispiel Kinderarbeit strengstens verboten. Vertrieben werden die Plüschtiere in Deutschland seit Januar 2010 durch die Firma Universal Trends GmbH in Aachen, die als Großhandel Spielwaren mit starkem Lizenz-Background im Programm hat. Neben der Unterstützung des WWFs durch den Verkauf der Tiere plant das Unternehmen auch noch weitere Aktionen in enger Kooperation mit dem WWF Deutschland, die den globalen Ansatz der WWF-Organisation stützen sollen. Erhältlich sind die wirkungsvollen Kuscheltiere über den Einzelhandel. Dort werden die Plüschtiere oft in sorgfältig gestalteten und den Originallandschaften und -lebensräumen nachgebildeten Settings präsentiert. Nicht zuletzt wird dort so manches Mal der Beginn einer wunderbaren Freundschaft geknüpft: mit dem geliebten Kuscheltier, das man gern hat, das aber auch sensibilisiert für das Ebenbild in freier Wildbahn. Und nicht zuletzt ist hier der Kontakt mit dem WWF ein erster Kontakt – und manchmal wird daraus auch ein bleibender: für eine Zukunft, in der Menschen und Natur in Harmonie leben können.

ADRESSE

UNIVERSAL TRENDS GMBH
Wurmbenden 22-24
52070 Aachen
www.universaltrends.de

APPENDIX

MARKENREGISTER

ABUS	16
ALVI	18
annette frank	20
Aptamil	22
Asics	24
AVENT	26
BABY born	28
BabyBjörn	30
babywalz	32
Barbie	34
bebe	36
BecoThings	38
beleduc	40
bellybutton	42
Bombadill	44
Brandt	46
bugaboo	48
Casper Company	50
CENTA-STAR	52
Concord	54
Coppenrath	56
Crayola	58
Crocs	60
Dentistar	62
DIDYMOS	64
Die drei ???	66
Disney Baby	68
Döll	70
Dr. Browns	72
Dusyma	74
easywalker	76
elefanten	78
ERGObaby	80
ergobag	82
Falke	84
Fem One2Stay	86
FINKID	88
Fisher Price	90
Franck & Fischer	92
Freddy Leck	94
GEOX	96
GESSLEIN	98
Hape	100
Hartan	102
Herding	104
heunec	106
HEVEA	108
HIPP	110
HOT WHEELS	112
HUDORA	114
JACKY	116
Janoschik	118
JOOLZ	120
KANZ	122
Käthe Kruse	124
kiddy	126
Kidizoom	128
kids2sit	130
kjomizo	132
Knatter Kinderlöffel	134
Kosmos-Experimentierkästen	136
LÄSSIG	138
LAMY	140
Leander	142
LEGO	144
Lilli Löwenherz	146
Lillylin	148
Little Tikes	150
Living Puppets	152
Lolobebe	154
Lurchi	156
Margarete Ostheimer	158
MAXI COSI	160
minimonkey	162
MY COSY COTTAGE	164
NUK	166

nuna	168
Orthomol	170
Osann	172
Pampolina	174
Pearhead	176
Peg Pérego	178
PENATEN	180
pikcha.tv	182
Playmobil	184
Playshoes	186
Plumplori-Paris	188
Potette	190
PRIMA BABY	192
pure position	194
Pustefix	196
Quinny	198
reer	200
Schardt	202
Selecta	204
Sevi	206
SIBIS	208
SIGG	210
sixeight	212
SKIP HOP	214
SMALL WORLD	216
Smoothie true fruits	218
Sophie la Girafe	220
STABILO	222
STAEDTLER	224
Steiff	226
Talassio	228
teutonia	230
THERALINE	232
Thronfolger	234
Tinti	236
Toggo und Toggolino	238
Tripp Trapp	240
Trudi	242
WALLABOO	244
weego	246
Wilesco	248
Win Green	250
wishbone	252
wohnstuecke	254
WWF Plüschkollektion	256

UNTERNEHMENSREGISTER

ABUS August Bremicker Söhne KG
Altenhofer Weg 25
58300 Wetter
Fon: +49 2335 634-0
Fax: +49 2335 634-300
info@abus.de
www.abus.de .... S. 16

Alvi Alfred Viehhofer GmbH & Co.
Pfennigbreite 44
37671 Höxter
Fon: +49 5271 9751-0
Fax: +49 5271 9751-49
info@alvi.de
www.alvi.de .... S. 18

annette frank GmbH
möbel & textilien für kinder
Gaißacher Straße 17
81371 München
Fon: +49 89 2284 990-30
Fax: +49 89 2284 990-40
info@annettefrank.de
www.annettefrank.de .... S. 20

Asics Deutschland GmbH
Hansemannstraße 67
41468 Neuss
Fon: +49 2131 3802-0
Fax: +49 2131 3802-179
asics@asics.de
www.asics.de .... S. 24

Aussenhandelsgesellschaft Wachsmuth & Krogmann mbH
Lange Mühren 1
20095 Hamburg
Fon: +49 40 30 059-0
Fax: +49 40 30 059-191
wkhh@wachsmuth-krogmann.com
www.wachsmuth-krogmann.com .S. 228

BABYBJÖRN AB
Postf.: Box 913
S-170 09 Solna
Fon: +49 180 3333 901
Fax: +49 180 3333 901 5
info@babybjorn.de
www.babybjorn.de................. S. 30

Beleduc GmbH
Heinrich-Heine-Weg 2
09526 Olbernhau
Fon: +49 37360 162-0
Fax: +49 37360 162-29
info@beleduc.de
www.beleduc.de .... S. 40

bellybutton International GmbH
Donnerstraße 20
22763 Hamburg
Fon: +49 40 548068-10
Fax: +49 40 548068-79
www.bellybutton.de .... S. 42

Brandt Zwieback-Schokoladen GmbH & Co. KG
Kölner Straße 32-43
58135 Hagen
Fon: +49 2331 477-0
marketing@brandt-gmbh.de
www.brandt-zwieback.de .... S. 46

bugaboo
Paasheuvelweg 9a-b
NL-1105 BG Amsterdam
Fon: +31 20 4623940
Fax: +31 20 6209011
info@bugaboo.com
www.bugaboo.com................ S. 48

C. Josef Lamy GmbH
69111 Heidelberg
Fon: +49 6221 843-0
Fax: +49 6221 843-132
info@lamy.de
www.lamy.com .... S. 140

Centa-Star GmbH
Augsburger Straße 275
70327 Stuttgart
Fon: +49 711 30505-0
Fax: +49 711 30505-30
info@centa-star.com
www.centa-star.com .... S. 52

Childertainment GmbH & Co. KG
Oeverseestraße 10-12
22769 Hamburg
Fon: +49 40 707006-0
info@pikcha.tv
www.pikcha.tv .... S. 182

CONCORD GmbH
Industriestraße 25
95346 Stadtsteinach
Fon: +49 9225 9550-0
Fax: +49 9225 9550-55
info@concord.de
www.concord.de .... S. 54

Coppenrath Verlag GmbH & Co. KG
Hafenweg 30
48155 Münster
Fon: +49 251 41411-0
Fax: +49 251 41411-20
info@coppenrath.de
www.coppenrath.de .... S. 56

CorexaSales e.K.
Bismarckstraße 67
45128 Essen
Fon: +49 201 79 87 57 00
Fax: +49 201 79 87 57 09
info@corexa.de
www.corexa.de.................. S. 176

Crocs Europe BV
Dr. Lelykade 14b
NL-2583 CM Den Haag
Fon: +31 70 440 6000
Fax: +31 70 329 1029
public.relations@crocs.eu
www.crocs.de................... S. 60

Deichmann SE
Deichmannweg 9
45359 Essen
Fon: +49 201 8676-00
Fax: +49 201 6141396
www.elefanten.de................ S. 78

DIDYMOS Erika Hoffmann GmbH
Alleenstraße 8/1
71638 Ludwigsburg
Fon: +49 7141 97571-0
Fax: +49 7141 921026
post@didymos.de
www.didymos.de................. S. 64

Donkey Products GmbH & Co. KG
Eppendorfer Weg 87a
20259 Hamburg
Fon: +49 40 2262235-0
Fax: +49 40 2262235-28
info@donkey-products.com
www.donkey-products.com....... S. 134

Dorel Germany GmbH
Augustinusstraße 9c
50226 Frechen-Königsdorf
Fon: +49 2234 9643-0
Fax: +49 2234 9643-33
DE-consumer@dorel.eu
www.quinny.com.......... S. 160, 198

Dr. Rolf Hein GmbH & Co. KG
Bahnhofstraße 29
72072 Tübingen
Fon: +49 7071 7910-05
Fax: +49 7071 7910-07
seifenblasen@pustefix.de
www.pustefix.de ....S. 196

DUSYMA Kindergartenbedarf GmbH
Haubersbronner Straße 40
73614 Schorndorf
Fon: +49 7181 60 03-0
Fax: +49 7181 60 03-41
info@dusyma.de
www.dusyma.de ....S. 74

Efk - elements for kids
Inh. Silvia Pankonin
Schweidnitzerstraße 6
10709 Berlin
Fon: +49 30 252 069-35
Fax: +49 30 252 069-36
info@efk-berlin.com
www.efk-berlin.com ..... S. 38, 108, 220

ERGOBaby Europe GmbH
Gotenstraße 12
20097 Hamburg
Fon: +49 40 421065-0
Fax: +49 40 421065-199
info@ergobaby.eu
www.ergobaby.eu ....S. 80

Ergobag GmbH
Subbelrather Straße 186
50823 Köln
Fon: +49 221 35934170
Fax: +49 221 677835369
info@ergobag.de
www.ergobag.de ....S. 82

Falke KGaA
Oststraße 5
57392 Schmallenberg
Fon: +49 2972 799-1
Fax: +49 2972 799-319
contact@falke.com
www.falke.com ....S. 84

FemStar innovating ideas
Magnolia 10
NL-3904 LL Veenendaal
Fon: +31 630 890 844
Fax: +31 318 751 836
info@fem-star.com
www.fem-star.com ....S. 86

Finkid GmbH
Berliner Straße 46
10713 Berlin
Fon: +49 30 93622604
Fax: +49 30 92211468
kontakt@finkid.de
www.finkid.de ....S. 88

Franck & Fischer
Grusbakken 18
DK-2820 Gentofte
Fon: +45 88331160
info@franck-fischer.dk
www.franck-fischer.com ....S. 92

Franckh-Kosmos
Verlags-GmbH & Co. KG
Pfizerstraße 5-7
70184 Stuttgart
Fon: +49 711 2191-0
Fax: +49 711 2191-199
info@kosmos.de
www.kosmos.de.............S. 66, 136

Freddy Leck seine Vertriebsgesellschaft mbH
Gotzkowskystraße 11
10555 Berlin
Fon: +49 30 81617-360
Fax: +49 30 81617-333
info@freddy-leck.de
www.freddy-leck.de ....S. 94

geobra Brandstätter GmbH & Co. KG
Brandstätterstraße 2-10
90513 Zirndorf
Fon: +49 911 9666-1105
Fax: +49 911 9666-120
service@playmobil.de
www.playmobil.de................S. 184

Georg Schardt KG Kindermöbel
Am Riegel 15
96268 Mitwitz
Fon: +49 9266 9907-0
Fax: +49 9266 9907-77
info@schardt.com
www.schardt.com ....S. 202

GEOX Deutschland GmbH
Wilhelm-Wagenfeld-Straße 26
80807 München
Fon: +49 89 237085-150
Fax: +49 89 237085-110..........S. 96

Gesslein GmbH
Redwitzer Straße 33
96257 Mannsgereuth
Fon: +49 9264 9951-0
Fax: +49 9264 9951-51
info@gesslein.de
www.gesslein.de ....S. 98

Hape Holding AG
Hallwilerweg 2
CH-6003 Luzern
Fon: +41 4124855-31
Fax: +41 412855-99
info@mail.hape-international.com
www.hape-international.com.....S. 100

Hartan® Kinderwagenwerk e.K.
Mühlenweg 1
96242 Sonnefeld
Fon: +49 9266 969-0
Fax: +49 9266 969-180
info@hartan.de
www.hartan.de ....S. 102

Haselbach Spielwarenagentur
Haßlinghauser Straße 156
58285 Gevelsberg
Fon: +49 2332 552606
Fax: +49 2332 552607
info@haselbach-spielwaren.de
www.haselbach-spielwaren.de S. 44, 250

HEUNEC Plüschspielwarenfabrik
GmbH & Co. KG
Am Moos 11 / Möricкеstraße 2+6
96465 Neustadt bei Coburg
Fon: +49 9568 855-0
Fax: +49 9568 855-85
info@heunec.de
www.heunec.de.................S. 106

HIPP-Werk Georg Hipp OHG
Georg-Hipp-Straße 7
85276 Pfaffenhofen
Fon: +49 8441 757-0
Fax: +49 8441 757-492
www.hipp.de ....S. 110

HUDORA GmbH
Jägerwald 13
42897 Remscheid
Fon: +49 2191 60912-0
Fax: +49 2191 60912-50
info@hudora.de
www.hudora.de ....S. 114

ISAR–WÜRM–LECH IWL
Werkstätten für behinderte Menschen
Traubinger Straße 23
82346 Machtlfing
Fon: +49 8157 9314-0
iwl.machtlfing@wfb-iwl.de
www.wfb-iwl.de . . . . S. 194

Jacky Baby- und Kindermoden GmbH
Ulmerstraße 99
72555 Metzingen
Fon: +49 7123 9295-0
Fax: +49 7123 9295-50
info@jacky.de . . . . S. 116

Janoschik Holz-Spiel-Design
Südend 8
77966 Kappel-Grafenhausen
Fon: +49 7822 78914-91
Fax: +49 7822 78914-92
info@janoschik.de . . . . S. 118

Johnson & Johnson GmbH
Johnson & Johnson Platz 2
41470 Neuss
Fon: +49 2137 936-0
Fax: +49 2137 936-2333
jjkunden@csde.jnj.com
www.jnjgermany.de . . . . S. 36, 180

Josef Kanz GmbH & Co. KG
Wilhelm-Schickard-Straße 7
72124 Pliezhausen
Fon: +49 7127 8114-0
Fax: +49 7127 8114-450
verkauf@kanz.com
www.kanz.com . . . . S. 70, 122, 174

Käthe Kruse Manufaktur
Alte Augsburger Straße 9
86609 Donauwörth
Fon: +49 906 70678-0
Fax: +49 906 70678-70
info@kaethe-kruse.de
www.kaethe-kruse.com . . . . S. 124

kiddy GmbH
Schaumbergstraße 8
95032 Hof
Fon: +49 9281 7080-0
Fax: +49 9281 7080-21
info@kiddy.de
www.kiddy.de . . . . S. 126

Kjomizo Simona
Albers & Nadine Gehrmann GbR
Quittenweg 38c
22175 Hamburg
Fon: +49 40 2093 168-60
Fax: +49 40 2093 168-69
schoenes@kjomizo.de
www.kjomizo.de . . . . S. 132

Klaus Herding GmbH
Industriestraße 1
46395 Bocholt
Fon: +49 2871 284-300
Fax: +49 2871 284-394
info@chb.de
www.herding-heimtextil.de. . . . . . . S. 104

Lässig GmbH
Im Riemen 32
64832 Babenhausen
Fon: +49 6073 74489-0
Fax: +49 6073 74489-29
info@laessig-gmbh.de
www.laessig-gmbh.de . . . . S. 138

Leanderform Aps
Korshøjvej 1
DK-8600 Silkeborg
Fon: +45 8686 90-88
Fon: +45 8686 90-29
leander@leanderdesign.com
www.leanderdesign.com . . . . S. 142

LEGO GmbH
Technopark II
Werner-von-Siemens-Ring 14
85630 Grasbrunn
Fon: +49 89 4534-60
Fax: +49 89 4534-6149
www.lego.de. . . . . S. 144

Lilli Löwenherz
Am Kirchlehel 20
82327 Traubing
Fon: +49 8157 609559
lilli.loewenherz@t-online.de
www.lilli-loewenherz.de. . . . . S. 146

Lillylin GmbH & Co. KG
Friedhofweg 6
96279 Weidhausen
Fon: +49 9562 5026-0
Fax: +49 9562 5026-11
info@lillylin.com
www.lillylin.com . . . . S. 148, 168

Lolobebe Inh. Valentina Lo Tito
Danziger Straße 24
73760 Ostfildern
Fon: + 49 711 3002031-0
info@lolobebe.com
www.lolobebe.com . . . . S. 154

Margarete Ostheimer GmbH
Boschstraße 23
73119 Zell
Fon: +49 7164 9420-0
Fax: +49 7164 9420-15
www.ostheimer.de . . . . S. 158

MAPA GMBH
Industriestraße 21-25
27404 Zeven
Fon: +49 4281 73-0
Fax: +49 4281 73-241
info@mapa.de
www.mapa.de . . . . S. 166

Marlip A/S
Bodalen 11
DK-8643 Ans By
Fon: +45 868 79 055
Fax: +45 868 79 2
marlip@marlip.dk
www.marlip.com . . . . S. 216

Mattel GmbH
An der Trift 75
63303 Dreieich
Fon: +49 6103 891-0
Fax: +49 6103 891-300
info.de@mattel.com
www.mattel.de. . . . . S. 34, 90, 112

Matthies Spielprodukte
GmbH & Co. KG
Lohbrügger Kirchstraße 2
21033 Hamburg
Fon: +49 40 73585-09
Fax: +49 40 73510-58
info@living-puppets.de
www.living-puppets.de . . . . S. 152

Milk Design BV
Nieuwe Herengracht 51-53
NL-1011 RN Amsterdam
Fon: +31 20 63048-87
Fax: +31 20 63048-89
info@my-joolz.de
www.my-joolz.de. . . . . S. 120

Milupa GmbH
Bahnstraße 14-30
61381 Friedrichsdorf
Fon: +49 6172 99-0
Fax: +49 6172 99-1595
www.milupa.de . . . . S. 22

Minimonkey B.V.
Lariksslaan 9
NL-1027 SC Amsterdam
Fon: +31 20 3301197
info@minimonkey.com
www.minimonkey.com. . . . . S. 162

My Cosy Cottage – Das Spielhaus für Kinder
Parzivalplatz 5
80804 München
Fon: +49 89 3600 8597
Fax: +49 89 3272 9344
info@mycosycottage.de
www.mycosycottage.de .... S. 164

NOVATEX GmbH
Werner-von-Siemens-Straße 14
30982 Pattensen
Fon: +49 5101 9195-0
Fax: +49 5101 9195-55
info@baby-nova.de
www.baby-nova.de .... S. 62

OKT Germany GmbH
Postdamm 43
32351 Stemwede
Fon: +49 5773 8 01-0
Fax: +49 5773 8 01-50
info@okt.com
www.okt.com .... S. 192

Orthomol pharmazeutische Vertriebs GmbH
Herzogstraße 30
40764 Langenfeld
Fon: +49 2173 9059-0
Fax: +49 2173 9059-111
info@orthomol.de
www.orthomol.de .... S. 170

Osann GmbH
Gewerbestraße 22
78244 Gottmadingen
Fon: +49 7731 9700-77
Fax: +49 7731 9700-55
info@osann.de
www.osann.de .... S. 172

Pamper24 GmbH Co.KG
Gewerbestraße 33
79227 Schallstadt
Fon: +49 7664 403274-0
Fax: +49 7664 403274-99
www.pamper24.de
.... S. 72, 76, 190, 214, 244, 252

PEG Kinderwagenvertriebs- und Service GmbH
Rudolf-Diesel-Straße 6
85221 Dachau
Fon: +49 8131 5185-0
info@peg.de
www.peg.de .... S. 178

Philips GmbH
Lübeckertordamm 5
20099 Hamburg
Fon: +49 800 0007520
www.philips.de .... S. 26

Playshoes GmbH
Eberhardstraße 20-26
72461 Albstadt
Fon: +49 7432 20091-0
Fax: +49 7432 20091-19
info@playshoes.de
www.playshoes.de .... S. 186

Plumplori-Paris
Wörthstraße 11
76133 Karlsruhe
Fon: +49 721 4671-5292
Fax: +49 721 4671-3649
info@plumplori-paris.com
www.plumplori-paris.com .... S. 188

reer GmbH
Mühlstraße 41
71229 Leonberg
Fon: +49 7152 92852-0
Fax: +49 7152 92852-44
info@reer.de
www.reer.de .... S. 200

Sagemüller GmbH
Immelstraße 173
33335 Gütersloh
Fon: +49 5241 97695-0
Fax: +49 5241 97695-1
info@kids2sit.eu
www.kids2sit.eu .... S. 130

Salamander GmbH
Zur Schlenkhecke 4
40764 Langenfeld
Fon: +49 2173 105-660
Fax: +49 2173 105-381
info@salamander.de
www.salamander.de .... S. 156

Selecta Spielzeug AG
Römerstraße 1
83533 Edling
Fon: +49 8071 1006-0
Fax: +49 8071 1006-40
info@selecta-spielzeug.de
www.selecta-spielzeug.de ...... S. 204

SIGG Switzerland AG
Walzmühlstraße 62
CH-8500 Frauenfeld
Fon: +41 52 728 63-30
Fax: +41 52 728 63-07
info@sigg.som
www.sigg.com .... S. 210

Sirch Holzverarbeitung
Waldmühle 5
87736 Böhen im Allgäu
Fon: +49 8338 488
Fax: +49 8338 1018
info@sirch.de
www.sirch.de .... S. 208

Sixeight Systemmöbelbau GmbH
Paul-Thomas-Straße 48
40599 Düsseldorf
Fon: +49 211 863 990-30
Fax: +49 211 863 990-31
info@sixeight.de
www.sixeight.de .... S. 212

Super RTL RTL Disney Fernsehen GmbH & Co. KG
Picassoplatz 1
50679 Köln
Fon: +49 221 456-51019
kommunikation@superrtl.de
www.superrtl.de, www.toggo.de,
www.toggolino.de .... S. 238

STABILO International GmbH
Schwanweg 1
90562 Heroldsberg
Fon: +49 911 567-0
Fax: +49 911 567-4444
info@stabilo.com
www.stabilo.com .... S. 222

STAEDTLER MARS GmbH & Co. KG
Moosäckerstraße 3
90427 Nürnberg
Fon: +49 911 9365-0
Fax: +49 911 9365-400
info@staedtler.de
www.staedtler.de .... S. 224

Steiff Beteiligungsgesellschaft mbH
Richard-Steiff-Straße 4
89537 Giengen/Brenz
Fon: +49 7322 131-0
Fax: +49 7322 131-570
info@steiff.de
www.steiff.de .... S. 226

Stokke GmbH
Burghaldenstraße 2
71065 Sindelfingen
Fon: +49 7031 61158-0
Fax: +49 7031 61158-60
info-germany@stokke.com
www.stokke.com .... S. 240

Supattra Casper & Casper GbR
Neuhöfferstraße 28
50679 Köln
Fon: +49 221 9139-1554
Fax: +49 221 9139-1555
info@caspercompany.de
www.caspercompany.de .... S. 50

teutonia Kinderwagenfabrik GmbH
Siemensstraße 35
32120 Hiddenhausen
Fon: +49 5223 8798-0
Fax: +49 5223 8798-40
teutonia.service@newellco.com
www.teutonia.de .... S. 230

THERALINE eK
Industriepark Nord 56
53567 Buchholz
Fon: +49 2683 9696-0
Fax: +49 2683 9696-78
info@theraline.de
www.theraline.de .... S. 232

The Walt Disney Company (Germany)
Kronstadterstraße 9
81677 München
Fon: +49 89 99340-0
Fax: +49 89 99340-139
info@disney.de
www.disney.de .... S. 68

Thronfolger, Manufaktur für Kinderschätze
Charlottenstraße 26
23560 Lübeck
Fon: +49 451 8090 9510
Fax: +49 451 8090 9513
info@thronfolger.com
www.thronfolger.com .... S. 234

Tinti GmbH & Co. KG
Mittelgewannweg 10
69123 Heidelberg
Fon: +49 6221 7511-100
Fax: +49 6221 7511-117
info@naturfarben.de
www.tinti.eu .... S. 236

Trudi GmbH
Jakobinerstraße 14
90762 Fürth
Fon: +49 911 12060-0
info@trudi.de
www.trudi.de .... S. 206, 242

true fruits GmbH
Auguststraße 1
53229 Bonn
Fon: +49 228 3873-30
Fax: +49 228 3873-3330
info@true-fruits.com
www.true-fruits.com .... S. 218

Universal Trends GmbH
Wurmbenden 22-24
52070 Aachen
Fon: +49 241 97868-0
Fax: +49 241 97868-15
info@universaltrends.de
www.universaltrends.de .... S. 256

Versandhaus Walz GmbH
Steinstraße 28
88339 Bad Waldsee
Fon: +49 7524 703-0 / 01805-3340
Fax: +49 7524/703-575 / 01805-3340-12
info@babywalz.de
www.babywalz.de .... S. 32

Vivid Deutschland GmbH
An der Mühlhecke 19-21
65569 Nauheim / Kr. Groß-Gerau
Fon: +49 6152 71242-0
Fax: +49 6152 71242-19
information@vivid.de
www.crayola.de / www.vivid.de .... S. 58

VTech Electronics Europe GmbH
Martinstraße 5
70794 Bernhausen (Filderstadt)
Fon: +49 711 70974-0
Fax: +49 711 70974-49
info@vtech.de
www.vtech.de .... S. 128

Weego Babytragesäcke
Stefanie Hollerbach
Dubrowstraße 29
14129 Berlin
Fon: +49 30 80109-262
Fax: +49 30 80109-262
info@weego.de
www.weego.de .... S. 246

Wilhelm Schröder GmbH & Co. KG, Metallwarenfabrik
Schützenstraße 12
58511 Lüdenscheid
Fon: +49 2351 9847-0
Fax: +49 2351 9847-47
info@wilesco.de
www.wilesco.de .... S. 248

wohnstuecke
Bergstraße 6
83083 Riedering
Fon: +49 8036 908-2929
Fax: +49 8036 908-2919
welcome@wohnstuecke.com
www.wohnstuecke.com .... S. 254

Zapf Creation GmbH & Co.KG
Mönchrödener Straße 13
96472 Rödental
Fon: +49 9563 7251-0
Fax: +49 9563 7251-100
www.zapf-creation.de .... S. 28, 150

SCHLAGWORTREGISTER

DAS BESTE FÜR IHR BABY
(Geburt bis 36 Monate)

PFLEGE & ERNÄHRUNG

Anti-Kolik-Flaschen 26

Aufbewahrung von Babynahrung 26

Babyfläschchen 68, 72

Babynahrung 22, 110

Babywannen 192

Beruhigungssauger 26, 166

Besteck 30, 134

Dampfsterilisatoren 26

Ernährungsmedizin 170

Flaschen- und Babykostwärmer 26, 166

Folgemilch 22

Geschirr 132

Kulturbeutel 132

Löffel 30, 134

Luftbefeuchter 228

Milchpumpen 26

Nahrungsbehälter 26

Nahrungszubereitung 166

Pflegecreme 36, 180

Pflegeshampoo 36, 180, 236

Säuglingsmilch 22

Schnuller 26, 62, 108

Starter-Sets für feste Nahrung 26

Teller 30, 132

Trinkbecher 26, 30

Trinkflaschen 210

Trinkschnäbel 26

Waschpulver 94

Wickeltasche 138, 214

Windeltasche 132

Zwieback 46

WOHNEN & SCHLAFEN

Babytöpfe 30, 38, 190, 192

Babywippe 30

Betten 18, 20, 142, 202, 208, 216, 240

Betthimmel 20

Bettwäsche 18, 20, 52, 68, 92, 104

Bilderrahmen 176

Decken 18, 52, 104

Hochstühle 86, 142, 168, 202, 240, 254

Kissen 20, 68, 104, 234, 250

Laufgitter 18, 202

Matratzen 18, 202

Möbel 18, 20, 98, 212, 216

Schlafsäcke 18

Sitzmöbel 148, 168, 202, 212

Spannbettlaken 18

Stillkissen 232

Stubenwagen 18, 30

Tapeten 20

Teppiche 20, 104

Tische 20, 194, 208, 254

Vorhänge 20, 104

Wickelauflagen 18, 20, 68

Wickelregale 202, 212, 216

Wickeltische 20, 142, 216, 240

Wickeltischheizstrahler 200

Wiegen 18, 142

MOBILITÄT & SICHERHEIT

Autokindersitze 126, 160, 172, 198

Babytrageschlinge 162

Fahrradhelme 16

Kinderwagen 48, 76, 98, 102, 120, 126, 160, 172, 178, 198, 230, 240

Kunststoffsitze für Kinderwagen 130

Tragehilfen 64, 244, 246

Tragesitze 30, 80

Tragetaschen 98

Zwillingskinderwagen 48, 76, 102, 172, 230

Zwillingstragesack 246

SPIEL & SPASS

Holzspielzeug 74, 92, 118, 124, 204, 206

Kleinspielzeug 90, 144, 184

Plüschspielzeug 44, 90

Plüschtiere 42, 50, 56, 90, 92, 106, 124, 146 ,226, 242, 256

Scrapbooks 176

Spielfahrzeuge 90, 150

Spielfiguren 218

KLEIDUNG & TEXTILIEN

Babymode 42, 70, 88, 96, 116, 122, 174, 186, 234

Einwickeldecken 154, 244

Handtücher 52, 68, 104

Lätzchen 30, 68, 132, 234

Mützen 70

Schuhe 78, 156, 186

Socken 84

Strumpfhosen 84

Taschen/Rucksäcke 82, 92, 188

Waschlappen 68

DAS BESTE FÜR IHR KLEINKIND
(3 bis 6 Jahre)

PFLEGE & ERNÄHRUNG

Badewasserfarben 236

Badezusatz 236

Besteck 30, 134

Ernährungsmedizin 170

Geschirr 132

Kulturbeutel 132

Löffel 30, 134

Luftbefeuchter 228

Pflegecreme 36, 180

Pflegeshampoo 36, 180, 236

Smoothies 220

Teller 30 ,132

Toilettensitze 192

Trinkbecher 26, 30

Trinkflaschen 210

Waschpulver 94

Zwieback 46

WOHNEN & SCHLAFEN

Betten 20, 142, 168, 202, 208, 212, 216, 240

Betthimmel 20

Bettwäsche 20, 52, 92, 104

Bilderrahmen 176

Decken 52, 104, 250

Hochstühle 86, 142, 168, 202, 240, 254

Kissen 20, 52, 104, 234, 250

Laufgitter 18, 202

Matratzen 202

Möbel 20, 74, 148, 212, 216

Schreibtische 194, 208

Sitzmöbel 148, 168, 202, 212, 216

Stoffe 234

Tapeten 20

Teppiche 20, 104

Tische 20, 194, 208, 254

Vorhänge 20, 104

MOBILITÄT & SICHERHEIT

Autokindersitze 54, 126, 160, 172, 198

Fahrradhelme 16

Fahrradschlösser 16

Kinderwagen 48, 76, 98, 126, 160, 172, 178, 198

Kunststoffsitze für Kinderwagen 130

Taschen/Rucksäcke 82, 92, 188

Zwillingskinderwagen 48, 76, 102, 172

Zwillingstragesack 246

SPIEL & SPASS

Bastelbedarf 58, 224

Bilderbuch-Filme 182

Bilderbücher 56
Bleistifte 222, 224
Buntstifte 58, 222, 224
Deckfarbkasten 140
Digitalkameras 128
Experimentierkästen 136
Fingermalfarben 224
Handpuppen 40, 152
Holzspielzeug 74, 92, 100, 124, 158, 206, 208
Hörspiele 56
Inliner 114
Internet 182, 238
Kinderräder 114, 252
Kleinspielzeug 90, 144, 184
Knetmasse 224
Laufräder 114, 252
Lerncomputer 128
Malstifte 58, 222, 224
Metallspielzeug 112
Plüschspielzeug 44, 50, 56, 90, 152
Plüschtiere 50, 56, 90, 92, 106, 124, 146, 226, 242, 256
Puppen 28, 34, 124
Puzzle 56
Schaukelpferde 254
Scrapbooks 176
Schreiblernfüller 140
Seifenblasen 196
Skateboards 114
Spielfahrzeuge 90, 150
Spielfiguren 218
Spielhäuser 150, 164, 188, 250
Spielzeugautos 90, 112
Steckspielzeug 74, 134, 144
Straßenkreide 58
TV 238
Vorlese-Bücher 56
Zelte 250

KLEIDUNG & TEXTILIEN

Handtücher 52, 68, 104
Kindermode 42, 70, 88, 96, 122, 174, 186
Lätzchen 30, 68, 132, 234
Mützen 70
Schuhe 60, 78, 96, 156, 186
Socken 84
Sportschuhe 24
Strumpfhosen 84
Waschlappen 68

DAS BESTE FÜR IHR KIND
(6 bis 10 Jahre)

PFLEGE & ERNÄHRUNG

Badewasserfarben 236
Badezusatz 236
Besteck 30, 134
Ernährungsmedizin 170
Geschirr 132
Kulturbeutel 132
Löffel 30, 134
Luftbefeuchter 228
Pflegecreme 36, 180
Pflegeshampoo 36, 180, 236
Smoothies 220
Teller 30, 132
Trinkflaschen 210
Waschpulver 94
Zwieback 46

WOHNEN & SCHLAFEN

Betten 20, 142, 168, 202, 208, 212, 216, 240
Bettwäsche 20, 52, 92, 104
Bilderrahmen 176
Decken 52, 104, 250
Kissen 20, 52, 104, 234, 250

Matratzen 202

Möbel 20, 74, 148, 212, 216

Schreibtische 194, 208

Sitzmöbel 148, 168, 202, 212, 216

Stoffe 234

Tapeten 20

Teppiche 20, 104

Tische 20, 194, 208, 254

Vorhänge 20, 104

MOBILITÄT & SICHERHEIT

Autokindersitze 54, 126, 160, 172

Fahrradhelme 16

Fahrradschlösser 16

Taschen/Rucksäcke 82, 188

SPIEL & SPASS

Bastelbedarf 58, 224

Bilderbuch-Filme 182

Bilderbücher 56, 66

Bleistifte 222, 224

Brettspiele 40

Buntstifte 58, 222, 224

Dampfmaschinen 248

Deckfarbkasten 140

Digitalkamera 128

Experimentierkästen 136

Fingermalfarben 224

Handpuppen 40, 152

Holzspielzeug 100, 124, 158, 208

Hörspiele 56, 66

Inliner 114

Internet 182, 238

Kinderräder 114, 252

Kinder- und Jugendbücher 66

Kleinspielzeug 90, 144, 184

Knetmasse 224

Laufräder 114, 252

Lernbücher 66

Lerncomputer 128

Malstifte 58, 222, 224

Metallspielzeug 112, 248

Plüschspielzeug 44, 50, 56, 152

Plüschtiere 50, 56, 106, 146, 226, 242, 256

Puppen 28, 34, 124

Puzzle 56

Rollenspiele 40

Schaukelpferde 254

Scrapbooks 176

Schreiblernfüller 140

Seifenblasen 196

Skateboards 114

Spielfahrzeuge 150

Spielfiguren 218

Spielhäuser 150, 164, 188, 250

Spielzeugautos 112

Steckspielzeug 74, 134, 144

Straßenkreide 58

TV 238

Vorlese-Bücher 56, 66

Zelte 250

KLEIDUNG & TEXTILIEN

Kindermode 42, 70, 88, 96, 122, 174, 186

Mützen 70

Schuhe 60, 78, 96, 156, 186

Socken 84

Sportschuhe 24

Strumpfhosen 84

EXTRA

Schwangerschaftsmode/Umstandsmode 42

Versandhaus 32

IMPRESSUM

DNB - Deutsche Nationalbibliothek

Deutsche Standards: Das Beste für Ihr Kind /
Dr. Florian Langenscheidt (Hrsg.)
Köln: Deutsche Standards EDITIONEN, 2011

ISBN 978-3-86936-253-3
1. Auflage
© 2011 Deutsche Standards EDITIONEN GmbH, Köln

Nachdruck, auch nur in Auszügen, nur mit schriftlicher Genehmigung des Verlages.
Kein Teil dieses Buches darf ohne schriftliche Einwilligung des Verlages in irgendeiner Form reproduziert oder unter Verwendung elektronischer Systeme verarbeitet, vervielfältigt oder veröffentlicht werden.

Alle Rechte vorbehalten. Printed in Germany.

Projektleitung: Michaela Malobicky, Alexander Foyle
Redaktionsleitung: Cläre Stauffer, Nicola Henkel
Endlektorat: Julian von Heyl (www.korrekturen.de)
Gestaltung: Daniel Bergs
Herstellung: Firmengruppe APPL, Aprinta Druck, Wemding
Vertrieb: GABAL Verlag, Offenbach
Gedruckt auf LuxoArt Silk, holzfrei, weiß, matt gestrichen 135 g/qm

Die Copyrights für die in diesem Buch abgebildeten Logos und die zur Verfügung gestellten Fotografien und Grafiken liegen ausschließlich bei den beteiligten Unternehmen und dürfen ohne deren ausdrückliche Genehmigung nicht abgedruckt bzw. verwendet werden.

Das vorliegende Buch enthält keine Kaufempfehlungen des Verlags und ersetzt nicht die eigene Beurteilung des Lesers. Der Verlag übernimmt deshalb keine Haftung für die Qualität, Beschaffenheit, Unbedenklichkeit und Eignung der dargestellten Produkte und Dienstleistungen im Einzelfall. Bei Fragen zu den Produkten und Dienstleistungen wenden Sie sich bitte an den jeweiligen Hersteller.

Der Grüne Punkt –
Duales System Deutschland GmbH